佳美的腳蹤

宋美齡與她的時代

A Legacy of Grace and Resilience:
Soong Mayling and Her Era

主　　編　陳立文

英文編譯　胡斯慧

目錄

天地山河靜　身心日月明

　　「天地山河靜，身心日月明」這兩句詩是 1956 年 9 月 22 日，蔣公與家人在日月潭中秋賞月時隨口所占，蔣公日記中稱，「聊誌余家有賢母、良妻、孝子、順孫之一生幸福也。」

　　熟悉中國近代史的人都知道，這則日記裡所描述的境界對蔣公而言是何其珍貴與難得；大部分時間，他與夫人的生命都在家與國、責任與承擔中流轉。他們攜手領導國家共渡難關的事跡偉大，突破的險阻難以想像，留給後世的影響極其深遠。

　　一般而言，我們所瞭解的歷史「偉人」，樣貌多是扁平甚至單一的、事跡是崇偉但簡化的。「佳美的腳蹤」這本書試圖打破此一窠臼，在歷史功業的大畫布上，以寫意的筆觸，描繪兩人之間的同翱，也以細膩的工筆，填補一幅幅歷史的影像。

　　本書以八章三大段紀錄宋美齡女士一生佳美的腳蹤：
- 第一大段，從出生、成長、到求學，勾勒出少女宋美齡的各種面貌，以及她在中西文化間的反覆探索。
- 第二大段，從婚姻與報國開始，用「她的家」與「他的國」兩個參照面，紀錄他們夫妻同心共負一軛，領導國家度過驚濤駭浪。也以極大篇幅描述宋美齡女士做為婦女領袖的獨特貢獻：她號召婦女承擔各項為國為民的工作，從推動「新生活運動」，到照顧遺族、保育難童、醫治病童、慰勞將士，捐建軍眷住宅等等。
- 第三大段，從「故國」到「寶島」，一樣生活兩種心境。這兩章以近距離側寫蔣公與夫人來臺後的點點滴滴，以及夫妻間如樑上燕的歲歲年年。

　　由於宋美齡女士一生鮮少為自己留文字紀錄，本書大量旁引蔣公日記，在敘事中呈現出兩條極為重要的經緯線：一是共同的基督信仰，二是兩人間的愛情。沿著這兩條鮮為人知的經緯線探索，我們得以體會他們無論身處何等亂局，仍能「天地山河靜」，不管肩負多重責任，還可「身心日月明」的力量來源。

　　謹此代表中華民國婦女聯合會全體，向我們永遠的主任委員致最崇高之敬意。箴言中說：才德的婦人是丈夫的冠冕，又說，她的價值遠勝過珍珠。蔣夫人宋美齡女士一生「愛神愛人、愛國愛家」的佳美腳蹤，是我們永遠的標竿！

　　特別感謝陳立文教授翔實優美的撰述，研究團隊勤勉的編纂，胡斯慧教授信達雅的翻譯，蔣夫人親朋舊友及歷史學者的無私支援，以及呂芳上教授的民國歷史文化學社的專業指導！哲人雖遠，典型猶在。期望眾人同心協力在極短時間內完成的這本圖文集，聊可為夫人的一生增補影像紀錄，為歷史留下美好見證。

中華民國婦女聯合會主任委員

雷　倩　博士

中華民國一一二年十月

Tranquility in Heaven and Earth, Radiance in Body and Soul

The lines, "When Heaven and earth, mountains and rivers are tranquil, our hearts and minds may reflect the radiance of the moon" were composed by the late President Chiang Kai-shek on September 22, 1956 when he was celebrating the Mid-Autumn Festival with his family at Sun Moon Lake. Chiang wrote in his diary that these were" to commemorate our joyous family life with a virtuous mother, a good wife, filial sons and obedient grandchildren."

Those who are familiar with modern Chinese history would know how precious and rare was the scene described in his diary. Most of the time, he and his wife Soong Mayling's personal lives were interwoven with that of the country, replete with duties and obligations. Their deeds of leading the country together through tumultuous times were great; the obstacles they overcame were inconceivable; and their impact on future generations has been, and continues to be, extremely far-reaching.

The image of a great historical figure is often flat or one-imensional. The book "A Legacy of Grace and Resilience" attempts to break this mode. On the canvas of their remarkable accomplishments, this book traces the journey of Chiang and Soong sometimes with colorful broad strokes, and other times with meticulous precision.

The book consists of eight chapters in three parts to describe Soong Mayling's legacy of grace and resilience:

- Part I: From birth to schooling, this section presents diverse facets of the young Soong Mayling and her explorations between Chinese and Western cultures.

- Part II: Beginning with her marriage, this section records how the couple shouldered the yoke to lead the country together through turbulent seas using two perspectives, "her home" and "his country." A significant portion is dedicated to Mme. Chiang's unique contribution as a woman leader: she called on women to undertake various tasks for the country and the people, from promoting the New Life Movement, to looking after the orphans of martyred soldiers, caring for refugee children, healing sick children, consoling wounded troops, fundraising for the construction of military residences, and so forth.

- Part III: From Homeland to Beautiful Island, this section documents Chiang and Soong's private life in Taiwan. In addition, it offers readers a glimpse into their affectionate family life.

Since Mme. Chiang rarely left written records for herself, the book presents two extremely important longitudinal and latitudinal lines in the narrative by generously quoting from Chiang Kai-shek's diary: one is their shared Christian faith, and the other is their loving relationship. Following these two little-known longitudinal and latitudinal lines, readers can gain some appreciation for how they can feel a "tranquility of heaven and earth" under dire circumstances, and "a radiance of body and soul" even when bearing grave responsibilities.

On behalf of the National Women's League of the Republic of China, I would like to extend my highest respect to our eternal Chairwoman. As the Book of Proverbs says: "A virtuous woman is a crown to her husband," and "her price is far above rubies." Mme. Chiang's life journey conveyed her love for "God, People, Country and Family." Her beautiful footsteps are our guiding light forever!

Our sincere gratitude to the following: Professor Chen Liwen for her succinct and beautiful writing; the research team for their diligent effort; the superb translation by Professor Esther Hu; the selfless support of Mme. Chiang's friends, families, and historians, as well as the professional guidance of Professor Lu Fang-shang's Republic of China History and Culture Society! It is due to the utmost dedication of all contributors that this book can be published under such a tight schedule.

Though our model is no longer with us, her acts and deeds remain exemplary. While paying tribute to Mme. Chiang, we hope that our earnest effort may help enrich our understanding of both her public and private life and further etch her inspiring testimony in history.

Chien Joanna Lei, Ph.D.
Chairwoman
The National Women's League of the Republic of China

壹、出生與家世
Birth and Family Background

　　家庭可以孕育一個人的深層性格，教育可以拓展一個人的思維眼界，社會可以磨礪一個人的心性能力，時代可以創造一個人的機會成就。宋美齡，就是一個集家庭、教育、社會、時代背景於一身的成功例子。

　　宋美齡，廣東文昌人，1899 年 3 月 23 日（清光緒二十五年二月十二日）出生於上海。但宋家的大家長宋耀如出生於海南文昌縣韓家，原名韓教准，父親韓鴻翼以熱心公益而著稱，母親王氏持家育子。十二歲時受宋家嬸舅招攬，赴美學習經商，開始了傳奇的一生，不但過繼給宋家為子，改名宋耀如；在美國的大環境中，受到了民主思想的啟蒙教育，結識了中國的革命同志牛尚周與溫秉忠；並接受了完整的神學教育，終身以佈道為職志。1886 年回到中國，在蘇州、上海開始了以經商籌款，為教會工作、對革命捐款的生涯，這三者並行不悖的在宋耀如身上發展，也因此教育了宋家的兒女富而好禮，虔敬信仰，內心則永遠秉持革命愛國的情懷。

　　宋耀如在上海透過牛尚周與溫秉忠結識了倪桂珍，三人成為連襟。宋與倪結褵三十餘年，生育了三子三女，給予了他們最完整的家庭教育、學校教育和宗教信仰，賦予了他們最多元的生活與發展空間，更開拓了他們最廣大的視野、心境和理想。

The family one is born into can profoundly shape one's character, while education can broaden one's intellectual horizons. Society can sharpen one's mental abilities, while the era in which one lives may create a person's opportunities and achievements. Soong Mayling serves as an example of an individual whose success is an integration of family, education, and societal influence against the backdrop of her times.

A native of Wenchang, Guangdong Province, Soong Mayling was born in Shanghai on March 23rd, 1899 (the twelfth day of the second month in the twenty-fifth year of Qing Dynasty's Guangxu emperor). However, the patriarch of the Soong family, Soong Yaoru (Charles Jones Soong) was born in Wenchang County, Hainan, to the Han family and originally named Han Jiaozhun. His father, Han Hongyi, was known for his philanthropy, while his mother, née Wang, was a homemaker. His legendary life began when he was recruited by his maternal uncle to go to the United States and learn to do business at the age of twelve. Not only did he become an adopted son of the Soong family, changing his name to Soong Yaoru, in the American environment he also received his early education in democratic thought and became friends with China's revolutionary comrades Niu Shangzhou and Wen Bingzhong. Charles Soong also received a comprehensive theological education: to spread the Gospel became his lifelong vocation. Returning to China in 1886, he began a multifaceted career in Suzhou and Shanghai involving commerce, fundraising for the Church, and generating contributions for the Revolution. This influenced the Soong children to be gracious in wealth, to be devout in their faith, and to treasure a patriotic spirit in their hearts.

Soong Yaoru met Ni Guizhen through Niu Shangzhou and Wen Bingzhong and the three became brothers-in-law. Soong and Ni's marriage spanned more than thirty years, during which they raised three sons and three daughters, providing them with a holistic education involving family upbringing, academic training, and religious faith. Nurtured in a diverse environment that presented them with ample space to grow, the children were blessed with opportunities to develop an expansive vision, emotional range, and noble ideals.

1. 家庭的教育
Family Education

父宋耀如（1864 -1918），早年離華赴美謀生，1886 年回國服務於上海南方衛理公會佈道團，並投身於實業界，在上海以代理進出口起家、經營出版業致富、負責中華基督教青年會工作成名。1894 年結識孫中山，一生支持革命行動。母倪桂珍（1869 - 1931），為明朝大學士徐光啟後代，家學淵源，自律甚嚴，信仰尤其虔誠，是兒女心目中慈愛的母親、嚴格的教師、典型的基督徒。這樣的家庭，孕育了宋美齡在西方文化外在型態下內涵的中國傳統，也冶煉了宋美齡在基督宗教虔誠信仰中深化的革命情感。

Father Soong Yaoru (1864-1918) left China in his youth to seek his livelihood in the United States. Returning to serve in China in 1886 with the Southern Methodist Mission in Shanghai, he also worked as an agent in the import and export business, became wealthy through the publishing industry, and was known for his ministry with the Chinese Young Men's Christian Association (YMCA). He met Sun Yat-sen in 1894 and became a lifelong supporter of revolutionary activities. Mother Ni Guizhen (1869-1931) was a descendant of Xu Guangqi, a Grand Scholar of the Ming Dynasty. Originating from a family with a rich scholarly tradition, Madame Soong maintained strict self-discipline and was exceptionally devout in her beliefs. In the eyes of her children, she was a loving mother, a strict teacher, and an exemplary Christian. Such a family environment developed in Soong Mayling Chinese traditions beneath external Western influences, and fused a revolutionary fervor with a devout Christian faith.

宋查理（宋耀如早年名）照片
（杜克大學檔案館藏圖片）

宋耀如 1915 年攝於東京
（上海宋慶齡故居紀念館提供）

宋耀如與倪桂珍結婚之初照片
（上海宋慶齡故居紀念館提供）

宋耀如、牛尚周、溫秉忠與倪家三姊妹及家人合影（上海宋慶齡故居紀念館提供）

宋氏成員 1914 年在日本橫濱合影（上海宋慶齡故居紀念館提供）

宋耀如位於上海萬國公墓宋氏墓園的
墓塚（上海宋慶齡故居紀念館提供）

宋耀如去世後宋氏家族成員合影（上海宋慶齡故居紀念館提供）

1918 年 5 月 15 日宋美齡致艾瑪・米爾斯函，信長八頁，此處擷取第一、二頁（衛斯理學院藏照片）

宋美齡在信中寫著：「父親的葬禮非常安靜和簡單，只通知了他最親密的朋友。中國葬禮上沒有音樂、樂隊或任何傳統的東西。媽媽和我們小孩子都穿著很粗的帆布衣服。父親去世後，……我們得知一個名為萬國公墓的新墓地剛剛準備就緒，我們去了那裡，發現它非常漂亮而且乾淨。所以我們買了這塊土地——整個廣場足夠我們一家人住了。父親是第一個被埋葬在那個墓地的人。你知道，他喜歡在任何類型的比賽中成為第一；他喜歡成為第一名。所以我知道如果他知道這一點，他會非常高興。」

2. 母親的引領
Guidance from Mother

宋美齡在 1934 年寫〈我的宗教觀〉一文中，對母親在信仰上的引領有最深刻的詮釋：「母親那時虔誠的祈禱，是我幼年生活中最深刻的印象，⋯⋯我想告訴你們從母親那裡得到的一次教訓。⋯⋯有一天我恰好同她談到日本威迫我們的急切，當時我奮激不能自制，突然高聲喊了出來：『母親，你的祈禱很有力量，為什麼不祈求上帝，用地震或類此的災禍懲罰日本呢？』她把臉轉了過去好一回，接著用嚴肅的目光，看著我：『當你祈禱，或求我替你祈禱的時候，切不要拿這種要求侮辱上帝，我們凡人尚且不應當有此存心，何況祈求上帝呢？』」

In her 1934 essay, "My Religious Views," Soong Mayling provided the most vivid depiction of her mother's spiritual guidance: "In my childhood my most vivid memories involved my mother's devout prayers... Let me tell you of a lesson I once learned from Mother. ...One day, we happened to discuss the oppression from the Japanese and the situation's urgency. At the time I became agitated beyond control, and suddenly yelled, "Mother, your prayers are so powerful, why don't you pray to God to destroy Japan in an earthquake or a similar disaster as punishment?" She turned and faced me for a long while, then looked at me sternly. "When you pray, or ask me to pray on your behalf, don't ever humiliate God with this kind of request. Even as mortals we should not harbor such intentions, never mind entreating God!"

倪桂珍攝於上海
（國史館）

上海虹口朱家木橋的宋氏老宅，宋美齡出生地（上海宋慶齡故居紀念館提供）

1917 年 9 月 6 日宋美齡致艾瑪·米爾斯函（衛斯理學院藏照片）

在宋美齡的信中形容：「母親不喜歡住在離城鎮那麼遠的地方：她說那太不方便了。因此，她的想法是搬回我們在虹口的老房子。你還記得嗎，我告訴過你，我們擁有那棟房子已經超過二十三年了；因此，儘管這座房子仍然像以前一樣雄偉，但該地區卻變得過於擁擠，不舒服。我一直試圖讓她賣掉這個地方：那裡的土地是上海地價最高的：但她對我對我們老家的冷漠感到非常震驚和悲傷，以至於我不敢再提這個話題了！」可以看出倪桂珍的性格與對宋美齡的教育。

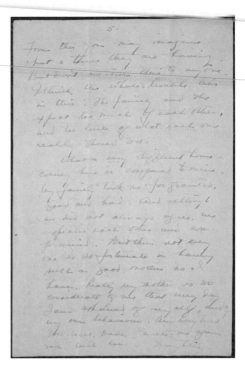

1920 年 10 月 11 日宋美齡致艾瑪‧米爾斯函 ，信長五頁，此處擷取首末頁（衛斯理學院藏照片）

信中宋美齡強調由於母親的寬容，才有家人的相互尊重：「我的家人都認為無論好壞的我都是理所當然的，儘管我們並不總是意見一致，但我們互相尊重並做出妥協。並不是每個人都像我一樣幸運地擁有一位好母親，真的，我的母親是如此體貼我，以至於我每天都為自己和自己的行為感到羞恥。」

1929 年在上海東平路拍攝（國史館）

1925 年 4 月 21 日，宋美齡陪同母親倪桂珍、宋慶齡、宋子安、宋子文等在南京紫金山為建造孫中山陵墓
選址（上海宋慶齡故居紀念館提供）

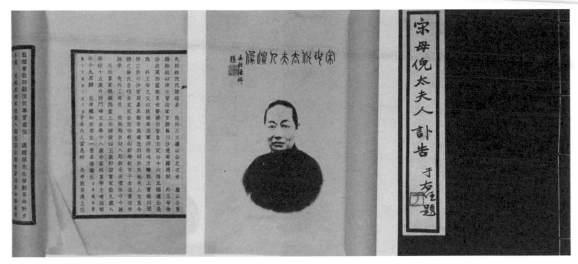

宋母倪桂珍訃告（上海宋慶齡故居紀念館提供）

自宋母逝世以後，蔣中正都會陪伴宋美齡
至宋雙親的墓前行禮
（國史館）

蔣日記中對岳母倪桂珍的記敘

1921 年 5 月 24 日

今晚夢雪深數尺，一片白色，見之心驚，醒後猶覺寒心，不知母病果能痊癒否耶，
憂愁不堪。

1933 年 2 月 6 日

蔣整理舊日記，至家庭類甚為難過，在日記中寫著：

今日婦女學問有高低之分，而其性情則無彼此之別，可歎也。當先姚臨終之前一月，
余夢大雪，及岳母臨終之前一星期，余亦夢大雪，此皆聖慈賢母，所以有此預兆。
然而，夢非全無兆也。

3. 姊妹兄弟

Siblings

宋美齡在六兄弟姊妹中排行第四，大姊宋靄齡（適孔祥熙）、二姊宋慶齡（適孫中山）、兄長宋子文、大弟宋子良、小弟宋子安。長姐靄齡與宋美齡最親近，曾引領她信仰之路：「她告訴我宗教信仰、與上帝建立真正的對話，是戰勝精神倦怠的唯一途徑。」兩個弟弟在少年時都曾由宋美齡照顧管教，與幼弟的感情尤其深厚。就如同大多數大家庭中的兄弟姊妹，或許有爭執、有歧異，但血濃於水的感情依舊是各人日後發展道路上的依恃與助力，也是蔣、宋晚年生活中的重要親人。

In a family with six brothers and sisters, Soong Mayling was fourth. Her oldest sister was Soong Ai-ling (married to H. H. Kung); the second older sister was Soong Ching-ling (married to Sun Yat-sen); her older brother was Soong Tse-ven (T. V.); her older younger brother was Soong Tse-liang (T. L.); and her youngest brother was Soong Tse-an (T. A.). Relationally, Soong Ai-ling was closest to Soong Mayling, and once guided her on her faith journey: "She told me that the only way for me to conquer this lassitude of mine is to become religious, and to really commune with God." Soong Mayling once watched over and disciplined her younger brothers in their formative years; the relationship with her youngest brother became especially close. Like most large families, the Soong family siblings perhaps had their share of disagreements and differences. But the sentiment of blood being thicker than water remained and they assisted one another in their individual future development. In their twilight years, these family members remained important in the lives of Chiang and Soong.

宋氏三姐妹合影
（國史館）

宋氏三姐妹在上海留影（上海宋慶齡故居紀念館提供）

1917 年夏天在霞飛路 491 號
家中合影
（上海宋慶齡故居紀念館提供）

1923 年 12 月，宋慶齡與宋美齡
攝於廣州大元帥府
（上海宋慶齡故居紀念館提供）

1925 年 3 月孫中山逝世，宋家
姊弟在北京中央公園社稷壇大
殿陪同守靈
（上海宋慶齡故居紀念館提供）

1940 年蔣中正與宋氏三姊妹合影（國史館）

佳
美
的
腳
蹤
——
宋
美
齡
與
她
的
時
代

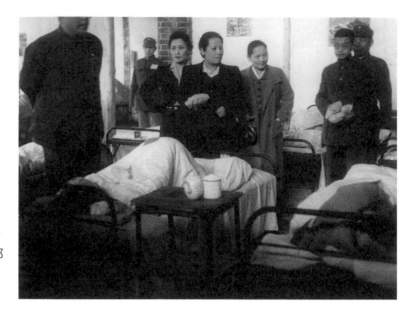

1941 年宋氏三姊妹慰問軍政部
陸軍第五醫院住院傷患
（國史館）

1941 年宋氏三姊妹參觀重慶托兒所（國史館）

1944 年宋美齡偕宋靄齡
於重慶歌樂山招待保育
院兒童（國史館）

1956 年 11 月 13 日宋美齡伉儷
親赴機場送宋靄齡離臺
（國史館）

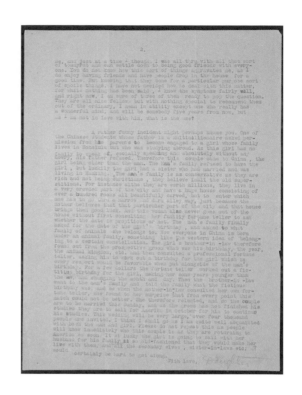

1919 年 9 月 9 日宋美齡致艾瑪‧米爾斯打字函（衛斯理學院藏照片）

信中描述宋靄齡小女兒孔令偉的出生：「我的大姐孔夫人生了一個小女孩。他們給她起名叫珍妮特‧梅（Jeanette May），『梅』是以我的名字命名的，而珍妮特則是以我的一個兄弟的名字命名的。由於預產期已經有兩週了，我們一度很著急，但現在媽媽和寶寶都很好。這個嬰兒是一個完美的美女，有漂亮的眼睛和嘴巴。」和宋子良在美求學的情況。

1945 年 10 月 3 日宋美齡佮儷與宋子文、蔣經國等人偕遊邛海合影（國史館）

1963 年 2 月 11 日宋美齡、宋子文、孔令偉陪同蔣中正參觀四五六六部隊攻堅演習（國史館）

佳美的腳蹤——宋美齡與她的時代

宋美齡伉儷與宋子良合影（國史館）

1947 年 4 月 17 日宋子良偕
宋美齡伉儷及蔣氏族人於奉
化溪口合影
（國史館）

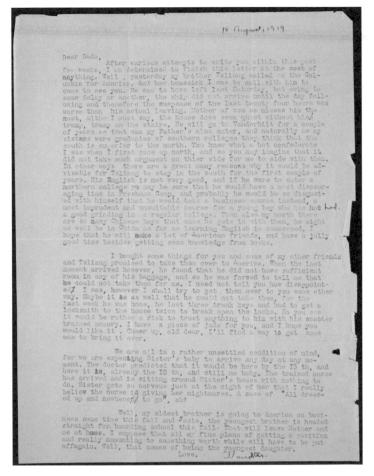

1919 年 8 月 18 日宋美齡
致艾瑪・米爾斯打字函
（衛斯理學院藏照片）

信中細膩的敘述宋子良赴美前家人的心情：「昨天我的大弟 Tsliang（宋子良）乘哥倫比亞號前往美國。我是多麼想和他一起航行來看你。他原定於上週六出發，但由於某種原因延誤，船直到第二天才抵達，因此最後二十四小時的懸念比他實際出發時還要糟糕。媽媽當然最想念他了，不過我必須說，沒有他的腳步聲，樓梯上的腳步聲，家裡確實顯得很安靜。」以及對於宋子良選擇學校的考量，可以看到姊弟情深。

1947 年 4 月 8 日 宋子安陪同
宋美齡夫婦伉儷遊千丈巖
（國史館）

1954 年 3 月 8 日宋美齡伉儷
與宋子安夫婦、宋靄齡長女
孔令儀合影
（國史館）

1956 年 1 月 30 日與宋子安
家人參觀角板山國民小學
（國史館）

1956 年 1 月 30 日宋美齡伉儷
偕宋子安全家（右一宋子安、
右二吳其英、左三宋伯熊、左
二宋仲虎）遊復興鄉溪內瀑布
（國史館）

1956 年 7 月 28 日宋美齡伉儷攜宋伯雄、宋仲虎於角板山郊遊（國史館）

1956 年 7 月 28 日

朝課後，散步回，記事，批閱公文。十一時後與妻帶熊、虎等往溪內觀瀑布，以大雨之後，其瀑更為雄壯可觀，留戀不已，余自廿年前在南京紫霞洞野餐，手炒蛋飯後久不作此，今復重試，並未退減，其味更美，同食者贊美不絕，且全部食光也。回途大雨，過復興橋後，乘吉普車回寓。

1960年3月23日宋子安、吳其英、宋伯熊、
宋仲虎電蔣中正肅電馳賀當選總統
（國史館）

1956年2月3日宋伯熊與宋美齡家人共度
十一歲生日
（國史館）

1956年2月3日

十時後與妻帶熊、虎二內侄同車，下山改行大溪，經中瀝公路（已鋪柏油），回臺
北已十三時矣。午課後，批閱公文，經兒與至柔先後來見。晡與妻車遊山上一匝回，
入浴。晚為熊侄十一歲生日，約武、勇二孫來蔣林聚餐後散步，晚課，讀詩，廿二
時前寢。

1968 年 12 月 26 日宋美齡伉儷與宋子安全家於士林野餐留影
（國史館）

貳、成長與求學
Growth and Education

　　受家庭影響，早在幼年時期宋美齡即赴美求學生活，她在美國先後就讀於喬治亞州皮德蒙特學院、衛斯理安女子學院與麻薩諸塞州波士頓附近的威爾斯利學院（又譯稱衛斯理學院）。在學校教育中獲得了多元的知識，除了主修英國文學，副修哲學外，還修習了法文、音樂理論、小提琴、鋼琴、天文、歷史、植物學、聖經歷史、演說等課程，並在畢業時得到杜蘭學者榮譽稱號。

　　在學期間是她一生中最自由、最活潑的時刻，師友們稱讚她「好學深思」、「對每件事都加以思考，總是提出問題詢問內在的涵義」、「她依歸真理，又甚有己見」、「有一種熾熱、具有真實性、而總是帶著內力的可能性」。[1]

　　學成回國後，任上海基督教女青年會英語教師，積極參加基督教女青年會活動，並任上海工部局兒童勞工工作委員會秘書。這段期間，她與同學艾瑪・德隆・米爾斯一直是最親密的朋友，彼此戲稱「Dada」、「Daughter」，在留下的許多信件中可以看到此刻最真實的宋美齡，接受了全面的美國教育薰陶，在思想上、舉止上和談吐上似乎已全盤西化，但事實上骨子裡中國傳統的女德與儒教，始終不曾淡去。

Influenced by her family, Soong Mayling embarked on her educational journey to the United States in childhood, studying at Piedmont College, Georgia; Wesleyan Female College; and Wellesley College, a liberal arts institution located near Boston, Massachusetts. She received a well-rounded education from school, concentrating in English literature and Philosophy. Other subjects she studied included French, Music Theory, Violin, Piano, Astronomy, History, Botany, Biblical History, and Elocution. She graduated with honors as a Durant Scholar.

Her years in school were the most care-free in her life. Friends and teachers praised her for loving learning and thinking profoundly; wondering "about everything; always questioning and asking its internal meaning." They praised her return to truth, though she very much had her own opinion; and for possessing a "fire about her and a genuineness, and always a possibility of interior force."

Returning to China after completing her studies, she served as an English teacher for the Shanghai Young Women's Christian Association (YWCA) and energetically participated in their activities. She was also appointed as Secretary of the Child Labor Commission on the Shanghai Municipal Council. During this period, her closest friend was her classmate, Emma DeLong Mills, and the girls playfully addressed each other as "Dada," "Daughter." From her letters one sees the most authentic Soong Mayling. Though she had accepted a comprehensive American education and seemed completely Westernized in thought, conduct, and speech, in reality she still retained traditional Chinese conceptions of female virtue and Confucian thought.

1　轉引自李又寧，〈蔣夫人在美國衛斯理女子學院〉，收入《蔣夫人宋美齡女士與近代中國學術討論集》，（臺北：中正文教基金會，2003），頁 93-94。

1. 中西合璧

A Union of East and West

在 20 世紀初那個年代，到國外留學並不是簡單的事，尤其是送女孩子出國深造幾乎是鳳毛麟角，更不要說是幼年就赴美生活學習了。但宋美齡比大多數人都幸運，她享受了家庭給她的機緣，在全美式的完整教育體系下脫胎換骨。許多人都引用宋對自己的形容「我唯一跟東方沾上邊的就是我的臉孔」來形容她，但事實上也許從宋在 1941 年所寫的 *Little Sister Su* 中國民間小說，流暢的英文文筆，深入地描述著中國的社會與美麗國度中的翩翩少女，更可以看到真正中西合璧的宋美齡。

To study abroad in the early twentieth century was not easy. It was especially rare to send girls abroad, never mind sending one in childhood to the United States to live and study. Yet Soong Mayling was exceptionally fortunate, enjoying the opportunities provided by her family. Under a comprehensive American education system, she was completely transformed. To describe her, many have alluded to the description she gave of herself: "The only thing oriental about me is my face." But in reality, the Chinese folktale she composed in 1941 called *Little Sister Su* reflects a lyrical English style which vividly portrays Chinese society and the beautiful land's pretty girls, helping us observe the unity of East and West that is Soong Mayling.

1904 宋美齡赴美時護照照片
（西雅圖檔案館提供）

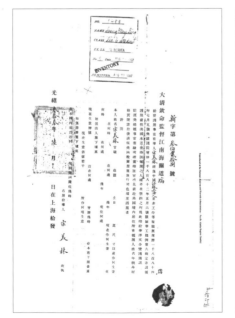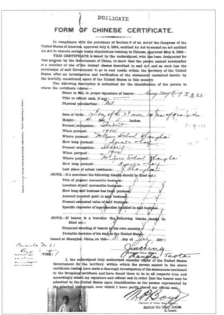

1904 年宋美齡赴美時中英文護照（西雅圖檔案館提供）

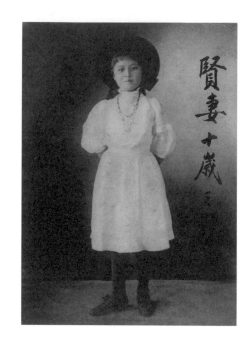

宋美齡照片，蔣中正親題「賢妻十歲之影」
（士林官邸藏照片）

1910 年的宋美齡
（上海宋慶齡故居紀念館提供）

1913 年宋美齡與宋子文、宋慶齡在美國波士頓合影
（上海宋慶齡故居紀念館提供）

 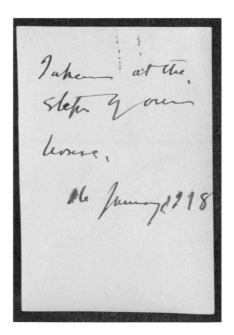

1918 年 4 月宋美齡致友人信及附 1918 年 1 月 16 日宋美齡拍攝於霞飛路 491 號寓所臺階上的照片
（衛斯理學院藏照片）

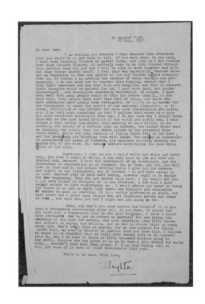

1921 年 7 月 25 日宋美齡致艾瑪・米爾斯
打字函（衛斯理學院藏照片）

信中大篇幅的描繪宋學習中文和訓練書寫的過程：「你知道嗎，我今天一直在自學中文，……最近我開始感覺到中國古代大師的精神在我身上蔓延，彷彿我正在領悟他們思想和個性的精髓。我不知道如何表達這種感覺，只是我感覺到他們的親近，並且他們都是有形的，表達他們的想法對我來說是很自然的。……我非常自負，因為我相信女性通常比男性更敏感。……有時候，我覺得我可以寫啊寫，永不停歇，但當我開始寫的時候，我只能握著筆，咀嚼著鈍了的筆頭，因為，我感覺自己的詞彙量不夠，表達不準確。」

宋在 1941 年所寫的 *Little Sister Su* 中國民間小說封面，及贈送友人的扉頁題字（實物拍攝）

2. 衛斯理學院
Wellesley College

在美國馬薩諸塞州的衛斯理學院，由當地鄉紳 Durant 夫婦創建於 1875 年，是全美排名最高的文理學院之一，致力於培養改變世界的優秀女性，許多著名女性從這裡走出，美國女天文學家安妮‧坎農（1880-1884）、中國著名女作家冰心（1923-1926）、美國首位女性國務卿馬德琳‧奧爾布賴特（1957-1959）、前美國第一夫人希拉蕊‧柯林頓（1966-1969）……，宋美齡無疑是其中的佼佼者。從 1913 年到 1917 年，從青澀到活躍，從靦腆到開朗，這裡留下了宋美齡青春年少的身影，而在宋美齡的心中則永遠保留了母校的回憶與歡笑。

Founded by local philanthropists Mr. and Mrs. Durant in 1875, Wellesley College in Massachusetts ranks as one of the best liberal arts colleges in the United States and is dedicated to nurturing outstanding women who will change the world. It has produced many eminent women, including American astronomer Annie Cannon (1880-1884), the famous Chinese writer Bingxin (1923-1926), the first American female Secretary of State, Madeleine Albright (1957-1959), former U. S. First Lady Hillary Clinton (1966-1969).... Soong Mayling undeniably belongs in this illustrious group. From 1913 to 1917, she progressed from inexperienced to active, and from timid to merry. It is here that she has left an imprint of her youth, yet in her heart she will always treasure its memories and laughter.

宋氏三姐妹留學時期的衛斯理
女子學院
（上海宋慶齡故居紀念館提供）

宋氏三姊妹在美留學時留影（上海宋慶齡故居紀念館提供）

在學期間的宋美齡（衛斯理學院藏照片）

1913 年與衛斯理學院同學合照
（衛斯理學院藏照片）

1913 年 6 月宋美齡（右一）與宋慶齡（右四）、宋子文（右五）和竺可楨（右二）在衛斯理學院合影
（上海宋慶齡故居紀念館提供）

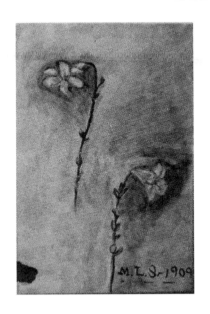

宋美齡在衛斯理學院的繪畫作業
（衛斯理學院藏照片）

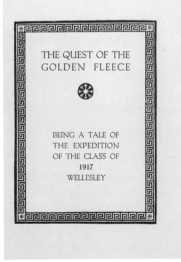

1917 年宋美齡畢業班刊及屬於她的介紹（衛斯理學院藏實物照片）

140   THE CHINESE STUDENTS' MONTHLY

Stanford

Our Club has more members than ever before. We number only ten but this is much larger than usual, seven being our previous record. P. Ling has been very busy lately among the different societies interested in China. He spoke before the Women's Missionary Society of Paolo Beto on "The Present Condition of Christian Work in China" and before the Congregational Church on "What I Think of Christianity."

W. S. LEE.

Washington

Our first meeting of the year was held some time ago in connection with the reception to new members at one of the Chinese restaurants. The following officers were also elected at the same time: James Toy, President; H. K. Chin, Vice-President; J. K. Chiu, Treasurer, and T. L. Lee, Secretary.

We have six new members, G. F. Chau, G. H. Chau, H. Z. Chau, T. L. Lee, Paul Fung, and W. Sam.

TANG L. LEE.

Wellesley

Our first meeting was held on October 25 with all of its five active members present, when the following business was transacted:

Election of officers. Doen Ting Chang, President and Representative; Mayling Soong, Secretary and Treasurer. The time of meeting was decided to be the first Sunday of each month; and the place, the houses of the members by turn, according to the judgment of the Secretary. Anna Chin and Wai Tsu New of Radcliffe were elected honorary members of the Club.

The Club feels that the honor of having Miss Fung Hin Liu and our newly elected honorary members present at our first meeting of the year augurs well for its future career.

MAYLING SOONG.

Wisconsin

The International Club gave a reception to the Chinese students in the University on October 8. Among the speakers was Professor C. D. Cool, Advisor for Foreign Students in the University.

On October 16, the University Y. M. C. A. together with the University pastors gave another reception to the foreign students in the University. On October 23, several of our students were invited to dinner by Mr. and Mrs. F. O. Leiser of the University Y. M. C. A.

《中國留美學生月報》刊發宋美齡署名的衛斯理學院中國學生會資訊
（宋時娟翻拍）

1920 年 5 月 12 日之《上海時報》
（*The Shanghai Gazette*）報導
（衛斯理學院藏照片）

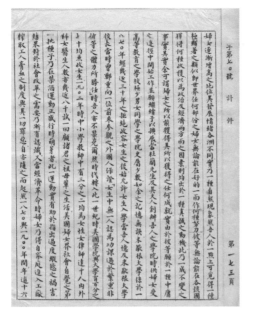
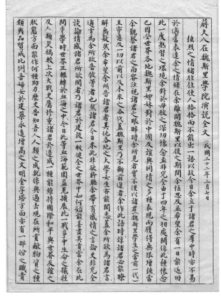

1943 年 3 月 7 日宋美齡訪美在衛斯里學院演講深切懷念母校及表彰中
國婦女之成就，共七頁（國史館）

1943 年 3 月 7 日宋美齡訪衛斯里學院該校校刊報導，共九頁（國史館）

佳美的腳蹤——宋美齡與她的時代

1953 年春宋美齡訪問母校，
在貴賓芳名錄上簽字
（衛斯理學院藏照片）

1953 年春宋美齡訪問母校，
在校園禮堂演講（衛斯理學院
藏照片）

1953 年春宋美齡訪問母校，
與當年同學合影（衛斯理學院
藏照片）

1957 年 7 月 20 日宋美齡接見衛斯理女子學院院長紐威爾及偕行女賓（國史館）

3. 青年宋美齡

Soong Mayling in Her Youth

要感謝衛斯理學院檔案館保存宋美齡與大學閨蜜艾瑪‧米爾斯的大量私人通信，從飛舞的草書英文中，似乎可以看見帶著蓬勃朝氣、滔滔不絕的跟閨蜜分享內心世界的青年宋美齡，此時的她住著豪宅、穿著華服、坐著大車，卻一頭栽進社服工作與婦幼工作；充滿了對人生的抱負與憧憬，卻又對社會的現況不滿與批判；熱愛自己的家庭與國家，卻又無法從中間獲得心靈的滿足。這一切對比下一章結識蔣中正，走進另一個原來只知談革命，而突然之間充滿浪漫愛情男人的世界，就不難了解為何兩人會快速決定攜手共創家園，共同革命建國。

Thanks to the extensive private English correspondence between Soong Mayling and her best friend from college, Emma Mills, in the Archives of Wellesley College, one can almost envision the young, spirited and garrulous Soong Mayling sharing her private world with her confidante. At the time she lived in a mansion, wore glamorous clothes and traveled in a grand vehicle, yet she threw herself headlong into the world of social work and maternal and child welfare. She was filled with aspirations and yearning, yet she was critical of society's status quo; she dearly loved her family and nation, yet she was unable to feel sustained and fulfilled. This forms a contrast with meeting Chiang Kai-shek in the next chapter, where she enters the world of a man who only spoke of revolution, yet suddenly falls deeply in love. It then becomes easy to understand why the pair quickly resolved to work together, to create a home, continue the revolution, and build a nation hand-in-hand.

宋美齡與艾瑪・米爾斯合照（衛斯理學院藏照片）

1917 年 7 月 3 日，宋美齡寫給艾瑪・米爾斯的第一封信（衛斯理學院藏照片）

倒數第二段宋描述：「我們看到一火車滿載的中國苦力正被運往法國當勞工。如果其中一人死亡，他的家人將獲得一百五十美元！這就是他們生命的代價！如果我有任何影響力，我將確保不派任何苦力出去，因為中國需要所有自己的人來開發礦山。」描繪了宋美齡對中國下層社會的觀察，也在不經意中流露出強烈的愛國情懷。

1917 年 8 月 16 日宋美齡致艾瑪・米爾斯函，信長八頁，此處擷取第一、二頁（衛斯理學院藏照片）

信中宋美齡坦誠的跟艾瑪懺悔：「你建議我更深入的投入人民的生活中，這勸告真是太及時了，因為你知道我是一個非常獨立的靈魂，兩年來我只按照自己的意願生活，常常忘記了我必須為他人著想，有時也會失去我應有的耐心。」

1917 年 12 月 7 日宋美齡致艾瑪‧米爾斯長函，信長十二頁，此處擷取第一至第四頁（衛斯理學院藏照片）

在第三至第四頁中宋美齡描述中國的社會狀況，內心充滿了徒勞感：「中國有很多疾病。可怕的天津洪水，到處都是如此多的苦難！有時，當我看到貧民窟裡骯髒、衣衫襤褸、蜂擁而至的人類時，我會感到對一個偉大的新中國的渴望是徒勞的，也感到自己的渺小。Dada，你無法想像一個人在這樣的環境下會感到多麼無用。這裡的窮人比例比你能想像的美國任何地方都要高。」

1918 年 6 月 29 日宋美齡致艾瑪・米爾斯函，信長八頁，此處擷取首末頁（衛斯理學院藏照片）

宋美齡在信中寫出當時她對婚姻的想法：「男人是個紳士，家庭和人脈都是最好的，善良，體貼，而且很溫柔。我想他不會像我一樣發脾氣。我的愛——我無法給他：如果我願意的話，我可以嘗試成為一個好伴侶，一個體貼的同志。然而，雖然從某種角度來看，一切都很簡單，但從另一種角度來看，一切都非常複雜且難以決定。我還不確定最好做什麼。」充滿了幻想與矛盾。

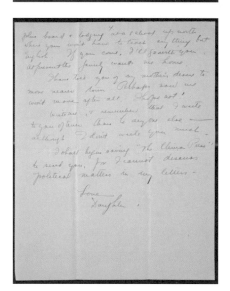

1917 年 9 月 15 日宋美齡致艾瑪·米爾斯函（衛斯理學院藏照片）

信中充滿了對家庭的依賴和矛盾，也充滿了對投入社會的憧憬與茫然。「明天我將開始我作為主日學校老師的職業生涯。媽媽得到我的同意，高興得無以言表。我能為她做的事太少了，所以我渴望盡我所能。」「但不知怎麼的，我不願意說話。自從回家後，我似乎養成了『警惕沉默』的習慣。我希望我有某種能讓我忙碌且感興趣的工作。我覺得待在家裡，我並沒有為家庭的福祉或我自己的智力福祉做出貢獻。我去任何地方都離不開我已婚的姐姐或我的母親：事實上，我一生中從未見過如此嚴格的陪伴。奇怪的是，我一點也不怨恨，我只是被動默許。」

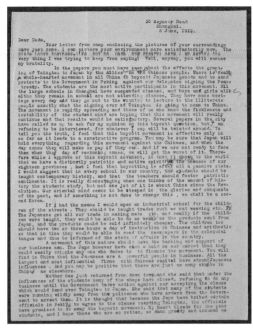
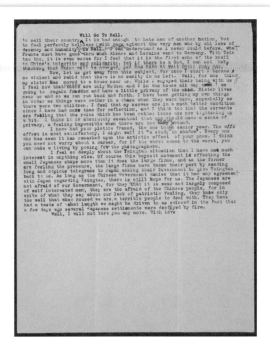

1919年6月5日宋美齡致艾瑪‧米爾斯打字函（衛斯理學院藏照片）

在信中宋美齡對五四學生運動有深入的觀察與檢討，很有意思的，在這時她就體會到了歷史教育的重要：「你一定在報紙上看到過盟國把青島交給日本給中國人民帶來的影響。全中國正在掀起一場真正的全心全意的抵制日貨運動，並向北京政府提出抗議，……說實話，我覺得這次抵制運動只有產生建設性的綱領才有效，……如果清算日到來時我們還沒有準備好面對它們，我們就會遭遇最壞的結果。因此，雖然我贊成這次抵制運動，因為它向世界展示了我們十八省團結的鮮明愛國積極精神，但我覺得抵制畢竟是一種被動的狀態。我建議我們國家的每一所學校都應該給學生講授當代歷史，老師應該培養愛國主義情操。想想學生們學習的歷史數量，卻沒有一丁點是關於革命以來的中國，真是令人沮喪。我們的東方思維似乎沉浸在過去的榮耀和征服之中，如果不採取措施改變這一點，我們將成為第二個韓國。」

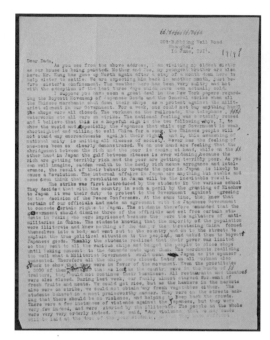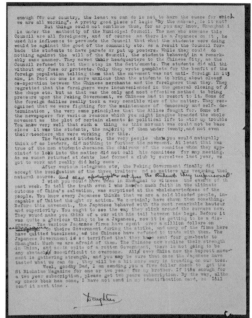

1919 年 6 月 15 日宋美齡致艾瑪·米爾斯打字函（衛斯理學院藏照片）

信中宋美齡向艾瑪詳細地描述了1919 年五四學生運動到三罷運動（學生罷課、工人罷工、商人罷市）過程中中國人的覺醒與日本人的退卻，處處留露出宋內心的讚賞與激動。

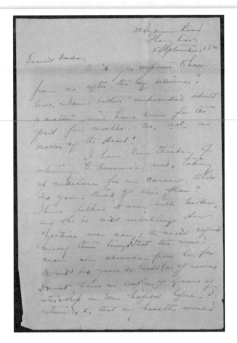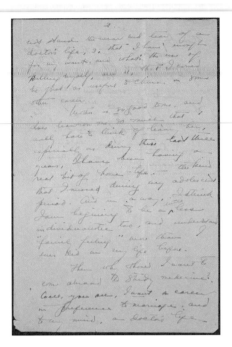

1920 年 9 月 5 日宋美齡致艾瑪‧米爾斯函，信長五頁，此處擷取第一至二頁（衛斯理學院藏照片）

在信中宋美齡深刻的思考家庭、婚姻、事業在她生命中的比重，甚至希望學醫來輔助社會工作：「我想要的職業優先於婚姻，在我看來，醫生的生活有足夠多的人類興趣，很有趣，並使我與人類保持積極的聯繫。除了婚姻和教育之外，在中國，沒有什麼是對女性開放的，沒有什麼是對我開放而不侵犯家庭傳統的。例如，我不可能在沒有大量流言蜚語和隨之而來的令人不快的煩惱的情況下開展業務。至於社會服務工作，理論性太強，不適合我；……我想治愈人們的身體，並讓其他人處理他們的社會福利。你一定認為這是一封狂野的信。很可能是這樣。大多數人使用的慈善事業和社會服務都是時尚，但我無法因此而激發熱情。」

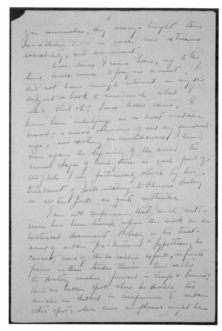

1921 年 8 月 10 日宋美齡致艾瑪‧米爾斯函，信長九頁，此處擷取第一至二頁（衛斯理學院藏照片）

信中宋美齡與好友分享大量閱讀經驗，尤其是對威爾斯《歷史綱要》一書的心得與感想，可以看到宋對歷史認知的深度：「上週我收到了威爾斯的《歷史綱要》。從那時起，我就深入研究它，並找到了極大的樂趣。……總而言之，《歷史》是一項奇妙而偉大的事業！事件的邏輯順序、思想的廣度和範圍、『視角解釋』的總體比例當然值得注意。當我讀這本書時，我覺得我瞥見了一個『新領域』——當然，是一個簡短的領域；……任何人讀完這本書後都會情不自禁地感受到人類的親緣關係，超越了種族或地域。」

參、婚姻與報國
Marriage and Patriotic Devotion

　　如果沒有深入看過蔣中正的日記和宋美齡的文字紀錄，就不會了解蔣、宋是如何把自己的婚姻做為報國的基礎，如何在這段半世紀的婚姻中，共同創造出他們的報國的途徑。在這章「婚姻與報國」中，引用大量蔣、宋的文字與照片，說明兩人在決定走上婚姻之路時的真情與決心。許多人認為蔣宋的婚姻是一場「政治婚姻」，為的是權力與金錢的結合，事實上蔣宋的婚姻結合了家庭、國家、感情、信仰。從蔣中正日記的記載裡，可以看到婚前半年中充滿了與宋美齡碰面時的歡悅、分別時的思念、獨處時的焦慮、去信未得覆時的惶然，躍然紙上。可以看到訂婚到結婚期間，蔣中正戀戀不能自拔，「心目中但有三妹，別無所思矣」的愛戀。可以看到婚禮當日蔣「見余愛姍姍而出，如雲飄霞落。平生未有之愛情，於此一時間並現，不知余身置何處矣！」的震撼。更可以從蔣中正的結婚啟事、結婚感錄，以及婚禮中「全體向國旗、黨旗、總理遺像三鞠躬」的特殊禮儀，看到「故余二人今日之結婚，實為建築余二人革命事業之基礎」的共識。同時也希望透過本章的鋪陳，帶入下一章「她的家、他的國」的構思，讓世人看到宋美齡從人子步入人妻，從西方教育進入傳統中國，從個人思維進入家國情懷的轉折。

If one has not perused Chiang Kai-shek's diaries and Soong Mayling's written records, then one would not understand that the couple used their marriage as a bedrock for serving the country and how they carved their path of devotedly serving the nation. The photographs and written descriptions by Chiang and Soong in this chapter illustrate the private sentiments and resolve of the two in their decision to marry. Many people view the Chiang and Soong marriage as a "political alliance" with the purpose of uniting power with wealth; in fact, Chiang and Soong's marriage combined family, nation, sentiment, and faith. From the pages of Chiang Kai-shek's diary, one can witness a range of emotions in the half year leading up to their marriage: joy in meeting Soong; yearning when they are apart; anxiety when he is alone; and the consternation of unanswered mail. One observes how completely smitten Chiang Kai-shek felt during their engagement period: "Nothing but Sanmei [Soong Mayling] occupies my heart; there are no other thoughts." On their wedding day, one sees Chiang exclaiming, "When I saw my beloved wife slowly emerge like a floating cloud with the glow of dawn, I experienced such an unprecedented feeling of love that I hardly knew where I was!" One also sees Chiang Kai-shek's wedding announcement and wedding reflections, as well as the unique ritual of "Everyone bow to the national flag, the party flag, and the portrait [of Sun Yat-sen]" during their ceremony. One views the consensus, "Therefore we marry today for the sake of creating the foundation of our revolutionary cause." The chapter's narrative detail hopes to lead to the framework of "Her Home, His Country" in the subsequent chapter, demonstrating to everyone the turning point of Soong Mayling's journey from being a daughter to being a wife, from receiving a Western education to entering the world of Chinese tradition, and from individualistic thinking to the patriotic devotion of home and nation.

1. 邂逅與初識
Encounter and First Impressions

蔣日記中出現與宋美齡的交往是從 1927 年 3 月開始的，3 月 31 日日記：「今日思念美妹不已。」此後蔣展開對宋美齡的「情書攻勢」，從 5 月到婚前，「致梅林電」、「贈梅弟相」、「覆三弟電」、「寫三弟信」、「發梅函」、「譯三弟電」、「發三妹電」，絡繹不絕。可惜這一階段蔣宋的來往信電多未留存，但 1927 年 8 月 15 日蔣的「求婚信」，可以視為兩人婚姻的前奏。

Soong Mayling begins to appear in Chiang's diary from March 1927. The entry for March 31st reads, "Today I miss beautiful little sister incredibly." After which, Chiang launched a "love letter campaign," unleashing an endless stream of correspondence from May to before their marriage: "I telegraphed Mayling today"; "I sent my photo as a gift to Younger Brother May [Mayling]"; "Responded to Third Younger Brother [Mayling]'s telegram"; "Wrote letter to Third Younger Brother"; "Sent May letter"; "Sent a message to Sanmei." Though it is a pity that most of the correspondence between the two have not survived, Chiang's marriage proposal from August 15th, 1927 can be seen as a prelude to their marriage.

1927 年 3 月 21 日

今日思念美妹不已。

這是現存蔣中正日記中第一次出現對宋美齡的紀錄。

1927 年 5 月 18 日

叛逆未除,列強未平,何以家為。
七時車抵上海,即訪梅林與庸之兄。

1927 年 5 月 28 日

終日想念梅林不置也。

1927 年 5 月 30 日

終日想念梅林。

1927 年 5、6 月間蔣日記中開始出現了對宋美齡的思念,但用的都是宋美齡在衛斯理學院使用的別名「梅林」。很有意思的是,蔣日記在此日之前的自我反省警句通常是「叛逆未除,列強未平」,但此處出現了「何以家為」,並延續出現在這一年的日記中,似乎代表蔣此時強烈的成家之意。

1927 年 6 月 7 日	六時起床，寫三弟信，致電稿。
1927 年 6 月 11 日	三時到申，往訪三弟。八時乘車赴杭。
1927 年 6 月 12 日	九時到申，回家，與三弟談至午夜，登車。
1927 年 6 月 18 日	今日錶停，未知三弟安否，甚念。
1927 年 6 月 25 日	接復三弟函。
1927 年 7 月 3 日	晚同三弟等，宴於鄉下小餐館，別有風味也。
1927 年 7 月 5 日	晚宴上海商界後，與三弟乘遊，一時回寓睡。
1927 年 7 月 6 日	下午訪三弟及會各友後，再訪三弟。
1927 年 7 月 10 日	上午擬稿畢，接大、三各弟函，婉復之。
1927 年 7 月 22 日	復三弟信。

自 1927 年 5 月兩人交往開始，蔣於日記中頻繁的提及宋，多半以「三弟」稱之，雖然充滿了思念，但總不脫客氣。

余今無意政治活動，惟念生平傾慕之人，厥惟女士。前在粵時，曾使人向令兄姊處示意，均未得要領。當時或因政治關係，故余今退而為山野之人矣。據實所棄，萬念灰絕。曩日之百戰戰疆，叱吒自喜，迄今思之，所謂功業宛如幻夢。獨對於女士才華容德，戀戀終不能忘。但不知此舉世所棄之下野武人，女士視之，謂如何耳！

1927 年 8 月 13 日，蔣發表辭國民革命軍總司令職務宣言，第二天回到故鄉奉化，8 月 15 日發給宋美齡的信函，一般被稱為求婚信，但蔣中正總統文物中未見底稿，從蔣日記中看起來，似乎也沒有接到回覆。

1926 年宋美齡於廣州攝影
（訪談宋時娟：尋找三十歲之前的宋美齡）

1927 年 9 月 16 日　上午致敬之，與三弟各電。

1927 年 9 月 17 日　上午接復敬之與三弟各電，記事，預定遊歷學習科目表。

1927 年 9 月 23 日

六時起床，七時船抵上海，即訪三弟，……晚與三弟敘談，情緒綿綿，相憐相愛，惟此稍得人生之樂也。

1927 年 8、9 月間，蔣中正反覆思考出洋遊學，9 月決定成行，日記中再度出現了與宋美齡間的互動。

2. 訂婚與結婚
Engagement and Marriage

1927 年 9 月 26 日蔣中正與宋美齡完成訂婚，蔣隨即赴日本有馬溫泉拜會倪太夫人，得其允婚，11 月 10 日回國，「連日相宅治具，籌備婚事。」12 月 1 日婚禮當日，先到宋宅行「教會婚禮」，再到上海大華飯店行「正式婚禮」，這場婚禮被稱之為「世紀婚禮」，世人皆見，傳誦至今。但真正值得一提的是蔣中正 11 月 27 日在上海《申報》刊登的一份結婚《啟事》，和 12 月 1 日婚禮當天所刊登《我們的今日》（又稱結婚感錄、勖愛妻文）一文，從其中真正可以看出蔣、宋以婚姻為報國之路的心歷路程。

As soon as Chiang Kai-shek and Soong Mayling became engaged, Chiang immediately headed to Arima Onsen, Japan, to ask for Madame Soong Ni Guizhen's permission to marry Mayling. Returning on November 10th, he chronicles that he is making preparations for the wedding. On the day of his marriage on December 1st, he first arrives at the Soong residence for a "church wedding," which is followed by a "formal ceremony" at Shanghai's Majestic Hotel, described also as the "wedding of the century" and remembered to this day. Most importantly, Chiang Kai-shek published his "Wedding Notice" on November 27th in Shanghai's *Shun Bao* and "Our Day" (also called "Wedding Reflections") on the day of the ceremony, December 1st, from which one can observe that Chiang and Soong hope to use their marriage to serve their country devotedly.

1927 年 9 月 24 日　邀儒堂為我倆作伐。

1927 年 9 月 26 日

下午往訪緯國與廖夫人、三弟……。晚與三弟談往事。人生之樂以定婚之時為最也。十一時睡。

1927 年 9 月 27 日

下午與三弟在孔寓合影，同訪王儒堂、馮煥章夫人，謝其為介紹人。……與三弟密談至一時回寓。

從日記中看出，蔣中正本擬經滬赴日出洋遊學，但在滬與宋美齡詳談後，9 月下旬閃電訂婚。

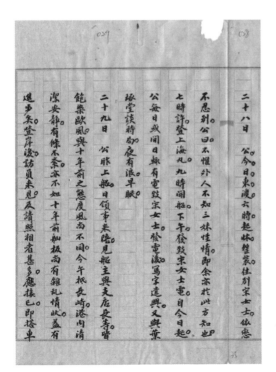

《事略稿本》記載，9 月 28 日蔣中正從上海乘船前往日本，下午發電致宋美齡（國史館）

1927 年 9 月 28 日

六時起床，整裝往別三弟，情緒綿綿，何忍舍諸，不惟外人不知三弟之性情，即中亦於此方知也。七時前登上海丸，九時開船，假眠，下午發三弟電後，寫字，與琢堂兄談時局。夜以有浪早眠。致三弟兩電，不知其今夜果能安眠否？

1927 年 10 月 1 日

六時起床入浴，致宋太夫人及三弟電。近日無論晝夜，心目中但有三妹，別無所思矣。……晚早睡，不知三弟近日作如何狀也。

蔣中正於 1927 年 9 月 28 日赴日，雖然並未完全改變出洋之想，但主要目標已變成往有馬溫泉拜見宋母倪桂珍，請求允婚。

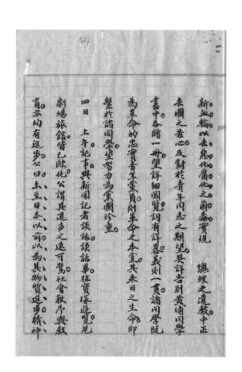

蔣中正留在日本考察時，到訪寶塚觀察日本之歐化
（國史館）

1927 年 10 月 4 日

往寶塚遊覽，無論劇場、旅館皆已西洋化，其進步之速可驚。社會秩序與教育皆較前進步。未至日本以前，以為其物質進步而精神必退敗，今乃知日本之興盛猶未止此也。

1927 年 10 月 3 日

八時到神戶，……與子文同車到有馬溫泉，拜訪宋太夫人，其病已愈大半，婚事亦
蒙其面允，惟其不欲三弟來此，恐留此結婚也。不勝悵望，乃致電三弟，屬其速來，
詳述余所以一時不能回國之實情，彼當來乎！下午三謁太夫人，視其甚快愉，雙眼
釘看，未免令新婚為難。夜入浴，早睡。

1927 年 10 月 4 日

下午回有馬，見三弟復電不來日，不勝悵惘。……看報讀書，陪岳母談天，晚與子
文談國事，十時睡。

1927 年 10 月 7 日

上午會客談天，寫字，發電，下午與子文談時局，寫三弟信，後入浴，晚看日本史。

1927 年 10 月 8 日

上午復三弟函電後，看日本歷史，往神戶送宋母即回。下午假眠會客。國破黨亂，
革命未成，觸境生悲，雖有美景，亦無快感。昔以為辭職以後即可置身事外，專心
修養，孰知無職思政，有志莫伸，更覺苦痛也。

1927 年 10 月 3 日蔣中正在神戶拜見了宋母倪桂珍，蒙其允婚，但未能如蔣所期望的在
日本成婚，10 月 8 日宋母離日。

1927 年 10 月 10 日

岳軍由東京回來,詳述各方情形,無論朝野,皆屬望余一人乃能任中國革命之責也。余決赴東京訪問舊友一次。午後子文來談,勸余出山,靜江、石曾亦來電催回,余猶未定,而心欲回國,以家國如此衰落,而我獨在外消遙,甚不自安,待機不如奮鬥也。今為余誕辰,三妹電賀,心尤不安。

從此日起,蔣在日本訪友探景,讀書寫信,但心中反覆思考自己的去留,這段期間似乎較少與宋美齡之間的魚雁往返,反倒是與宋子文聯繫密切。有意思的是 10 月 10 日信開始蔣中正稱宋美齡「三妹」而不再稱「三弟」,代表了感情的親密更進一步。

1927 年 10 月 23 日

訪頭山滿翁,住宿於其鄰家川野氏家中,親切備至。

蔣中正留日行程中晤面頭山滿(國史館)

1927 年 10 月 23 日　上午看日本史，譯三弟電。

1927 年 10 月 27 日　六時起床記事，致逸民、敬之電，接復三妹電。

1927 年 10 月 29 日

下午致三妹等電後，往遊霧降瀧與裏見瀧，裏見之風景與瀧形甚奇。晚擴情攜石曾、靜江二兄函來勸回，不勝感慨。

1927 年 11 月 4 日

晚接復精衛電，黨國日非，如領袖能互相諒解與覺悟，未始非幸也。

1927 年 10 月下旬，蔣經過反覆思量，逐漸理清頭緒，「未始非幸也」，是至此已埋下了返國的決心。

蔣日記中出現的「譯三弟電」，是兩人使用自己的譯電碼，用電碼來聊天，以 1930 年 5 月 26 日蔣中正致宋美齡電為例，就是通篇以電碼撰寫
（國史館）

1927 年 11 月 8 日

七時後到西京，頭山滿先生來送，同車到大坂，余在大坂下車，即到神戶登船。

1927 年 11 月 9 日

上午九時船到長崎，⋯⋯下午二時開船，在船上散步。欲求革命成功，除團結本黨幹部，速開第四次中央執行委員會外，無他法也，故余贊成此會。

1927 年 11 月 10 日

上午在船散步，寫字，下午一時半船到上海，日友皆來招待，聞三妹有病，即往訪，形容枯瘦，其實操心過度，不勝悲憂。⋯⋯晚餐後與三妹敘談，悲喜交集。十二時後回寓，無家之人，不勝感慨。

1927 年 9 月 28 日蔣中正離滬赴日，11 月 10 日返滬，在日逗留七旬，雖然回到了自己的國家，但「無家之人，不勝感慨」，有國而無家，仍是未圓滿的人生。

《愛記》1927 年 11 月

連日相宅治具，籌備婚事。十四日，陪宋太夫人、宋女士，訪孔夫人宋靄齡女士，又祭掃宋太公之墓。二十六日，與宋女士同至祁齊路新屋布置。二十八日，同訪蔡元培，請為證婚人。二十九日，同往大華飯店習禮。三十日，又同習禮於宋宅。

中正奔走革命，頻年馳驅戎馬，未遑家室之私。現雖辭職息肩，惟革命未成，責任猶在。袍澤飢寒轉戰，民眾流離失所，詎能恝然忘懷？尤念百戰傷殘之健兒，彌愧憂樂與同之古訓。茲定十二月一日，在上海與宋女士結婚，爰擬撙節婚禮費用及宴請朋友筵資，發起廢兵院，以完中正昔日在軍之私願，宋女士亦同此意。如親友同志厚愛不棄，欲為中正與宋女士結婚留一紀念，即請移節盛儀，玉成此舉，無任銘感。凡賜珍儀，敬謹璧謝，婚儀簡單不再柬請。（廢兵院規劃當與同志賢達詳商，現托浙江軍事廳金誦盤君籌備）式布區區，惟希公鑒。

蔣中正婚禮啟事
（申報：1927 年 11 月 27 日第 3 版）

《良友》刊載兩人婚前合影（《良友》1927 年第 20 期，頁 3）

蔣宋婚禮地點大華飯店外貌
（上海宋慶齡故居紀念館提供）

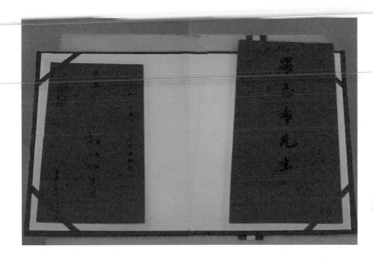

羅家倫留存之蔣宋婚禮請柬
（士林官邸展覽照片）

當時的小報上詳細描述婚禮消息與請柬樣式
（金剛鑽：1927 年 11 月 27 日第 2 版）

蔣宋結婚之請柬（俊英）

蔣介石與宋美齡之婚期，為十二月一日，地點在戈登路大華大飯店，下午四時舉行婚禮，五時茶點款待來賓，結婚儀式，極力從簡，證婚人何香凝女士已於念五日由粵來滬，蔣氏以此次婚禮，各方所送之賀儀甚多，故特與宋女士商定，將賀儀移充辦理廢兵院經費，藉留結婚後之一大紀念，蔣氏復購一七人所坐之派卡汽車，充作結婚後乘坐之用，蔣宋二氏之婚禮請柬，並不濫發，凡送禮者始能得其一柬，此柬為充作入場證之用，柬用梅紅紙之封套單帖，上書結婚時間地點，由蔣錫侯、宋子文二人具名，柬背後則蓋宋子文之私章，並將請柬編列號碼，憑柬入座，以防混雜，是亦結婚禮中別開生面之請柬也。

蔣介石與宋美齡之婚期，為十二月一日，地點在戈登路大華大飯店，下午四時舉行婚禮，五時茶點款待來賓，結婚儀式，極力從簡，證婚人何香凝女士已於念五日由粵來滬，蔣氏以此次婚禮，各方所送之賀儀甚多，故特與宋女士商定，將賀儀移充辦理廢兵院經費，藉留結婚後之一大紀念，蔣氏復購一七人所坐之派卡汽車，充作結婚後乘坐之用，蔣宋二氏之婚禮請柬，並不濫發，凡送禮者始能得其一柬，此柬為充作入場證之用，柬用梅紅紙之封套單帖，上書婚禮時間地點，由蔣錫侯、宋子文二人具名，柬背後則蓋宋子文之私章，並將請柬編列號碼，憑柬入座，以防混雜，是亦結婚禮中別開生面之請柬也。

| 1927 年 11 月 30 日 | 上午擬撰文感錄結婚情狀。 |
| 1927 年 12 月 1 日 | 上午寫信，撰勖愛妻文。 |

二人結婚當日之《申報》，刊登「我們的今日」一文（申報：1927 年 12 月 1 日第 14 版）

　　余今日得與余最敬最愛之宋美齡女士結婚，實為余有生以來最光榮之一日，自亦為余有生以來最愉快之一日。余奔走革命以來，常於積極進行之中，忽萌消極退隱之念，昔日前輩領袖常問余，汝何日始能專心致志於革命，其他厚愛余之同志，亦常討論如何而能使介石安心盡革命之責任。凡此疑問，本易解答，惟當時不能明言，至今日乃有圓滿之答案。余確信余自今日與宋女士結婚以後，余之革命工作，必有進步，余能安心盡革命之責任，即自今日始也。

　　余平時研究人生哲學及社會問題，深信人生無美滿之婚姻，則做人一切皆無意義；社會無安樂之家庭，則民族根本無從進步。為革命事業者，若不注意社會之改革，必非真正之革命，其革命必不能徹底。

　　家庭為社會之基礎，故改造中國之社會，應先改造中國之家庭，余與宋女士討論中國革命問題，對於此點實有同一之信心。余二人此次結婚，倘能於舊社會有若何之影響，新社會有若何之貢獻，實所大願。余二人今日不僅自慶個人婚姻之美滿，且願促進中國社會之改造，余必本此志願，努力不懈，務完成中國之革命而後已。

　　故余二人今日之結婚，實為建築余二人革命事業之基礎，余第一次遇見宋女士時，即發生此為余理想之中之佳偶之感想，而宋女士亦嘗矢言，非得蔣某為夫，寧終身不嫁。余二人神聖之結合，實非尋常可比。

　　今日之日，誠足使余二人欣喜莫名，認為畢生最有價值之紀念日，故親友之祝賀，亦敬受而不敢辭也。

1927 年 12 月 1 日

下午一時至孔宅換禮服，三時到宋宅，行教會婚禮。四時到大華禮堂，行正式婚禮。
見余愛姍姍而出，如雲飄霞落，平生未有之愛情，於此一時間並現，不知余身置何
處矣。禮成後同乘車遊行，晚至宋宅宴會，九時回新宅入新房。

蔣中正、宋美齡結婚照（國史館）

蔣中正、宋美齡與伴娘花童
（國史館）

蔣宋結婚儀式中之人物及禮堂（新聞報：1927 年 12 月 1 日第 13 版）

《申報》大篇幅刊載兩人的結婚照，描述蔣宋的婚禮盛況（申報：1927 年 12 月 2 日第 13 版）

中美姻緣小志，黃梅生攝影
（申報：1927 年 12 月 1 日
第 17 版）

3. 婚姻、信仰與生活
Marriage, Faith, and Life

蔣中正接受基督信仰，主要是受到宋母倪桂珍和宋美齡的影響，蔣在向宋母求親時答應一定好好閱讀聖經，之後他確實做到了這一點，從婚後一直到逝世，幾乎沒有一天不閱讀聖經，並進而接受基督教義，成為虔誠的基督信徒。蔣、宋共同從信仰中得到的慰藉，可以說是他們婚姻生活中重要的一環。宋美齡對蔣中正而言，不僅是相依相慰的妻子、生死與共的同志，也是信仰靈修的伴侶，也可以說，在他們的婚姻中不僅僅是夫妻之愛，革命之愛，也充滿了耶穌基督「信、望、愛」的大愛。

Chiang Kai-shek's conversion to Christianity was mainly influenced by Madame Soong Ni Guizhen and Soong Mayling. He had promised Madame Soong that he would diligently read the Bible, a commitment he genuinely fulfilled. After marriage until his passing, there was hardly a day when he missed reading the Christian Scriptures, and he eventually accepted Christian doctrine and became a devout believer. Both Chiang and Soong derived solace from their religious faith, which formed an integral part of their marriage. For Chiang Kai-shek, Soong Mayling was not only the reliable and consoling wife, a comrade in life and death, but his spiritual companion. It could be said that their marriage included marital affection, revolutionary fervor, and embraced Christ's great love, the "faith, hope, and love" as modeled by Jesus.

蔣中正生平擁有的第一本新約聖經，是宋母倪桂珍在 1927 年 10 月 3 日蔣中正赴日本有馬求親時面交蔣的，蔣當時答應宋母一定仔細閱讀，蔣確實做到了，在書頁中隨處可見蔣的閱讀紀錄與心得
（「蔣中正先生與宋美齡夫人的宗教情懷」特展）

自從民國十六年我與總統結褵之後，他就開始實行對我母親許下的諾言，悉心研讀聖經，第一本聖經乃我母親所送給他的，因聖經中之目錄，泰半都是譯音的名字，所以總統開始入手是閱讀舊約創世紀、出埃及記、詩篇、箴言等書，因為創世紀及出埃及記帶歷史性；詩篇、箴言則帶規諍性。其間，間或到上海時問教於我母親，我母生前曾加指導，幫助其瞭解，居恒則與我共同切磋相互考問，由淺入深。

宋美齡，〈總統的信仰〉，於 1975 年演講
（轉載自：中正文教基金會網站首頁 ＞ 研究平台 ＞ 蔣夫人宋美齡女士言論選集 ＞ 二、演講 ＞ 甲、國內部分 ＞ 總統的信仰 中華民國六十四年）

蔣中正研讀聖經時留影
（國史館）

查經既能信手得之，則研究新舊約各福音及行傳、書、記等時自覺格外方便，基於虔誠的意念，產生了信心，如是者三年不輟之閱讀，乃有總統於民國十九年接受洗禮之舉，朝課晚課，無日或間，心之所得，積累加深其對耶穌基督之信仰，而且越遭遇到困苦艱難，越增加他的信仰，禱告虔誠，與主接近，祈求旨意。

宋美齡，〈總統的信仰〉。

1930 年 2 月 21 日

江長川牧師特由滬來京，岳母與妻室皆勸余受洗禮。余以未明教義對，江勸余以先入教而後必明教義對，余約以三個月內研究教義，假我以時間也。余意以救世之旨信耶穌則可，而必以舊約中之禮教令人迷信則不可也。

我母親的宗教精神，給了蔣委員長很大的影響，我於是想到，我在精神方面，不能鼓勵我的丈夫，實在覺得萬分遺憾。委員長的太夫人是熱心的佛教徒，他的信仰基督教，完全由於我母的勸導。為了要使我們的婚約得她許可，委員長允許研究基督教義，並且誦習聖經。後來我發現他謹守前約，我母去世後，也絲毫不變初衷，但教義中，他起初很有一些不能瞭解的地方，讀時很覺沈悶。他每天誦習舊約，苦思冥索，自多困難，所以我在日常談話中！實有把難解之處，委婉示意的必要。

宋美齡，〈我的宗教觀〉，1934 年 3 月載美國論壇雜誌
（轉引自：中正文教基金會網站首頁 > 研究平台 > 蔣夫人宋美齡女士言論選集 > 一、論著 > 我的宗教觀）

蔣中正受洗的經過，見《事略稿本》（國史館）

從前沙羅門祈求上帝的時候，他並不要上帝賜給他財富、名譽和權力，他所要的是智慧——是救國的智慧，這正足以看出沙羅門的偉大。人們必須有決心，有智慧，再加上努力，那末什麼事都能完成，祇要好或祇是好是不相干的。我從前這樣那樣的，祈求上帝的事情很多，現在祇求知道上帝的意志而已。上帝往往在我的祈禱中賜以啟示。祈禱不是「自我催眠」，它的意義比了「參禪」也大得多。佛教的僧侶，每作日常的靜坐深思，然而參禪所得的力量，仍舊限於自己的力量，祈禱時就有比自己更大的力量來幫助我們。我們耐心靜待上帝的指引，而上帝的指引，永遠不會錯誤的。

我寫這篇文字的時候，正隨同丈夫在匪區深處，隨時有發生危險的可能，可是我一點不怕。我確信在我們工作沒有完成以前，決不會有意外降臨到丈夫和我的身上來。將來工作完成，縱有意外，還有什麼關係呢？

宋美齡〈我的宗教觀〉中的上一段話，以及文章中的結語，是宋美齡在陪伴引領蔣中正信仰之路過程中最好的詮釋。

佳美的腳蹤 —— 宋美齡與她的時代

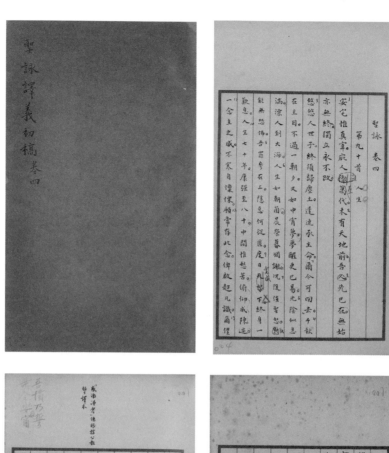

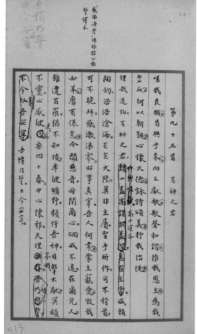

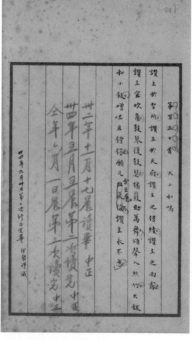

吳經熊譯，蔣中正手改聖經聖詠譯稿（國史館）

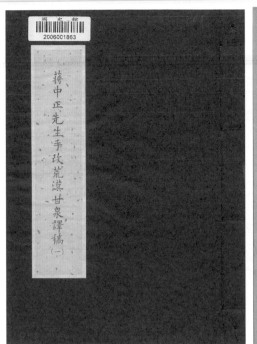

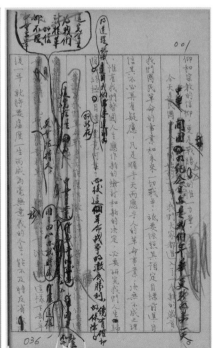

王家棫譯，蔣中正手改《荒漠甘泉》譯稿（國史館）

蔣中正完成《聖經聖詠》和《荒漠甘泉》的譯稿，用他的方式帶領閱讀的人進入信仰。

1944 年 12 月 20 日

到黃山休息，看吳經熊譯經。

1958 年 2 月 1 日

屬王稼域重編荒漠甘泉新譯本，其譯畢甚佳為慰。

1959 年 2 月 8 日

手擬荒漠甘泉新譯本一月一日之課，以原課不能引起讀者興趣，故自製課文以代之，頗費心神。但脫稿後頗感得意，甚望讀者真能因此建立其對上帝真理之信仰耳。

肆、她的家　他的國
Her Home and His Nation

　　蔣中正與宋美齡四十八年（1927 年結婚至 1975 年蔣去世）的婚姻生活中，牢牢地與國家結合在一起。從新婚後不久，宋美齡就發揮了她人際關係、語言長才上的優勢，逐漸成為蔣身邊不可或缺的臂助；抗戰軍興乃至播遷來臺，宋美齡陪同蔣中正出席國內外各種外交場合，投身各種社會工作與婦女工作，成為與蔣並肩作戰的最佳戰友；更不用說赴美發表演說造成的「宋美齡旋風」，全球華人公認風華絕代「永遠的第一夫人」。值得注意的，絕大多數的時間宋站在蔣的背後支持他、陪在蔣的身邊扶持他，然而蔣也能夠讓宋擁有自己的舞台，甚至讓宋走在他的前面，接受宋的引領。而這種彼此間的推心置腹、生死與共，並不是一蹴即成的，無論是從生活上磨練兩人的性格，從危難中見證彼此的真情，從信仰上堅定兩人的心志，蔣宋之間的相輔相成，是從「她的家、他的國」為出發點，傳統儒家教育薰陶下的蔣中正，用生命和血汗完成他的革命，推展他的抱負，以修齊治平的理念守護他的家國。而西方教育培養下的宋美齡，用信仰和真情維繫她的婚姻，協助她的丈夫，以愛屋及烏的精神推家庭之愛到國家之愛。不管是宋協助了蔣的成就，還是蔣成就了宋的風華，當初結婚時許下的「余必本此志願，努力不懈，務完成中國之革命而後已」，宋美齡確確實實做到了。

The forty-eight year marriage between Chiang Kai-shek and Soong Mayling (from their wedding in 1927 to Chiang's passing in 1975) was inextricably intertwined with the circumstances of their nation. Shortly after their marriage, Soong Mayling put her considerable gifts in interpersonal relationships and linguistic ability to use, gradually becoming Chiang's indispensable support. After relocating to Taiwan, Soong Mayling accompanied Chiang Kai-shek on both domestic and international diplomatic engagements, immersing herself in social work and women's work, eventually emerging as Chiang's finest comrade-in-arms. There was also the "Soong Mayling Whirlwind" occasioned by her speeches in the United States, where she was recognized by Chinese in the diaspora as the unrivaled "eternal First Lady." Worth mentioning is how Soong offered her support by standing behind him, or supported Chiang by standing at his side. However, Chiang also let Soong have her own stage, and sometimes even let her take the lead. This kind of rapport, trust, and harmony was not accomplished in a moment. Whether it be the honing of their temperaments in daily life, or witnessing each other's genuine affection in times of crises, or steadying each other's resolve through faith, Chiang and Soong supported each other, with "her home, his country" as their starting point.

Brought up as a traditional Confucianist, Chiang Kai-shek used his blood, sweat, and life to fulfill his duty to the revolution, and safeguarded his country with Confucian values beginning with self-cultivation. Soong Mayling, who was educated in the West, employed her faith and sentiment to protect her marriage and support her husband, extending her love from family to country. Regardless of whether Soong supported Chiang's accomplishments or Chiang assisted in Soong's success, it can be noted that Soong Mayling assuredly helped Chiang Kai-shek fulfill the pledge he had made during the early days of their marriage: to persevere diligently and complete the work of China's revolution.

1. 歡爭與勸戒
Quarrels and Counsel

蔣在結婚三週年時曾自記，「近三年來，凡欲出門時，此心沉悶、慘澹慘惱，必不願與妻樂別者，豈少年戀母之性猶未脫耶，余誠不知其所以然也。」但宋美齡渴望繼續發展自我的個性、保持自我的個性特徵，「我並不認為婚姻應該抹殺或吸收一個人的個性，因此，我想做我自己，而不是充任將軍的妻子。」兩人為此常有爭執，所幸，兩人對於這些爭執，終能以理性與互諒的態度面對溝通，「妻勗我以國事為重，家事為輕，……愛之以德，又摯於情，吾惟於吾妻一人見之。」

On his third wedding anniversary, Chiang reflected that in the last three years he had felt reluctant to leave his house because that entailed bidding farewell to his wife, and wondered if his experience was a form of arrested development. However, Soong Mayling wished to continue to develop her own personality and retain her identity: "I do not think that marriage should erase or absorb one's individuality. For this reason I want to be myself, and not as the general's wife." They often quarreled over this. Fortunately, they eventually resolved it rationally by adopting an attitude of mutual understanding and by communicating. Chiang writes, "My wife urged me to prioritize affairs of state over household matters... She is virtuous in love..."

《愛記》1927 年 12 月

一日，今日公與宋美齡女士舉行結婚嘉禮。晨起，撰結婚感錄一文，又撰勗愛妻一文。上午，婚期中，接見自廣東逃來之黃埔學生，慰勉之。下午一時，至孔祥熙家換禮服，三時，至宋女士家，行教會婚禮；四時，至大華飯店，行正式婚禮，曰：「今日見吾妻，姍姍而出，如雲飄霞落，平生未有之愛情，於此一時間並現，不知余身置於何處矣！」禮成，同乘車游行，晚至宋宅宴會，九時，回祁齊路新屋宿。二日，在新房不出，曰：「乃知新婚之甜蜜，非任何事所能比擬也！」三日，同夫人行回門禮，謁外姑。晚，病頭痛，曰：「得吾妻慰藉之，覺略愈。」四日，聞馮玉祥軍克復徐州，不勝欣喜，曰：「以後時局，或較易發展也。」六日，訪戴傳賢，與談時局，曰：「季陶實有見地也。」十四日，聞李濟深誤會，公乃函邀之，曰：「欲與任潮，面為解釋一切也。」十五日，見朱培德深談，曰：「益之誠不愧為本黨黨員也！」二十一日，與楊樹莊談政局，曰：「幼京催余就職，其意甚誠。」二十四日，赴外姑宋太夫人家宴，度耶穌聖誕節，曰：「十年來未嘗有之歡樂，乃得之於今日；惜念政治不安，黨國患深，心仍不能釋耳！」

從《愛記》的記載中可以看出，兩人婚後，從 12 月 2 日到年底，除了一兩天相伴外出外，蔣中正幾乎是馬不停蹄地在忙碌中。

1927 年 12 月 20 日

與三妹往曹河涇看廢兵院址，順遊閔行。晚與膚白、冷血談時局，與馮夫人談時局，並談笑話。十二時後散會。

1927 年宋美齡伉儷於杭州合影
（國史館）

行將開幕之廢兵院

蔣總司令與宋美齡女士結婚時。念及因殘廢受傷之兵士。遂發起廢兵院。覺定筧橋二十一標舊營房爲院址。因起廢兵院。茲得經費。乃先行籌備二十一標營房。年久失修。現已修理竣工。備主任金誦盤一切。即可實行開幕。各處之傷兵。一候佈置終了。其未會告痊之傷兵。亦已陸續送至。凡傷兵至院。其傷重者致成殘廢之兵士。則由院中留養。其傷輕而能自療傷以度日。再行教以各種手藝技術。俾傷輕者致成殘廢之兵士。則由院中留養。教授傷兵手藝技術以度日。年勸正分頭延請。近來金在筧橋之任金本德器。金誦盤決設授以院長之任。因須忙碌。傷兵手藝技術之技師。由金氏親自告諭延請。近來金在筧橋訪問金。已見其他分頭延請。因須參者。又須規劃決設授以院中一切類事。手間春。傷兵來院。有時病參者。有至筧橋訪問。金氏親自悉心醫治。凡有病參者。留養經年。甚覺忙碌。傷嘆金決心醫治。有至筧橋之傷兵。甚者。復須分頭延請。因須參者。又須規劃送來以裝治事。有至筧橋中一切類事。金本德器。傷兵來院時。凡有病參者。近來金在筧橋。即教以讀書。教授傷兵手藝技術以度日。苟其苦苦。使一般因革。命而戰之士。早一日能安頓早一日開幕。使一般因革。命而戰之士。是則吾之苦心。苦一日能安頓。此又歷新年之初也。（白燕）

歡迎蔣介石之浙訊

杭訊、浙江省黨部政府，以蔣介石與宋美齡一日在滬結婚，除派代表赴滬道賀外，並歡迎來杭，此次賀以現金居多，所以與蔣氏移辦廢兵院之宗旨也，此間消息，蔣介石宋美齡結婚後，一俟中央執監大會會議開幕，六日借來河濱以度密川，已由浙江省政府代理主席蔣伯誠、派員擇定地點，以爲蔣宋兩氏寓所，廢兵院院址擬作湖濱建築，吸收新鮮空氣，其基地須蔣宋兩氏親自勘定後，準於年內開始籌備，傅早懸屬成，省黨部省政府暨旅杭同鄉會，均已籌備歡迎蔣宋大會，敦促蔣氏剋日出由，爲黨閩實勢，完成北伐，想屆時常有一番熱潮也、

廢兵院院址最後選定於筧橋的湖濱，於隔年 1 月開始營運
（申報：1927 年 12 月 1 日第 17 版；長嘯：1928 年 1 月 20 第 2 版）

1927 年 12 月 19 日　九時起床，與三妹歡爭。

1927 年 12 月 23 日　訪靜兄後回寓，與三妹歡爭，早睡。

1927 年 12 月 27 日　晚以三妹煩惱，余亦不悅。十時慰勸後即睡。

1927 年 12 月 28 日

上午與三妹外出騎乘郊遊。下午假眠後訪馮夫人，訪巴惠爾利查。晚餐後訪大姊談時局，彼甚以與遊怠為慮，且輕視之，其實不知鴻鵠之志也。十二時睡。

1927 年 12 月 29 日

以三妹外出寂寞，心甚不樂。復以其驕矜，而余亦不自知其強梗之失禮也。下午為此病臥，與靜江、稚輝談話後，頭暈辭客，消宴就寢。聞三妹病在岳家，乃扶病連夜往訪，彼甚以不自由為病，復勸余以進德，心頗許之。夜中以心憚驚跳，不能安眠。

《愛記》1927 年 12 月

公自結婚來，暇輒與夫人同駕出游，坦白率直，討論問題，偶或辯爭，則自記曰：「歡爭。」

蔣宋 12 月 1 日結婚，從 19 日開始，蔣日記出現了「歡爭」字眼，蔣中正雖然自知強梗失理，但難免「心甚不樂」；雖然對宋美齡「勸余以進德」可以心頗許之，但對宋藹齡輕其以「遊怠為慮」卻嗤之以不知鴻鵠之志，可以看出彼此間還是有一道鴻溝有待磨平。

1928 年 1 月 1 日

以後種種譬如今日生。民生凋殘，黨國分崩，豈可坐視再誤乎？毋求一家之幸福，當盡革命之責任。每日六時起床，廿二時就寢，勿忘此誓也。

1928 年 1 月 2 日

三妹憐愛可敬。三時後與三妹往訪聯妹不晤，其家有客打牌，見之愧怍，為愛所輕也。乘車遊行，訪岳母。

1928 年 1 月 3 日

與三妹訪組安、馮夫人。晚回家食餐，庸之、子文來談，約組安明日同行。……人人冷笑輕視，料余必敗，介石如有志，應如何奮勉自強。

1928 年 1 月 4 日

七時前起床，入浴，通知贋白、伯璇行期。八時十五分由家出發，愛妻送行。九時十五分，車始開行，途中無甚感想，見民眾歡迎，但有愧惶而已。下午假眠，到鎮江時起床，六時後車到南京，民眾與同志出迎，途為之塞，更覺慚愧。

1928 年 1 月 5 日

寄三妹兩函，甚感觸不舍也。

1928 年 1 月 8 日

接三妹信，憂喜交集，勉我國事，勸我和藹，心甚感愧。

1928 年 1 月 4 日，蔣中正下定決心，辭別嬌妻，踏上征途，此時宋美齡雖未同行，但兩人之間已有了初步的共識，不唯要前瞻兩人婚姻的遠景，更要共同面對國家多舛的前途。

《愛記》1928 年 1 月 1 日

夫人宋女士力勸公赴京不可再緩，公甚感之，曰：「結婚以來，每言輒以黨國為重，德業為要，如此情愛，彌可敬也！」遂同謁外姑宋太夫人，告以決於四日進京，特來稟母辭行，宋太夫人亦甚喜云。

宋美齡伉儷婚後與宋家人合影
前排左起：宋美齡、倪桂珍、宋靄齡；後排左起：宋子安、蔣介石、孔祥熙、宋子良
（國史館）

蔣中正婚後與宋家以及姻親孔祥熙，一直維持著密切的關係，圍繞在蔣宋身邊，無論於私於公，對蔣宋都有相當重要性的家族親友，除了照片中的幾位，還有一位大哥宋子文。

1928 年 1 月 24 日宋美齡致艾瑪‧米爾斯長函，共八頁（衛斯理學院藏照片）

我們婚後大約一個月，將軍重就總司令職（國民革命軍總司令），大多人認為我們度蜜月了，我們沒有！我們婚後第二天，他就開始出席政治會議，會見客人——從那以後一直這樣。……我並不認為婚姻應該抹殺或吸收一個人的個性，因此，我想做我自己，而不是充任將軍的妻子。這些年來我一直是宋美齡，我相信我代表了什麼，我想繼續發展我的個性，保持我的個性特徵。自然，我丈夫不同意我的想法。他想要我作為他的妻子而存在，但我無言，我想要代表我自己。我不是平權協會的會員，但我的確想被承認是一個獨立人格，因為我是我，而不是因為碰巧成為他的妻子。……鑒於此，當我來時，火車站派代表來告知他們會為我提供專車，我拒絕了，因為我不要特權，直到我已經證明我自己值得享有特權為止。

信中多處談到對婚後生活的感受，宋美齡跟閨密所表達出強烈的自我意識，「我想繼續發展我的個性，保持我的個性特徵。自然，我丈夫不同意我的想法。他想要我作為他的妻子而存在，但我無言，我想要代表我自己。」恐怕也正是此時蔣、宋兩人的心結所在。

《愛記》1928年1月

十五日,夫人自上海來,公至下關迎之,曰:「見三妹病未愈,精神亦衰弱,悔不該施頑梗之性以加之也!」……二十二日,為舊曆歲除日,……晚,宴客,曰:「與三妹第一年度歲,甚覺樂也!」又曰:「三妹勸余勿患明日之事,甚有理也。」二十四日,聞湘戰不利,乃與夫人深談,曰:「夫人之言,能使余解愁。」

《愛記》1928年2月

十九日,自徐州回南京,病感冒未愈,思夫人在上海不來,曰:「心甚不悅。」二十日,與夫人通電話,夫人謂「尚未能來」,公終日憂悶!至晚,得夫人來寧消息,曰:「心稍懌。」二十一日,夫人到,曰:「病中為之一慰!」遂同往湯山,曰:「今日終日休息,與三妹笑談,此數年來所難得之機也。」

《愛記》1928年3月

一日,與夫人同到上海,訪外姑宋太夫人之病。二日,與夫人同游杭州。三日,夫人生辰也,伴游西湖,為夫人祝壽。四日,同經上海回南京。曰:「三妹愛我之切,無微不至,彼之為我犧牲幸福,誠亦不少,而余苟不能以智慧德業自勉,是誠愧為丈夫矣!」

《愛記》1928年4月

九日,自前方病感冒,回徐州行營,臥牀不能起,曰:「想念三妹更切!自六日聞三妹病,致電慰問,今尚未得復,則余病中精神,更覺疲矣!」……十九日,宋子文、孔祥熙,到徐州謁公,攜夫人手書,公曰:「愛妻勸我勿矜才,勿使氣可感執甚!」

從《愛記》的記載中,則可以看到這幾個月中兩人聚少離多,字裡行間處處透露蔣對宋的深情牽掛,充滿新婚夫妻的愛戀。

1928 年 1 月 10 日蔣中正致宋美齡電
三日未接來電,未知妹病況如何?兄
病今病略癒,但未退熱
(國史館)

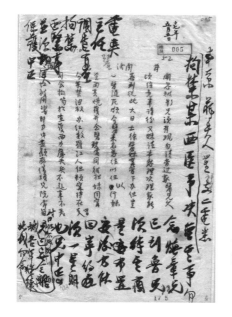

1928 年 5 月 5 日宋美齡電蔣中正
請查辦紅十字會西醫遭拘禁事
(國史館)

從蔣的批示可以看到蔣對宋的身體狀況以及所關注的事情都極為重視,而回復宋:「兄
須待其商量布置安後方能回寧,約需一星期也。」也驗證了婚後兩人聚少離多的情形。

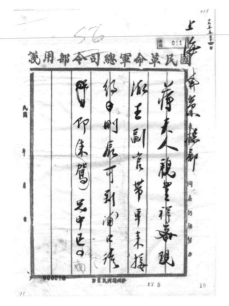

1928 年 5 月 14 日蔣中正電宋美齡
現派王副官帶車來接約十五日可到浦口請即駕來
（國史館）

蔣對宋的呵護無微不至，但不知此時宋是否已經從「我不要特權，直到我已經證明我自己值得享有特權為止。」的心結中走出？

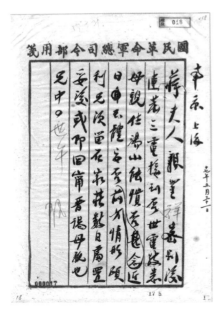

1928 年 5 月 31 日蔣中正電宋美齡
詢問倪桂珍情況函
（國史館）

1928 年 6 月 17 日

上午由焦山出發,到鎮江搭車棲霞山遊寺,外觀破敗,而入後甚新雅,和尚頗得力也。千佛林砌石為佛,約有千數,修理如新,亦一美觀,如母親猶在,見此乃必快樂也。晚旁上山遊白鹿泉、白乳泉、天開岩、禹王牌、珍珠泉、奇藤岩,樹甚怪而幽也。晚宿於寺。

《愛記》1928 年 6 月

十九日,夫人欲赴上海,公送之上車,已而下車折回,曰:「不忍離別也。」又曰:「夫人規我之言,極有理,決自明日起,按時辦事,再不灰心墮氣!而其戒我,多懺悔,非丈夫氣概一語,亦甚有理,余感之,故益不忍離別也。」至二十一日晚,乃同車赴上海。二十二日,到上海,謁外姑宋太夫人,晚宴畢,仍與夫人同車回京。

1928 年 6 月 8 日國民革命軍光復京、津,北伐軍事結束,蔣中正暫離軍馬倥傯的歲月,與宋美齡同遊棲霞山,又共赴上海拜見宋母。

7月4日宋美齡陪同蔣中正至香山碧雲寺國父靈前行祭告禮（國史館）

宋美齡伉儷回奉化向蔣母墓行禮（國史館）

1928 年 9 月 11 日

上午由妙高臺下山回鄉，陪妻至老家祖祠與祖堂祭祖，時念吾母更覺悲切，如母在則其樂何如？下午訪親友，晚宿於慈庵。吾妻夢先慈，托顧家事，乃知先慈之靈仍在吾上也，可不自勉。

這是蔣宋婚後第一次回到故鄉，逗留約一週，除祭拜外亦遊覽各處名勝。很有意思的是當兩人夜宿慈庵，宋美齡夢見蔣母將家事託付，可以看到對家庭的感情、對婚姻的傳統觀念深植兩人心中。

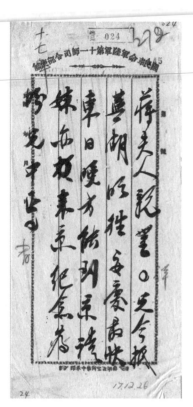

1928 年 12 月 26 日蔣中正致宋美齡電
兄今抵蕪湖，明往安慶，最快東日（下月一日）晚
方能到京，請妹亦來京紀念為盼
（國史館）

1929 年 7 月 29 日

與大姊電話，知三妹有肝病，不勝憂慮。

1929 年 7 月 30 日

聞妻病肝膽，不勝憂惶。……晚會客，時念妻病不置。

1929 年 8 月 2 日

月光冷，蟋蟀悲，夜氣清，孤衾寒，惟母魂，來照臨。我母亡，人母存，聞鐘聲，唸菩提，既警覺，莫滯疑。罷罷罷，快快快，何處去，何處來，報親恩，還天地，人間事，交人間。

1929 年 8 月 7 日

上午到上海，即往療養院訪岳母，及妻病。下午會客，陪妻談天。

《愛記》1929 年 8 月

六日，赴上海，視夫人病，連日為夫人就醫治療，以至十二日始返京。十六日，念夫人在上海病未愈。十七日，欲往視，以對俄外交事迫，不果行。十八日，祝曰：「但求我賢妻之病，得速愈也。」自是連日祝禱。至二十二日，乃請假，往上海迎夫人出醫院，居滬寓養之。二十五日，夫人小產，病益甚。至三十一日，以夫人病未愈，續假一星期。

1929 年 8 月 24 日

今晚午夜夫人夢覺樓下有盜，心甚不安。余起而巡查，衛兵二人答應，心安乃睡。而孰知此衛兵引刺客入室，以余醒故未動手也。

1929 年 8 月 25 日

在家陪妻養病。妻病小產，其狀痛苦不堪。

1928 年從 7 月底到 8 月底，宋美齡先是肝膽發病，繼之因受驚小產，這段時間蔣中正只要有空都陪伴在側，甚至為了宋請假、續假，不能陪伴時總是愁腸百結，或吟詩、或禱祝，失去了平日的平穩自持，是很難得看到的一段記載。

《愛記》1929 年 11 月

二十二日，自許昌南旋，在車中甚念夫人。二十三日，到漢口，即電夫人曰：「連日心念吾妻不已。」二十五日，回南京，電催夫人來會。二十六日，夫人到京，迎之歸，曰：「與吾妻談笑，甚樂也。」二十八日，與夫人游覽湯山，曰：「一樂也。」三十日，與夫人同攝照相，曰：「為明日結婚二周紀念也。」

《愛記》1929 年 12 月

一日，與夫人游溧陽城，午食於崇隆寺，曰：「結婚二年，北伐完成，西北叛將，潰退潼關，吾妻內助之力，實居其半也。」十五日，與夫人以車冒雨游覽，曰：「足以少解憂悶。」

蔣宋結縭兩年，逐漸走出了新婚時的「歡爭」，彼此用更多的關懷和體諒面對兩人間不同的家庭背景、生活方式、信仰，開始進入了「同享共樂」的情境。

1929 年 3 月 18 日，宋美齡生日，蔣中正與宋美齡在中山陵桃林野餐慶生
（國史館）

1930 年 5 月 29 日蔣中正致宋美齡
問候岳母病電
（國史館）

1930 年 6 月蔣中正致宋美齡問候岳母病情並
問候大姊（宋靄齡）及偉偉（孔令偉）電
（國史館）

《愛記》1930 年 7 月

四日，在柳河站，得夫人自上海來書，喜曰：「家書值千金，足慰戰地之危苦矣。」八日，甚念夫人，曰：「離家已有兩月，而戰局仍無了結期日，不惟家人焦灼，而余之內心，亦滋愧惡，何以慰我家人哉？」十七日，戰局危急，公苦持神疲，頭暈不止，曰：「思我夫人不已。」十九日，戰局稍定，病發熱假寐，念夫人，記其近事，曰：「子文不肯籌發軍費，內子苦求之，仍不允，乃指子文言曰：如爾果不肯發，則先將我房產積蓄，盡交爾變賣，以充軍費；若軍費無著，戰事失敗，吾深知介石，必殉難前方，決不肯愧立人世，負其素志，如此，則我如不盡節同死，有何氣節！子文聞之心動，始允即日勉力發款。」

這是在蔣日記中常常會提到的一段紀錄，也是宋美齡婚後在向她自己、向蔣中正、向娘家的人宣告，她將用自己的一切支持蔣的需要，她要和蔣一起維護她的家、維護他的國。許多人都用政治婚姻、權貴結合來看待蔣宋婚姻，但從這本書後面的文件和照片，希望能夠讓讀者看到他們是如何努力在用自己的力量守護她的家、他的國。

1930 年 7 月 4 日蔣中正致宋美齡電
子安弟來，接手書甚快慰，惟聞略有微
恙，甚念。近狀何如，病痊可否？盼復
（國史館）

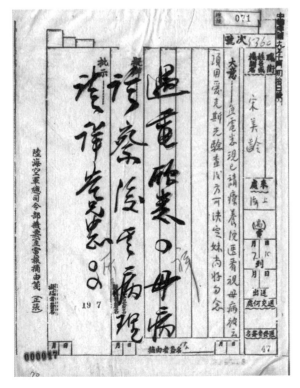

1930 年 7 月 10 日宋美齡電告蔣中正母親病須
待愛克斯光檢查後方知詳情，蔣復：母病診察
後其病理請詳告
（國史館）

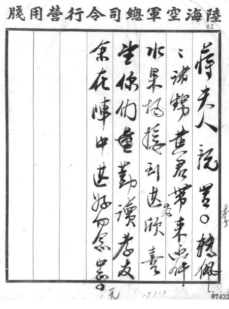

1930 年 7 月 13 日蔣中正致宋美齡
轉偉偉（孔令偉）諸甥囑勤讀孝友電
（國史館）

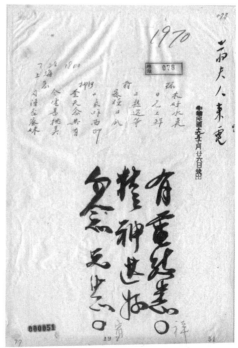

1930 年 7 月 25 日宋美齡致蔣中正
電詢天氣極熱安好否，蔣中正復
「有電敬悉，精神甚好，勿念。」
（國史館）

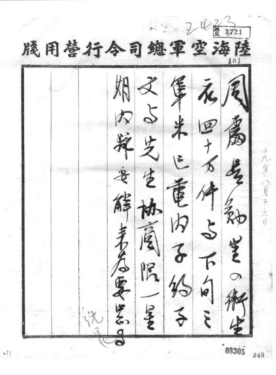

1930 年 8 月 16 日蔣中正電周俊彥
告知已請宋美齡約宋子文一星期內辦妥軍品事
（國史館）

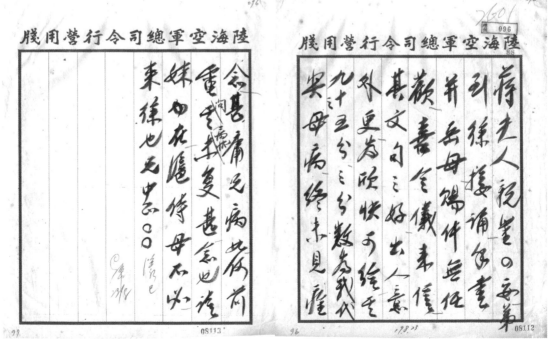

1930 年 8 月 23 日蔣中正告宋美齡接誦手書及岳母賜件無任歡喜另請在滬事母不必來徐電
（國史館）

《愛記》1930 年 9 月

一日晚，甚念夫人，曰：「決令吾妻來徐州相見。」三日，夫人自南京乘飛機到徐州，敘談三日，公喜曰：「妻勖我以國事為重，家事為輕，見我精神貫注於前方無遺，其意甚喜；但力促我急進；又依戀出於天性。愛之以德，又摯於情，吾惟於吾妻一人見之。」又曰：「妻之愛夫，無論何事，不足比侔也。」

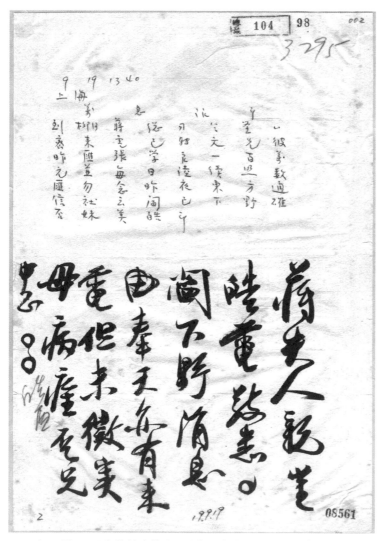

1930 年 9 月 19 日宋美齡致蔣中正告知張學良及閻錫山消息電蔣中正復告已獲知消息但尚未徵實並問候母疾
（國史館）

1930 年 10 月 1 日蔣中正致宋美齡函
廿四日函悉，病狀已復原否，念甚。
兄約日內即可回京，請在滬候電為盼。
（國史館）

1930 年 12 月 4 日

自我有智識以來，凡欲出門之時，必戀戀不肯捨棄我母。到十六歲時，必待我母嚴責痛擊而後出門，及至二十餘歲猶如此也。此天性使然，不能遽改。近三年來，凡欲出門時，此心沉悶、慘澹慘惱，必不願與妻樂別者，豈少年戀母之性猶未脫耶，余誠不知其所以然也。

蔣中正結婚三週年時在日記中留下的這段話，深刻地刻畫了他的性格，這也許是造成蔣宋新婚階段「歡爭」的癥結，但也正是蔣宋攜手半世紀婚姻的愛戀基礎。

1931 年 1 月 11 日

愛妻明日欲回滬，彼此依依，甚不願舍，夫妻日久，更愛信矣。

1931 年 1 月 24 日，陳誠在宋美齡
介紹下與譚祥初次見面（國史館）

1933 年 6 月 20 日陳誠致譚祥函
（國史館）

陳誠是蔣中正的愛將，宋美齡為陳誠與譚祥作冰人，在陳誠的日記中有不少有關宋美齡
的內容，可以作為參考。像此處陳誠描述：「蔣夫人善談笑話，未知常來否？」陳追隨
蔣常年征戰在外，宋與譚祥的交好，未嘗不是在幫蔣與部屬建立良好關係。

《愛記》1931年3月

九日……晚，念夫人，曰：「聞夫人在上海，聞余身體虛弱，幾乎終夜不能成寐，憂慮比其自身為尤甚，此其天性之至誠使然，可感孰甚！」……十五日，夫人病，公坐房中不出，曰：「今日本約吳稚老游茅山，見妻病，不忍離去，竟失稚老之約矣。」連日為夫人病甚憂，曰：「憂慮之時，相愛乃益篤也。」

《愛記》1931年3月30日

為夫人舊曆三十二歲生日，公為陪游郊外，曰：「今日吾妻誕辰，不使外人聞知，以此自測我夫妻德業之進退。夫事業不足奇，惟德業乃為可貴也。」

在婚後這三、四年中，蔣日記中的描述大部分是以兩人世界為主，「夫事業不足奇，惟德業乃為可貴也」，也許出自宋明儒家的修身之學，但事實上宋美齡此時已逐漸參與到蔣中正的公務中，這在第伍、陸章中會有更多的介紹，本章則主要是在描繪蔣、宋如何通過試煉，在婚姻中一步一步實踐結婚時共同許下修齊治平的誓願。

2. 知己之愛與同志之愛

Love of Kindred Spirit and Love of Comrade

如果說 1927 到 1930 年這三年之間是蔣、宋婚姻的磨合期，爭的是個人的情緒、兩人間的情愛，那麼 1931 年的 9 月 18 日九一八事變後，28 日南京中央大學學生攻擊外交部，上海學生大批入京請願，情勢極為險竣時，「與妻談為國犧牲之決心，妻亦示其共同生死之決心」是一個重要轉折。蔣宋的婚姻走出了兩人之間的戀愛與愛戀，提升到了進一步的革命感情。從此，宋美齡不僅是蔣中正婚姻中的妻子、生活中的女人，更成為工作上的伙伴、精神上的支柱。

If the three early years of marriage (between 1927 to 1930) between Chiang and Soong involved tempering individual emotions, then the Mukden Incident of 1931 on September 18th marked an important turning point. After the Japanese invaded Mukden, Nanjing Central University students attacked the Ministry of Foreign Affairs, and students from Shanghai came in droves to present their petition. Circumstances were arduous, but when Chiang discussed with Soong his resolve to sacrifice himself for the country, she expressed a determination to live or die together. This marked a turning point in their marriage, where the love of two people had evolved to become a deeper revolutionary bond. From then on, Soong Mayling was not only Chiang Kai-shek's wife and the woman in his life, but also the partner in his work and his spiritual support.

1931 年 9 月 18 日

早起批閱，與妻謁陵告辭。九時半登永綏艦。下關街中水深三尺，甚為憂慮。艦中無侶伴，寂寞不堪。

1931 年 9 月 19 日

昨晚倭寇無故攻擊我瀋陽兵工廠，並佔領我營房，刻接報已佔領我瀋陽與長春，並有佔領牛莊消息，是其欲乘粵逆叛變之時內部分裂而侵略東省矣。內亂不止，叛逆毫無悔禍之心，國民亦無愛國之心，社會無組織，政府不健全，如此民族，以理論決無存在於今日世界之道，而況天災匪禍相逼而來之時乎。余所恃者惟一片愛國心，此時明知危亡在即，亦惟有鞠躬盡瘁死而後已耳。

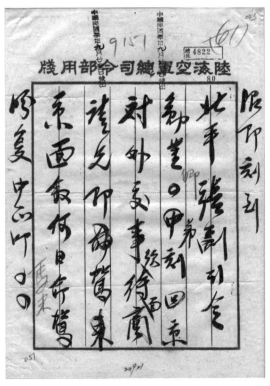

九一八事變後蔣中正致張學良電（國史館）

1931 年 9 月 24 日張羣電蔣中正上海各校學生組織抗日救國聯合會決議罷課並晉京請願
（國史館）

1931 年 9 月 27 日

國難家憂，危急情形，莫過於此也。上午以一言不合，妻即不別而自赴上海，使余更加一層苦痛。下午與吳、李諸公談對俄對日問題，宿於湯山。危難之際，我所應當，故不願無責者共生死，亦不忍妻子共患難，故抱定必死獨當之心，無愧為人子而已。

1931 年 9 月 28 日

今日中央大學學生攻擊外交部，打破其頭部。上海學生來請願者，絡續不絕，其必為反動派所主使，顯有政治作用。時局嚴重已極，內憂外患，相逼至此，人心之散墮好亂，國亡無日矣。

孔明曰鞠躬盡瘁，死而後已，余於今茲，惟此而已，終不愧為我父母之子，總理之徒而已，萬一不測，當見危授命，特書此以為遺囑：

持其復仇之志，毋暴雪恥之氣，兄弟閱牆，外侮其禦，願我同胞，團結一致，在中國國民黨領導指揮之下，堅忍刻苦，生聚教訓，嚴守秩序，服從紀律，期於十年之內，湔雪今日無上之恥辱，完成國民革命之大業。蔣中正遺囑。

這似乎是蔣宋婚姻中的第一次難關，在國難危機之中宋美齡因一言不合不告而別，回到上海娘家的懷抱，蔣中正「不忍妻子共患難」，抱定必死獨當之心，寫下了遺囑。

1931 年 9 月 29 日

雪恥。人定勝天。立志養氣,立品修行。

上午會客,批閱,下午與上海各大學生五千人訓話約一時餘,皆領受而回,此乃一最好現象。青年愛國守法,接受痛訓,是難得之寶也。

妻回京。在此危難之中,不避艱險,來共生死,無任感激。

但宋美齡給了蔣出乎意外的答覆,她毅然的回京共生死。無疑的,這是宋美齡對蔣中正、對婚姻、對國家發自內心的回覆。

1931 年 10 月 8 日

上午與岳軍談話,表示余備戰不屈之決心,並仍望外交方面有所進步。下午會客,與妻談為國犧牲之決心,妻亦示其共同生死之決心。吾信倭寇雖兇,無足為患,至今尚未接到其要求取締反日之舉動,料其知我有備也。

「同生共死」,通常用來形容情誼深厚,一起出生入死的兄弟、同袍,但很少用來形容夫妻,因為一般的觀念「夫妻好比同林鳥,大難來時各自飛」,蔣日記感慨「不忍妻子共患難」未嘗不是有這樣的想法,但宋美齡毅然決然地回京,以及堅決的表示共生死之決心,是讓蔣真正的對宋打開心胸,從男女之愛提升到同志之愛的關鍵。

本人兼之可憤可歎

二十七日　上午　批閱（一）電何應欽熊式輝告以⋯第一師先令其轉進樟樹集中第二師在洋溪候令第十六軍暫勿渡江第五十二師應即撤換圍攻城可改為第十四師之二旅第五十二師出缺之旅團長由第六師與第十軍中有功者提補南昌行營⋯

師興第⋯決由前賦之令部兼營行營八員著即回京三電韓德勤告以有展電告到南昌西謁何部長報告此次在石嶺戰鬥往謁及將來整頓辦法書即來京此（三）電錢大鈞告以嘔同輩方即來京相見布囑在武漢組織反動機關等情著先將龍飛捕獲可受異敦恒等于石曾諸公商談對成對日問題　晚宿湯山夜不

也　下午與吳敦恒等于石曾諸公商談對成對日問題

國民政府

成祿奮然決議言曰國難家憂急危情形莫過於此日此日尼難之責任余一人所應擔當故不願與無責者共生死亦不忍使妻兒忠難余已抱定必死獨當之志以期無愧為人子而已

二十八日　今日中央大學學生群集外交部猛施攻擊并打破王外長頭部而上海學生來京請願者絡續不絕公見而歎曰抗日救國絕大事當受國漫狂動何濟于事若庁被學生等至如此其間沒有被反動派所主使者愛國行動雖有政治作用時局嚴重已臨亡國慘劇諸孔明有言輔劇盡瘁而後已余今於茲既已迫近危境萬一不測自當見危授命終不至至妨為我人母之子我　總理之徒也決心以持遺囑中正遺囑曰此之志母暴雪於之眾兄弟間牆外禦其侮遺我同胞圍結一致在中國國民之志母暴雪於之眾兄弟間牆外禦其侮遺我同胞圍結一致在中國國民仇

黨指揮之下堅忍刻苦生取教訓嚴守秩序服從紀律限期於十年之內洗雪今日血上之監唇之先成國民革命之大業是所至禱出見學生表示訓話大意謂今夫上海及南京各大學學生來京請願在此國難當頭之際有此熱烈之表現國府同人決不辜負青年同胞之意固青年之命脈青年之行動言論當受關於國家之存亡著極大政府同人很樂意見到有秩序有條理勤愛之精神而已政府同人可以接受請願的意見一定盡職用力量去辦理請轉告各同學的上海的同學速即回滬在京的亦請速即回校以便⋯增國敗而已政府同人可以接受請願諸位回去之後亦復之請願政府亦一至接受諸位之請願不致辜負諸位之望本人之橫暴兄是中國人一定忍復仇可放心并湔記其志與暴其東日本人之橫暴兄是在悲憤之中但是忿青年老應用冷靜的頭腦熱烈的血如早浮踏學氣本甚不過小

有一分鐘或一點鐘亦須盡力讀書增加知識亦所增加抗敵之力希望各位語見兄弟的叶喵早些回去安心上課云云公訓話畢各校學生呼口號整隊回校其由上海來京之後且天學學生赴中央大學暫住

二十九日　上午會客往開國務會議決議正式段祖山西省政府任徐永昌為主席批閱（一）電陳試告以當此國難方殷之時婚以婚後學生來京學生等浮動欵慢與動注表表武民族血能勿路局至上海當局為不顧大局告以上海學生不得不來京並及今路局至上海當局為不顧大局等浮動欵慢與動注表表武民族血能勿路局至上海當局為不顧大局之咎也　下午召見上海各大學生五千八公施以訓話越一小時有餘皆領悟而去訓話略謂諸位忍余所乖耐寒吹風淋雨以愛國熱誠來此講話足見人心不死前途尚有希望並使本席增加二分朝氣與力量殊足欣慰

國民政府

1931年9月28日中央大學學生群集外交部攻擊傷王正廷，蔣中正接見來京請願之學生代表訓話稿（國史館）

1931 年 11 月 27 日

下午對上海各大學生請願出兵團訓誡，站立二十八小時以罰之。數日以來，對各地來京之學生，接見訓話，約二萬人，可謂用盡精力以應之，幸未發生事故，且受幾分好影響，是乃對內最難最險之關鍵，得以平順過去，豈非至誠足以動人乎？對日固難，而對內更難，倭事乃由國內賣國者所發動也。

1931 年 12 月 5 日蔣中正與要求對日抗戰請願學生代表談話（國史館）

《愛記》1931 年 10 月

一日，與余日章、顧維鈞商外交畢，曰：「與日章先生談話，得益頗多；少川對於外交，亦有相當研究，是乃一平時之好手也。」三日，與顏惠慶商談，曰：「俊人乃一老練而明達之手也。」八日，與夫人談為國犧牲之決心，夫人亦表示共同生死之決心，公喜曰：「吾人既有共同決心，倭寇雖凶，無足為患。」十三日，約胡漢民晤談，談半小時，曰：「兄弟鬩牆，外侮其禦，初雖勉強，而神明自泰然也。」十四日，訪胡漢民，又談半小時，公以過去之是非曲直，皆引而歸己身一人任之，并自認錯誤，漢民亦感動。言已，漢民赴滬，公派員送行。

宋美齡回京共生死，帶給蔣中正的不僅是婚姻的穩定，更重要的是信心的恢復和鬥志的昂揚，回想到蔣在結婚當日所立下的誓願：「余確信余自今日與宋女士結婚以後，余之革命工作必有進步，余能安心盡革命之責任，即自今日始也。」從這段過程中可以充分的體會。也從這個時候開始，蔣宋一方面互信互諒的穩固兩人的婚姻，一方面宋美齡逐漸深入到蔣中正的工作範圍與精神領域。

從此時開始，蔣的日記中出現愈來愈多兩人世界中的甜蜜回憶，當然也不缺乏分離時的思念。

1931 年 10 月 14 日

與妻散步，由陵園別墅起，直至紫霞洞麓，患難中得此雅逸，聊舒憂慮也。

1931 年 10 月 26 日

今日為余四十五歲之生日，默禱父母與岳父母之恩惠，勿使有忝所生也。上午紀念周後，十一時由紫霞洞登紫金山頂，行時約一點十五分，即在山上午膳。僅夫妻二人，雖無子女，亦甚樂也。

1931 年 11 月 17 日

下午到湯山休息，愛妻不能同行，可惜。夫婦未得時時同住，是人生一切不幸之由也。

1931 年 11 月 26 日

悲慘未有如此刻之甚者也。危難愁困之時而得見至愛，更覺悲酸。

1931 年 12 月 25 日

今日為耶穌聖誕，上午禱告後下山遊覽。下午約小學生來慈庵唱歌，晚約友歡聚，時念慈母並念經兒，而夫妻倆人如賓相敬，雖無子女，亦足樂也。

1932 年 1 月 3 日

正午陪妻在甬飛乘機赴滬，余仍回慈庵，心地清淨，精神亦爽，對國對家減輕責任，愁中聊足自快，但願妻病速愈，使之身體康健也。

1932 年 1 月 15 日

上午會客後游湖接妻，下午在廬休息，妻病未痊體瘦，憂慮之至。

1932 年 1 月 20 日

與妻乘船游湖，午食於樓外樓。……以國事至此，赴京則尚有挽救之望，而個人之毀譽成敗則不顧也，妻以為然。

蔣中正其實是一個相當浪漫的人，在忙亂而聚少離多的情況下盡可能的安排一些特別溫
馨的行程。

1932 年 1 月 28 日宋美齡出遊留影
（國史館）

1932 年 6 月 9 日

早晨到九江即登牯嶺，愛妻與小甥及女伴行住於醫院，食於倮岩，下午，到前所修
之訪仙亭，乃一幽勝之境，未知何日得以安居度生於此耶。政治事業不能脫離，而
此心未嘗一日忘於林泉之間，而尤樂於故鄉風物也。

1932 年 8 月 26 日蔣中正電宋美齡
飛機明日來九江此地氣候已涼請帶諸
甥及宋子良同來盼復行期
（國史館）

1932 年 10 月 28 日蔣中正偕宋美齡
出遊留影（國史館）

1932 年 6 月 24 日蔣中正電孔令儀
若大考已完請即來牯嶺船票可託黃仁霖代購
（國史館）

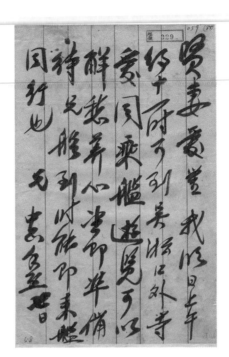

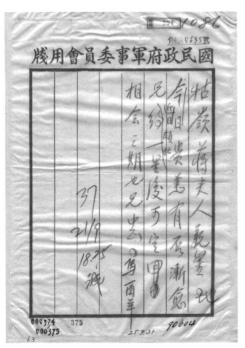

（1）1933 年 7 月 7 日蔣中正電宋美齡
　　　明晨到星子縣考察訓練地點請駕來秀峰野餐並派轎到星子縣碼頭接送（國史館）
（2）1936 年 5 月 7 日蔣中正邀宋美齡
　　　在吳淞口外等待同乘艦遊覽以解愁心函（國史館）
（3）1936 年 9 月 21 日蔣中正致宋美齡
　　　告以約一星期後可定相會日期電（國史館）

宋美齡的身體一直不是很好，問疾、侍疾一直是蔣對宋關愛的表現。

1932 年 8 月 6 日蔣中正電宋美齡
所注射之藥力過強請停止注射另下星期將前往探視
（國史館）

1933 年初，從 1 月 5 日蔣中正得知宋美齡盲腸發炎開始，一直到 3 月 16 日開割盲腸滿一個月，由於蔣一直軍馬倥傯，無法陪侍在側，幾乎每日不斷的函電交加，有時甚至一日兩三封，詢問病情，噓寒問暖。不僅給宋，也給宋家親友，還指示秘書人員隨時報告情況。病情稍癒，隨即催促宋回到身邊，殷殷叮囑，兩人結婚已經十餘年，依舊是濃得化不開的深情蜜意。

1933 年 1 月 5 日蔣中正電宋美齡
貴恙務檢查詳診以期速癒
（國史館）

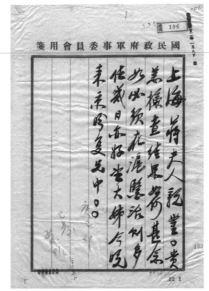

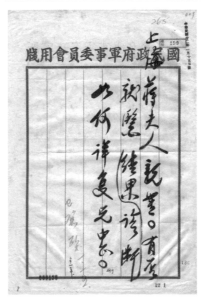

1	2
3	4

（1）1933年1月8日，蔣中正電宋美齡請劉藻君先來參觀湯山農民教育館後再往溪口（國史館）
（2）1933年1月8日，蔣中正電宋美齡
　　　貴恙檢查結果如何甚念如必須在滬醫治則多住幾日亦好望大姐今晚來京（國史館）
（3）1933年1月13日，蔣中正電宋美齡諒已安抵上海望速就醫千萬勿延（國史館）
（4）1933年1月15日，蔣中正電宋美齡有否就醫診斷結果如何詳復（國史館）

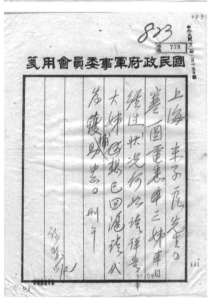

1	2
3	4

（1）1933 年 2 月 14 日，蔣中正電宋藹齡謂宋美齡
盲腸炎如未開割可否暫緩待其身體復元有暇時再割盼復（國史館）

（2）1933 年 2 月 14 日，蔣中正電宋美齡
開割盲腸未得親護甚為憂慮今既開割請安心靜養以期早痊並祝安好（國史館）

（3）1933 年 2 月 15 日，蔣中正電宋子良詢宋美齡
本日經過狀況如何請詳告另宋藹齡應已回滬請代為輔助（國史館）

（4）1933 年 2 月 15 日蔣中正電宋藹齡詢宋美齡盲腸開割後狀況（國史館）

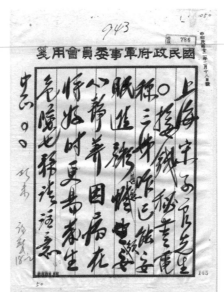

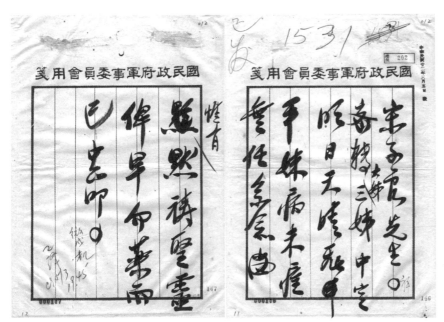

（1）1933年2月15日蔣中正電錢用指示宋美齡病狀及脈搏溫度等請隨時詳告（國史館）
（2）1933年2月18日蔣中正電宋子良務請注意宋美齡病況發展（國史館）
（3）1933年3月5日蔣中正電宋子良轉宋藹齡宋美齡惟有默禱聖靈俾早勿藥（國史館）

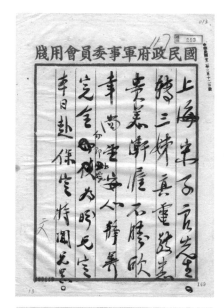
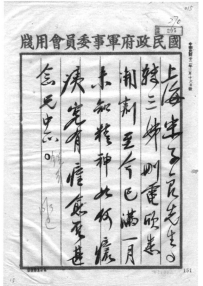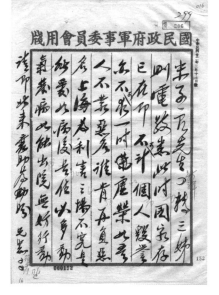

1	2
3	4

（1）1933 年 3 月 4 日蔣中正電宋子良謂宋美齡創口未痊不勝念之（國史館）
（2）1933 年 3 月 12 日蔣中正電宋美齡望安心靜養（國史館）
（3）1933 年 3 月 16 日蔣中正電宋美齡開割盲腸已滿一月未知痊癒否（國史館）
（4）1933 年 3 月 17 日蔣中正電宋美齡
國家存亡在即不可計個人毀譽求一時虛榮上海為利害之場不究是非病後長住必多動氣發病如能出院
無妨行動請即北來襄助（國史館）

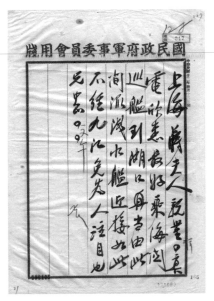

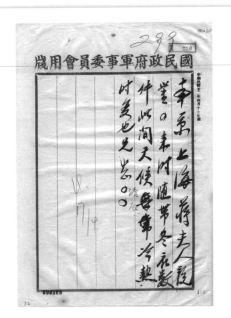

（1）1933年4月12日蔣中正電宋美齡
最好乘海關巡艦到湖口然後再派淺水艦迎接如此不經九江免為人注目（國史館）

（2）1933年4月17日蔣中正電宋美齡
來時隨帶冬衣數件此間天候冷熱時變（國史館）

（3）1933年4月18日蔣中正電宋美齡
如飛來須早晨八時前出發空氣清爽不致暈機（國史館）

蔣中正總統文物中這段時間宋美齡的信不多，但從 1937 年 3 月宋赴港求醫時的回信，
也可以看到宋縝密而熱情的回應。

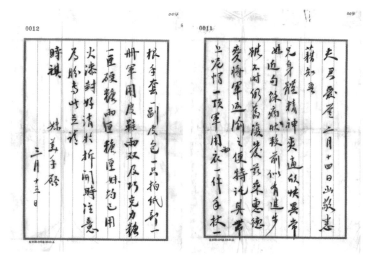

1937 年 3 月宋美齡函蔣中正
略述抵港後求醫經過病情發展與
治療情形
（國史館）

1937 年 3 月 15 日宋美齡函蔣中正
近旬病況似有改善
（國史館）

宋美齡詳述託惠德麥將軍返渝之便帶給蔣中正呢帽一頂、軍用雨衣一件、手杖一根、手
套一副、皮包一只、拍紙部（應為簿）一冊、軍用皮鞋兩雙及巧克力糖一匣、硬糖兩
匣，看得出宋美齡的貼心。

從 1933 年開始，宋美齡的名字、照片越來越頻繁地出現在蔣中正的檔案資料中，因為她一步一步的踏入了國家社會的各項工作，協助推廣新生活運動、陪同蔣中正視察西北各地，1936 年 2 月擔任新生活運動促進總會婦女指導委員會指導長，4 月擔任航空委員會秘書長。這些在第伍、陸章中都會呈現，但在這一章中將著重在透過蔣宋之間的互動，以及宋美齡的一些活動照片，看到宋如何化兒女之情為家國之愛，如何以行動走入蔣中正的生命與國家。

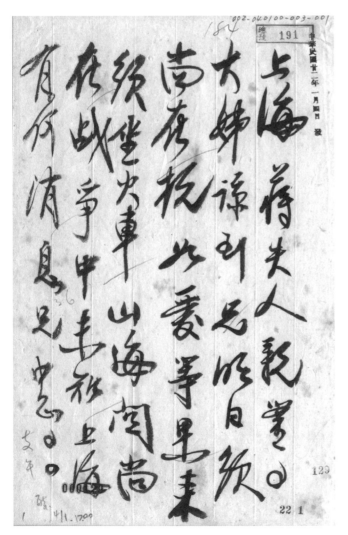

1933 年 1 月 4 日蔣中正電宋美齡
山海關尚在戰爭中未知上海有何消息
（國史館）

1933 年 3 月 18 日蔣中正電宋子良轉宋美齡既以身許國則斷不可以毀譽為榮辱最後事實與心跡終可表白於後世區區輿論何足介懷
（國史館）

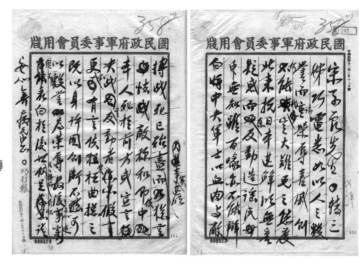

1933 年 3 月 13 日蔣中正電藹齡宋美齡
本日于鳳至到京滬時請盛意招待以待失意之人更須加厚
（國史館）

1933 年 3 月 19 日蔣中正電宋美齡
託宋子文辦飛機事
（國史館）

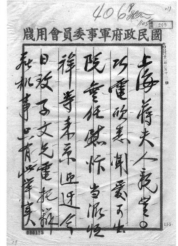

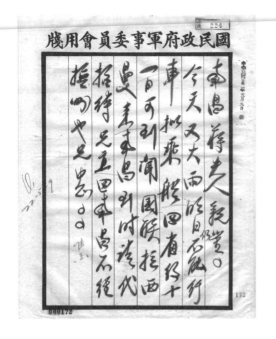

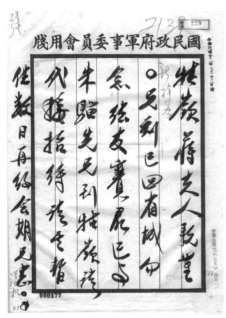

1	2
3

（1）1933年5月9日蔣中正電宋美齡聞國聯拉西曼來南昌到時請代招待（國史館）

（2）1933年5月18日蔣中正電宋美齡拉西門聘審計員事請即辦（國史館）

（3）1933年5月23日蔣中正電宋美齡
　　　德友賽克脫已與朱家驊到牯嶺請代招待並請其暫住數日再約會期（國史館）

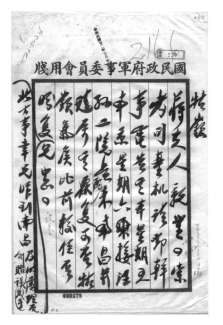

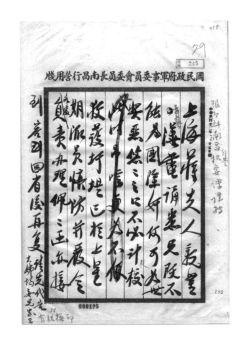

1	2
3	

（1）1933年5月24日蔣中正電宋美齡請鄧幹事電告飛機到南京接汪兆銘孫科二院長來南昌（國史館）
（2）1933年5月25日蔣中正電宋美齡宋子文電已收到款明日派員送來（國史館）
（3）1933年6月25日蔣中正電宋美齡救護圩堤已於上星期派員慎防並嚴令各處負責辦理（國史館）

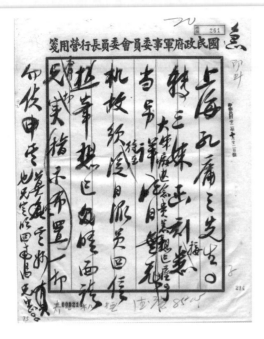

1933 年 10 月 22 日蔣中正電孔祥熙轉宋美齡
俞飛鵬想已晤面請孔祥熙切實布置指示一切
（國史館）

1933 年 11 月 16 日蔣中正電孔祥熙轉宋美齡
現胡漢民入閣事尚在醞釀中當可設法消弭
（國史館）

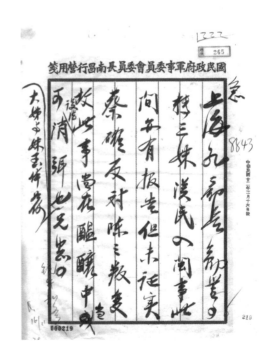

從蔣中正文物中蔣中正給宋美齡的函電，不難發現雖然宋雖然此時沒有職位，沒有實際
的工作，儘管宋經常病體支離，儘管兩人聚少離多，但在協助接待外賓、處理較有私密
性的公務，尤其是分享蔣心中的塊壘各方面，宋美齡已成為蔣中正不可或缺的賢內助。

而從宋美齡在蔣工作中一些小小的協助，更可以看到蔣宋生活中點滴的共享。

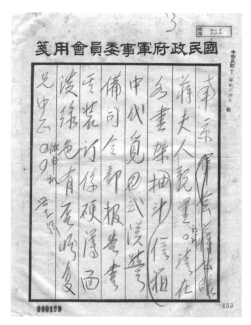

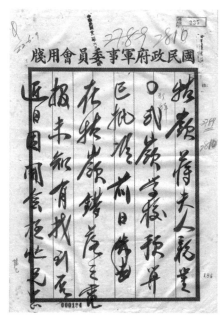

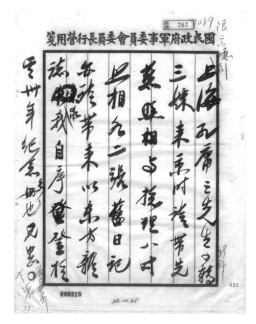

1	2
3	

（1）1933 年 4 月 4 日蔣中正電宋美齡請在各書架信箱抽斗中代覓武漢警備司令部報告書（國史館）
（2）1933 年 6 月 9 日蔣中正電宋美齡武嶺學校預算已批准前日在牯嶺錯落之電報未知找到否（國史館）
（3）1933 年 10 月 25 日蔣中正電孔祥熙轉宋美齡
　　來京時請帶先慈倪桂珍總理孫中山照片及舊日記以登於東方雜誌三十年紀念號（國史館）

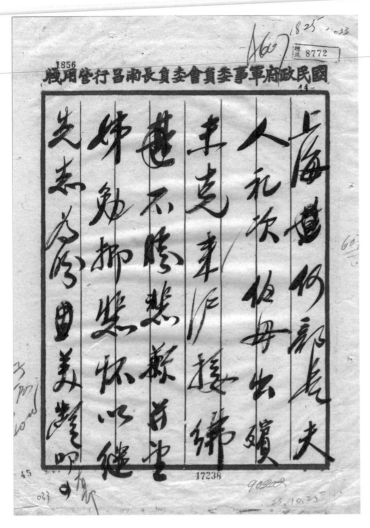

1934 年 10 月 25 日宋美齡
唁慰何應欽夫人函
（國史館）

這是蔣中正檔案中第一次出現以宋美齡身分發出的信函，同時此後蔣檔中也開始出現大量蔣、宋共同具名的電函。這是否可以代表蔣宋已經真正的並肩奮鬥。

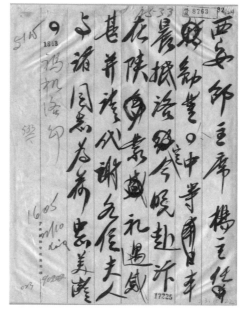

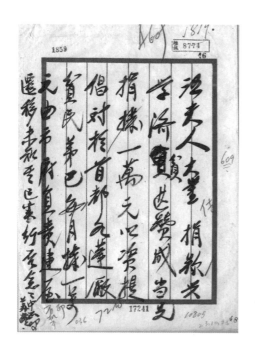

（1）1934 年 10 月 20 日蔣中正宋美齡電馬鴻逵馬子英 （國史館）
（2）1934 年 10 月 22 日蔣中正宋美齡電邵力子楊虎城（國史館）
（3）1934 年 10 月 25 日蔣中正宋美齡聯名興學濟貧（國史館）

1935 年 6 月 10 日

雪恥：愛國之切，愛夫之篤，吾妻誠不愧女中英豪矣。為河北軍隊之撤換與黨部之撤消，悲憤欲絕，實無力舉筆覆電，妻乃下淚，澈夜未寐，如上天有靈，其將使此惡貫滿盈之倭寇不致久存於世乎。

《愛記》1935 年 7 月

二日，曰：「吾妻謀國之忠，愛國之切，刺激之烈，幾難名狀！國有良妻，人心猶在，復興必成也。」……十八日，曰：「妻忽腦眩作嘔，不勝憂慮。」十九日，曰：「本日以妻病，不能赴峨嵋，仍在成都。」

《愛記》1935 年 9 月 13 日

出游，以夫人不在，甚感寂寞，曰：「孤行獨游，殊無意味，秋節氣候，寒冷侵人，更覺秋已深矣！」

1935 年 9 月 12 日

獨處於風雨飄搖新開寺孤蓬之中……屢思妻兒，頻歎寂寞，何為耶！

1935 年 6 月間的女中英豪，從 7 月到 9 月卻無聲無息，一直到在陳誠的檔案中看到了給夫人譚祥信，似乎給了一個意外的答案。

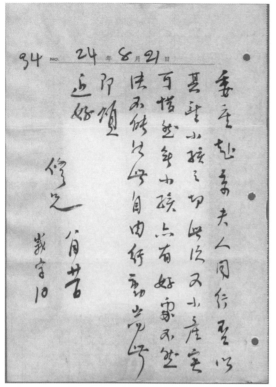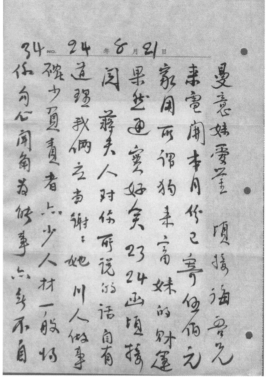

1935 年 8 月 21 日陳誠致譚祥函，信長六頁，此處為首末兩頁（國史館）

家書最後提及：「委座赴京，夫人同行否？以其望小孩之切，此次又小產，實可惜。然無小孩亦有好處，不然決不能如此自由行動。」這是蔣宋第二次擁有愛情的結晶，不幸宋美齡第二次小產，導致以後兩人終無自己的子嗣，但也正因為此，宋美齡愛屋及烏，不但視蔣、宋、孔家的子孫為子孫，也視全國孤兒為自己的孩子。

1937 年抗日戰爭爆發，宋美齡積極投入婦女工作，這將在第陸章中詳述，此處僅以蔣的日記中的兩三處紀錄，配合一些宋美齡工作中的照片，分享蔣、宋並肩投入與國人共同抗戰的決心和信心。

1938 年 10 月 7 日

服務是目的，不是手段，余妻以此相詢，余曰：「然」。見妻對於服務教育與婦女運動之熱心日進，私心不僅自慰，而且使余亦更加奮興也。患難中，惟此得以欣悅耳。

1938 年 10 月 9 日

月下圍坐，共唱岳武穆滿江紅，悲歌壯烈，憂中之樂也。

1938 年 10 月 23 日

本日敵機不斷在上空偵察轟炸，而吾妻興奮快樂之精神更倍於平時，夫妻相愛之切，誠足以消愁。在苦痛憂難中惟此足以自慰。

1938 年宋美齡對志願參加婦女工作團之女青年講話（國史館）

1938 年宋美齡與志願參加婦女工作團女青年個別談話（國史館）

1938 年宋美齡與志願參加婦女工作團女青年（國史館）

1938 年宋美齡與新生活運動促進會
婦女幹部訓練班
（國史館）

1938 年宋美齡參與婦女幹部訓練班勞動服務
（國史館）

佳美的腳蹤──宋美齡與她的時代

1938 年 10 月 9 日宋美齡參加婦女幹部
訓練班園遊會
（國史館）

3. 關鍵時刻的間關赴難
Facing Danger Together at Critical Moments

宋美齡記述1936年西安事變時趕赴西安，「他給我看一節聖經，是他當天早晨讀到的：『耶和華在地上造了一件新事，就是女子護衛男子。』無怪乎他與我兩人這樣篤信不渝，直到今日！」而從1950年宋美齡回臺共難時蔣中正的敘述中則可以看到：「夫人回國對國家發生之影響，以在此大陸淪陷，革命絕望、國家危亡岌岌不保之際，有勢有錢者，惟恐出國逃避之無方，而夫人竟在此危急之秋，毅然返國來共患難，此種精神，不僅打消過去共匪一切污衊之宣傳，而其意義實不亞於西安赴難也。」

Soong Mayling has written a description of rushing to Xian during the Incident of 1936, mentioning that, upon arrival, Chiang had showed her a Scripture verse of what he had read that morning: '"Jehovah will now do a new thing, that is, He will make a woman protect a man." No wonder we two have cultivated an unswerving faith up to now.' And when Soong Mayling returned to Taiwan in 1950 to share in the hardship, Chiang described appreciatively that at a time when the country was in a precarious state and those with power and wealth feared there will no longer be a way to flee abroad, in such pregnant danger Madame "resolutely returned to her homeland to share in the adversity," which "not only dispels the Communists' slander," but showed through her conduct the same courageous spirit "no less significant as when she came to Xian..."

佳美的腳蹤──宋美齡與她的時代

1936 年 10 月宋美齡陪同蔣中正巡視西北各地（國史館）

西安事變前宋美齡伉儷一同巡視西北，留下了儷影雙雙，很可惜的，此行沒有能消弭西
安事變的發生。

《愛記》1937 年 12 月 1 日

曰：「吾與夫人結婚，已十足年矣，黨國前途之艱難，到第二之十年，究不知如何
變化？惟竭盡我夫妻之心力，鞠躬盡瘁，死而後已，以期達吾人結婚之目的，完成
至高無上之愛情。」

這是 1937 年 12 月 1 日結婚十周年蔣自我惕勵之語，在蔣說這話的前一年，1936 年 12
月，兩人在西安事變中已經真實的驗證了這段話，無論是蔣中正，還是宋美齡，都沒有
違背他們結婚時的誓言，沒有辜負他們至高無上的愛情。

1936 年 12 月 13 日西安事變宋美齡致蔣中正函（國史館）

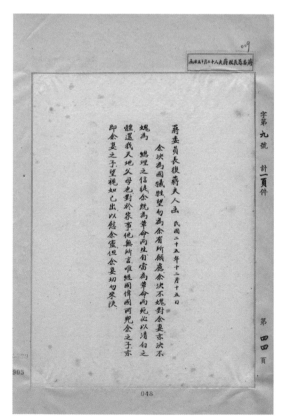

1936 年 12 月 15 日蔣中正函宋美齡
決為國犧牲（國史館）

1936 年 12 月 22 日端納陪同
宋美齡飛抵西安
（國史館）

《愛記》1936 年 12 月

二十二日，夫人到西安，與公相見，悲痛不可名狀，公曰：「余不料吾妻竟冒
萬險而入此虎穴也！今後乃須慮妻之安危，而余本身之生死，早已置之度外矣。」
公乃勸夫人勿簽字，使余違法！夫人曰：「余決不使夫君簽字或違法，夫可安心，
但余來，夫有同生死之人矣。」二十三日，夫人謂公，不如總理蒙難時，有學生
如吾夫者為之赴難，公曰：「夫妻共生死，豈不比師生共患難為尤難得乎？」

宋美齡以女子隻身赴險，面對生死而能坦然處之，不但以溫馨之情撫慰蔣的情緒，更以
堅定之志支持蔣的決定，真正是間關赴難。

謂「今日同來有將鼎文戴笠端納子文等四人」並
勸公應先設法脫離此間再言其他。公告之曰「吾妻愛
國明義應知今日一切須以國家為重。此來相從患難此
為公而非為私如他人或有以國義之言託為轉勸者必
嚴詞拒之。余決不能在此有所發允任何條件之事。而余
深知國家甚於吾身之人格甚於君之
一字則余即為遠法而有身革命之大義與國民之付託
且更無離此之希望即離此。此唯生猶死也。」夫人急庭
之曰「君千萬勿應君所言者余知之已審於君之素志更
生命決不強。君有違背素願之舉。然余未則君有共意

二十五年十二月

方已開戰殺傷甚多。此間推余前方指揮去一二日當
再回此。」公察其語氣似欲探公對其所言是否驚恐此
者公泰然置之。張乃無言而去。
二十二日。公仍在高宅晨起記雪恥畢以孟子之言自
勉曰「其為氣也。能与義与道無是餒也是集義所生者非
義襲而取之也。」
公本日終日盼望飛機群此砲聲似早入耳以觀昨張
來見時神色倉皇之情收知叛軍必潰敗中央軍進展必
極速也。乃侍至午後竟寂無所聞公方疑藦間忽見夫人
來會蓋夫人於下午四時乘飛機到西安公作見之。不勝

二十五年十二月

難同生死之人君乃可以自應也。」夫人亦為公言「侍
從人員及侍衛官在華清池殉難者有組長蔣孝先秘書
蕭乃華匪隊長毛裕禮侍衛官蔣瑞昌及馮瑞昌張華洪
家棠等諸人。而竺培基及施文彪二人受傷甚重其餘尚
待調查。」公念諸人以身殉職均不愧余平日之教誨然
變起倉卒忠良同頭頸為之懷愴不止。而蕭生乃華以文
職人員抗賊不屈而死為尤可惜也。
中央行政院本日例會決議西安事變期內以次省各地
行政由行政院專員遵行乘取行政院辦理。
二十三日。公仍在高宅清晨未起趙監觀者不能觀視

驚訝。訝如在夢寐。公曰「余日前切囑子文勸妻萬不可來
西安不意妻竟冒萬險而入此虎穴」此是感動悲咽不
可言狀。夫人見公強作歡顏而公則更噓慰應
日以未對自身生死早已置之度外而今令其慰
余妻之安危不意余妻智勇兼愛平時已信其必能為黨國效
忠且与余同心互勉誓為
總理之主義奮鬥到底期具
有成何忍任其犧牲於北危城中乎今日清晨偶翻舊約得
某章有曰「耶和華今造一件新事即以女子護衛男子」
云二。午後余妻果至事若巧合然。余妻冒險相從非受宗
故素養極深者不可能也。」夫人告公以外間種 情況

二十五年十二月

事略稿本一民國二十五年十二月紀錄（國史館）

此部分主要記敘12月22日宋美齡乘機到西安見蔣中正的過程。

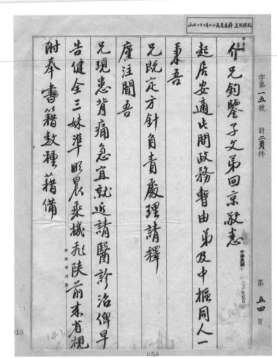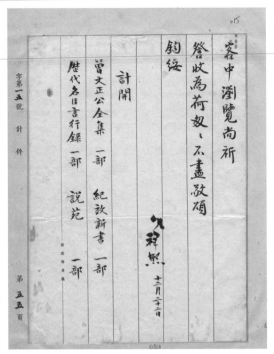

1936 年 12 月 22 日孔祥熙函蔣中正告宋美齡將赴陝（國史館）

1936 年 12 月蔣中正西安蒙難返京林森在機場歡迎（國史館）

1936 年 12 月 29 日蔣中正呈國民政府主席林森為西安之變負疚深重請免行政院長及軍委會委員長之職呈文（國史館）

1937 年 1 月 1 日

今日腿部風濕如昨，行動仍甚艱難，約逸民來談西北善後與皖省府組織人選，益之來談昨日審判張學良經過情形，張有不承認政府與做百姓亦要革命之語，是其尚無悔禍之心也，可痛之至。下午約力子、季鸞來談，晚約益之、墨三、天翼、蔚文來談，對西北以政治為主，軍事為從之方略，面授機宜後就寢。妻在滬就醫，未知其病痛有否略減，孤獨度歲未免寂寞，然較禁留西安，則安危之狀不啻天壤之別，可知生死成敗，冥冥中自有上帝為之主宰也。

此時當余之前者，不僅為余夫一人生死之關係，實關係全民族最重大之問題，其變化易受熱情與狂想之激盪，而余本人復繫有嚴重個人利害。第一念襲我心頭，余為婦人，世人必以為婦人當此境遇，必不能再作理智之探討；故余必力抑個人感情，就全局加以考量。繼余復念，此事若處理得宜，必能得合乎常情之解決，余必堅持我主張，將一切措施納諸合理軌範之中。

余個人於事變發動之初，即決心與劫持我丈夫之西安將領作正義之周旋，任何犧牲，任何代價，皆所不顧，至咒詛謾罵，則非所願為。蓋余深信，唯誠摯與真理乃能建樹永久之基礎。此為余生平之信念，遇西安事變而益堅。

願諸公深信我決非朝夕縈懷於丈夫安全之婦人。今日此舉，實抑制情緒，抓緊現實，乃以公民之資格，要求以最少之犧牲，為國家與民眾解決此嚴重問題之癥結。倘余夫或余個人之犧牲可以為國家造絲毫福利者，余必不假思索，力主犧牲。今日若遽用武力，確將危及委員長之生命；而國難嚴重如今日，在余心目中，在全國民眾之想念中，委員長之安全，實與國家之生命有不可分離之連繫，此余之所以主張必用和平方法以保證其安全也。

年來委員長出巡各省，余必相隨，此次獨因病未果，深覺悵然。蓋余每自信，倘余在西安，局勢當不至惡化至此。然此種思索不足自慰，徒增煩擾。而羣集我室者，實朋如雲，或進同情之辭，或索時局真相，更有作消息之報告者，擾攘終朝，益增我之煩惱。

余知轟炸西安必置委員長於死地。為中國計，此時萬不能無委員長以為領導；委員長生還之價值，實較其殉國尤為重大；此為余始終堅持之信念，故願決死為和平奮鬥，以期其成。因此余決意立赴西安。此時雖張學良在城內無甚部隊，其在城外之兵數亦甚寥落，明知事態異常險惡，然余亦不願多加考慮矣。

人或有稱余此行為勇敢者，然余自念，所作所為並無異行之處，二萬萬中國婦人處余地位，皆必取同樣步驟。鼎文夫人經余說明後，竟不堅持同行，而肯為國家利益犧牲其丈夫之安全，即其一例。余登機前，已熟聞各方危險之警告，即余本身，亦詳悉西安城中軍隊之性質。但余啟行時，神志清明，鎮定堅決，絕無怯意。

余入吾夫室時，彼驚呼曰：「余妻真來耶？君入虎穴矣！」言既，愀然搖首，淚潸潸下。余強抑感情，持常態言曰：「我來視君耳。」蓋余知此時當努力減低情緒之緊張。時吾夫以背脊受傷，方臥床，面甚憔悴，因先加看護，緩言其他，使得少些舒適。此時目睹吾夫，負傷床第，回憶遇劫當時，黑夜攀登山巔，手足為荊棘與山石刺破，遍體鱗傷之狀況，余實情不自禁，對於事變負責者，不能不深加痛恨矣。

吾夫言曰：「余雖屢囑君千萬勿來西安，然余深感無法相阻也。今晨余讀聖經，適閱及『耶和華今將有新作，將令女子護衛男子』句，今君果來此。」我夫歷述被劫之經過，並稱在劫持中，決不作任何承諾，因要求我勿以簽訂某種文件相勸。余告之曰：「余本視國家福利重於吾夫之安全，幸勿慮我有強勸吾夫屈服之舉。」吾夫屢言，苟利國家，願以身殉。余告以……：「此後君不應輕言殉國矣。君之責任乃在完成革命以救國，君更應寶貴君之生命。願君自慰，上帝常伴我等。余此來，分君苦厄；上帝願余死，死無悔；若願余生，亦當保此生命，與吾夫共為國家努力也。」

余曰：「委員長決不肯化裝，倘彼不能公開乘飛機離陝，余必同留此殉難，決不願此一步也，倘彼因中央軍開始攻擊而殉國，余決不願獨生也。」余知張及子文咸憾余不屈不撓固執之態度，不能稍為彼等移易委員長之決心；然余已具決心，不能妥協。

宋美齡述《西安事變回憶錄》摘錄
引自中正文教基金會 ＞ 研究平台 ＞ 蔣夫人宋美齡女士言論選集 ＞ 一、論著 ＞ 西安事變回憶錄 中華民國二十六年一月。

《西安事變回憶錄》，不僅將宋美齡個人在事變幾個關鍵時刻的心歷路程表達得淋漓盡致，也可以看出蔣宋之間的互知互信，細細玩味其中幾段，真是令人有蕩氣迴腸之感。

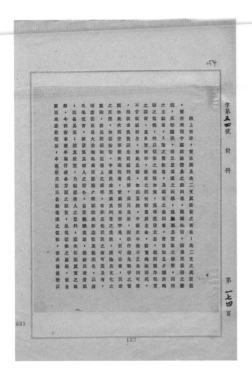

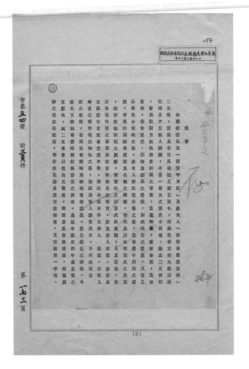

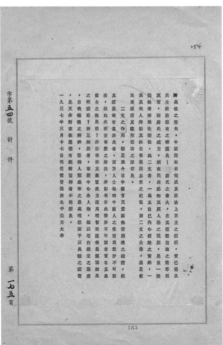

《革命文獻—西安事變》收錄司徒雷登
讀蔣中正西安半月記宋美齡西安事變回
憶錄感想，1937 年 3 月 17 日
（國史館）

1950 年 1 月 13 日

十一時三刻迎夫人於桃園機場,即住大溪別署,晤談美國政策及其在美經過之工作,與今後之布置為慰。下午在大溪休息,聽取報告。

1950 年 1 月 14 日

昨晡晚課如常。餐後與夫人讀上帝呼聲一章,夫妻共同禱告畢,就寢。

上周反省錄

夫人回國對國家發生之影響,以在此大陸淪陷,革命絕望,國家危亡岌岌不保之際,有勢有錢者,惟恐出國逃避之無方,而夫人竟在此危急之秋,毅然返國來共患難,此種精神,不僅打消過去共匪一切污衊之宣傳,而其意義實不亞於西安赴難也。

「其意義實不亞於西安赴難也」,可以看出這件事對於蔣的重要性。這指的是 1948 年 11 月宋美齡希望能爭取美國的支持,堅持赴美,在美逗留近一年半,期間蔣中正下野,中華民國政府遷臺,大風大浪之中,宋美齡的返臺歸國,是對蔣中正最大的支持和安慰。

1948 年 11 月 20 日

雪恥：昨晡談話多有以政府遷移則人心渙散等於崩潰，不能再樹立重心為言。余答其重心不是首都城區而繫於余之一人也。余在世一日反共到底，則余何地即重心所在，不必以遷都與否為慮，更不必以南京之得失為意也。

1948 年 11 月 21 日

與于主教談對美外交，屬其赴美宣傳。與妻車遊東郊回。晚課後，約見蒲立德聚餐，長談一小時半，妻對美國廣播被俄共干擾延誤不少也。

1948 年 11 月 25 日

據報美國政府對華態度仍未改變且更惡劣，妻甚憂慮，乃想飛美與馬歇爾作最後之交涉，余以為決無希望，不必多此一舉，徒加恥辱，彼終以為個人榮辱事小，國家存亡事大，無論成敗如何，不能不盡人事云。余乃允之，不忍掃其興耳。

1948 年 11 月 27 日

昨晚與妻聚談，依依不捨，夫妻愛情老而彌篤，屢想中止其飛美也，但為國家與外交計，又不能不令其行耳。午夜醒時妻又悲泣不置，彼稱為何國家陷入今日之悲境，……惜別淒語感慨無窮。彼為余與國家以及宋、孔之家庭受枉被屈，實有不能言之隱痛，故其悲痛之切乃非言詞所能表達其萬一耳。

從蔣中正的這幾段日記，可以看到當時（1948 年 11 月）局勢的嚴峻，美國在其中扮演的角色，以及宋美齡赴美的決心。

1948 年 11 月 30 日

美國國務院之態度，對妻訪美表示冷淡，無異侮辱，惟有置之。

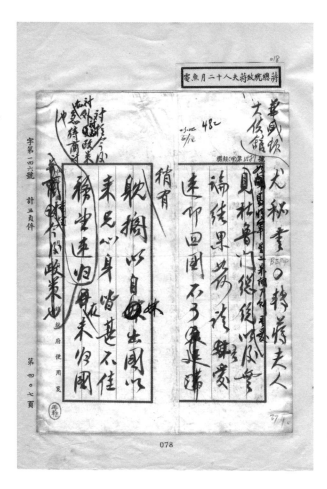

1948 年 12 月 6 日蔣中正電宋美齡
見杜魯門以後速回國不宜在此時出席美國國會
（國史館）

事實上蔣中正自始沒有真正贊同宋美齡此行，因此在之後一年多的時間中，宋美齡努力周旋於杜魯門、馬歇爾等美國政要之間爭取援助，蔣中正卻認為美國態度殊不可測，且國內軍事不利對美交涉更無希望。簡單的說宋美齡始終抱著樂觀地信心向美國爭取，蔣中正則持著悲觀的務實態度面對國內戰局。

1948 年 12 月 11 日宋美齡電蔣中正與杜魯門詳談中國局勢嚴重待援之急，其表示極願相助
（國史館）

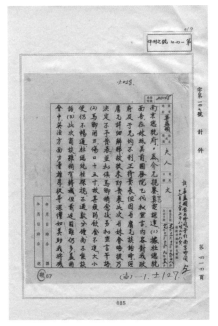

1948 年 12 月 12 日宋美齡電蔣中正與杜魯門詳談內容
（國史館）

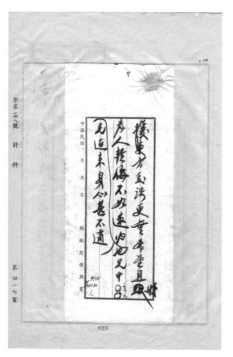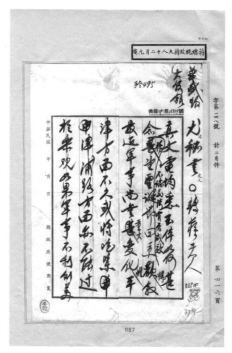

1948 年 12 月 12 日蔣中正電宋美齡如果軍事不利則對美交涉更無希望不如速歸
（國史館）

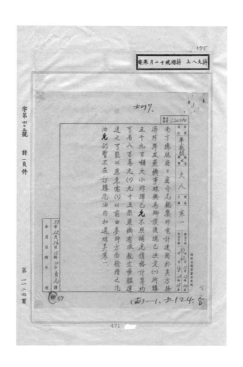

1948 年 12 月 14 日宋美齡電蔣中正
美方接濟炸彈飛機事與馬歇爾洽談
（國史館）

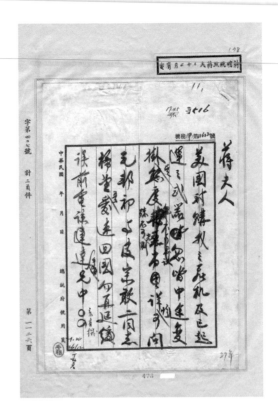

1948 年 12 月 26 日蔣中正電宋美齡
美國對售華飛機及已起運武器忽皆變掛
態度殊不可測
（國史館）

1948 年 12 月 27 日蔣中正電宋美齡
詢何日返國及盼同行回鄉電
（國史館）

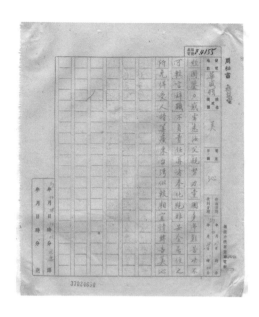

1948 年 12 月 27 日宋美齡電蔣經國
廣東臺灣似較相宜請轉告
（國史館）

1948 年 12 月 30 日蔣經國電宋美齡
已將母親意見面呈父親蔣中正惟目前之局勢
複雜嚴重對國家之命運以及父親個人之安全
問題皆無任憂慮
（國史館）

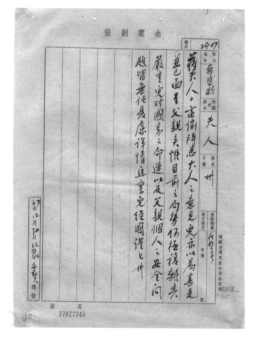

1949 年 1 月上月反省錄

去年春季，馬歇爾邀約夫人遊美為其上賓，而不應約，及至年杪，以危急赴美求援，所謂臨時抱佛腳，自討沒趣。此皆短識之所為，實違反余外交不怯不求之精神，可痛、可愧。

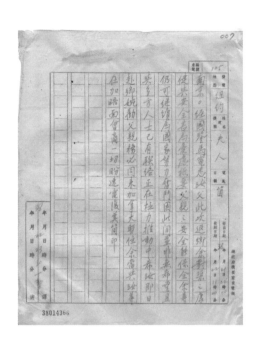

1949 年 1 月 21 日宋美齡電蔣經國
婉勸汝父務必同來加拿大暫住面商一切
（國史館）

宋美齡曾致電蔣經國婉勸蔣中正暫時離華，難免有人認為這是要寓居國外，但事實上宋從未放棄在美國爭取朝野對中國的支持，遊說政府及國會，拉攏新聞界與社會團體，希望能對撤守到臺灣的蔣有所幫助。從這段時間蔣的日記看來，蔣雖然並不對宋的爭取美國援助抱任何希望，一而再、再而三地函電催促宋返國，但從未認為宋美齡可能滯美不歸，這就是蔣宋之間的默契與信任。

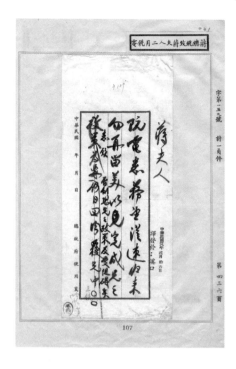

1949 年 2 月 16 日蔣中正電宋美齡
望從速歸來勿留在美國
（國史館）

1949 年 3 月 14 日宋美齡致蔣中正函
國內戡亂軍事雖屢挫仍將盡力爭取美方友人援助且若和談失敗亦須收拾殘局
（國史館）

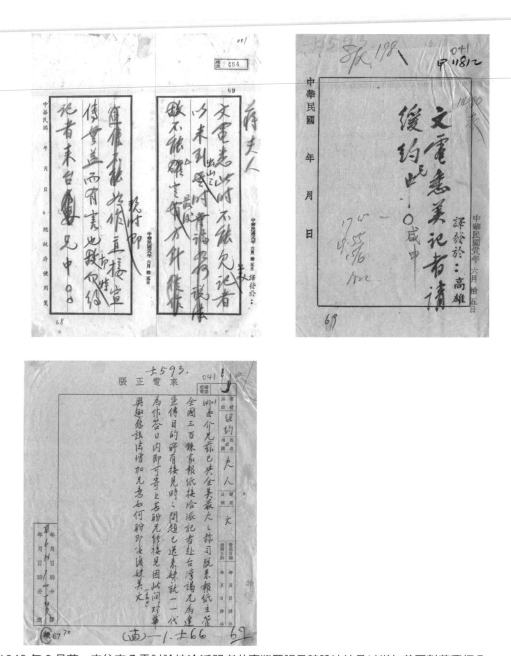

1949 年 6 月蔣、宋往來函電討論接洽派記者赴臺灣晉謁及請設法接見以增加美國對華興趣函

佳美的腳蹤 —— 宋美齡與她的時代

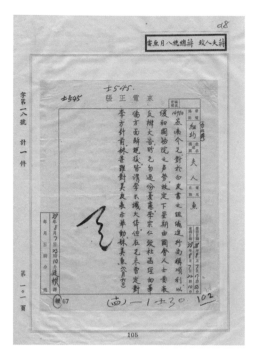

1949 年 8 月 6 日宋美齡電蔣中正
美國對華白皮書之組織進行順利下週由國會人士
發表反辯文告
（國史館）

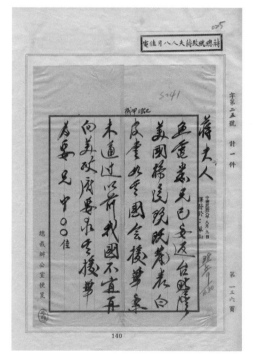

1949 年 8 月 9 日蔣中正電宋美齡
美國政府既發表對華白皮書援華案未通過前
不宜再向美國要求援華
（國史館）

1949 年 10 月 9 日蔣中正電宋美齡
廣州已危恐難久保望速回國
（國史館）

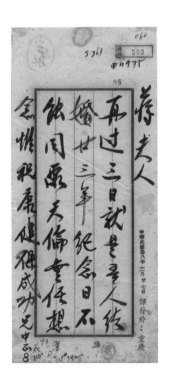

1949 年 11 月 27 日蔣中正電宋美齡
憾無法同慶結婚二十三年紀念日惟祝身體康健
（國史館）

1949 年 11 月 29 日宋美齡電蔣中正
仍設法使美國務院贊成顧問團事惟柯克
上將願以私人名義赴華協助海軍，蔣中
正復電甚歡迎柯克來助另擬明日飛成都
（國史館）

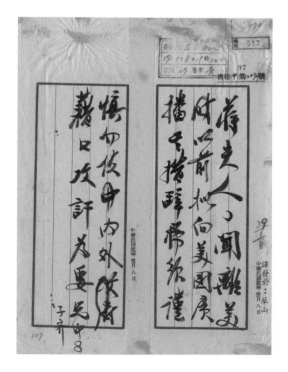

1950 年 1 月 8 日蔣中正電宋美齡
離美前對美廣播措辭務須謹慎勿使內外
藉口攻訐為要
（國史館）

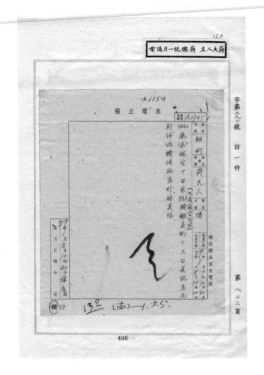

1950 年 1 月 7 日宋美齡電蔣中正
定 10 日離美國於 13 日晨抵馬尼拉
請派機候接
（國史館）

1950 年 1 月 11 日蔣中正電宋美齡
飛機可於 13 日前抵達馬尼拉
（國史館）

1950 年 1 月 14 日上星期反省錄

一、夫人對美國告別廣播全文,已引起美國人民與輿論對中國民族尊敬之心,現在美國對華政策,全為其國務院中共產分子所操縱,深信其終有改變之日,而且其期並不甚遠,否則美國本身亦敗也。

二、美國發表對俄妥協之切望,是其出敗中國、承認中共,解決中國問題為其主要之策略,此一策略果成,則美國地位更危,艾其遜不惟害華,其結果無異賣美也,可痛。

三、夫人回國對國家發生之影響,以在此大陸淪陷,革命絕望,國家危亡岌岌不保之際,有勢有錢者,惟恐出國逃避之無方,而夫人竟在此危急之秋,毅然返國來共患難,此種精神,不僅打消過去共匪一切污衊之宣傳,而其意義實不亞於西安赴難也。

1950 年 1 月 13 日蔣經國、蔣緯國迎接由美國返國之宋美齡（國史館）

1950 年 1 月 13 日蔣中正親迎宋美齡由美國返國（國史館）

1950 年 1 月 13 日蔣經國與蔣方良等於機場等候宋美齡時留影（國史館）

1950 年 1 月 13 日

十一時一刻，迎夫人於桃園機場，即住大溪別署，晤談美國政策及其在美經過之工作，與今後之布置為慰。下午在大溪休息，聽取報告。

1950 年 1 月 14 日

召經兒來，同遊覽石門（大溪西南約十八公里）之桃園大圳入水口工程，閱之殊為歎服日人建設與組織力之大也。夫婦父子即在石門招待室聚餐。

1950 年 1 月 14 日宋美齡歸國隔天即陪同蔣中正巡視石門桃園大圳入水口工程（國史館）

1950 年 1 月 20 日宋美齡歸國後與外國記者談話留影（國史館）

1950 年 3 月 1 日蔣中正復行視事接受群眾歡呼（國史館）

1950 年 3 月 2 日宋美齡伉儷慶祝復行
視事茶會會場留影（國史館）

1951 年 1 月 13 日宋美齡於回國週年慶祝餐會留影（國史館）

4. 夫妻和睦為人生第一之幸福也
Marital Harmony is the Best Blessing in Life

蔣日記中經常出現：「夫妻和睦為人生第一之幸福也。」任何一段婚姻生活中都有可能有爭吵、有歧異，重要的是婚姻中的兩個人能不能化解爭吵，撫平歧異。蔣在婚姻生活中一直追求一種心靈的慰藉與安定，而宋做到了這一點：「我只要就丈夫的需要，盡力幫助他，就是為國家盡了最大的責任。我就把我所知道的精神園地，引導丈夫進去。」難怪蔣銘感於心：「最足自慰之一點，就是余妻對余之信仰與篤愛，始終為余之慰藉。故時以身修家齊為幸，更覺治平之基已固，不患其為共匪所算也。」

There is a recurring phrase in Chiang Kai-shek's diaries: "Marital harmony is the number one blessing in life." Any marriage may experience disagreements and differences; most critical is whether a couple can resolve the conflict and iron out the differences. Chiang sought in his marital life a source of spiritual solace and stability, and Soong achieved it this way: "I only need to cater to my husband's needs and assist him wholeheartedly. In that way, I am fulfilling the greatest duty to my country. And so I lead my husband into the Spiritual Garden that I know." No wonder Chiang appreciates Soong from the bottom of his heart, and records in his diary that he finds his "great consolation" to be the "trust and affection" his wife gives him.

1932 年 8 月 21 日

十一時由牯嶺出發，與妻甥良弟等經蓮花洞到東林已二時半，林泉睡眠妻膀，為之心安。

用這段日記作為這一節的開卷語，是因為蔣中正在婚姻中追求的就是心靈的慰藉與安定。當時蔣正進行對中共的第二次圍剿，該日自牯嶺至東林途中，夫妻偷暇小聚，從事略稿本的記載中可以看到，前後不過一小時，此時此刻的「心安」二字，道盡蔣宋之間的相依之情。

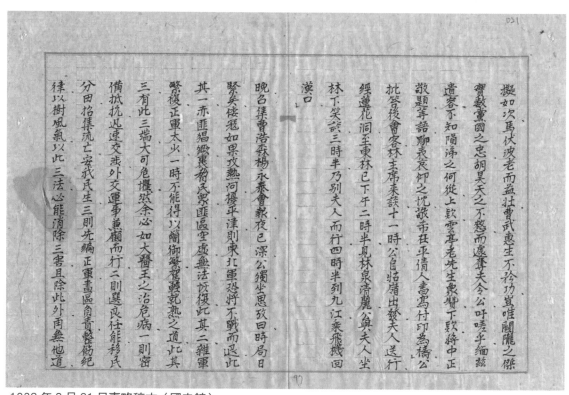

1932 年 8 月 21 日事略稿本（國史館）

1948 年宋美齡伉儷於盧山度春節閒奕跳棋（國史館）

1948 年 2 月 9 日

十一時半乘飛機由京到潯，十五時半到達牯嶺，空氣清冷，環境幽雅，雪山銀樹堪欺觀止，誠休養之地也。除補記昨事外，皆在寓漫游自得，妻則整頓房舍，布置鋪陳甚忙耳。晚課畢，與妻對弈後入浴，廿二時後就寢。

1948 年 2 月 14 日

晡妻在傍為我縫衣補鈕，鍼線女紅之精巧，比之文字思想更覺難能而可貴，以現代之女子，求其文字高深者尚易，而求其能鍼線與文字全能者，實未見也。夫妻在爐前對話談心，其樂無窮，病體亦忘其疲困矣。入浴後，妻為我擦身敷藥，盡心竭力，以求我病之速痊也。

1948 年 2 月 19 日

夫妻在爐前閒話，余斜身假眠，妻加薪調樂，音韻幽雅，爐火熊熊，神經寬鬆，欠呵頻乘，不覺憂心全消，漸入夢鄉，此乃憂患中難得之樂境也。

1948 年 2 月國共內戰方興，蔣「忙迫憂勤，日無暇晷」，因此趁農曆過年到盧山休養，在盧山 18 日，白天遊山玩水，讀書自愉，晚上加薪調樂，夫妻對奕，頗有只羨鴛鴦不羨仙的意味。但在離開盧山之前，蔣日記中出現了很嚴肅的一段話。

1948 年 2 月 23 日

而最足自慰之一點，就是余妻對余之信仰與篤愛，始終為余之慰藉，故時以身修家齊為幸，更覺治平之基已固，不患其為共匪所算也。

蔣中正之所以感受修齊治平的重要，是否因為蔣宋兩人在之前（1944）經歷了一次婚姻中的危機，不得而知，但這次的事件對蔣宋兩人都是很重要的考驗。

1944 年 7 月 2 日

今日子刻與寅刻，余妻以即欲飛往巴西養病為念，發生悲戚心情，彼甚以最近國家情勢甚為危殆，而其精神與夢寐之間皆多各種不利之徵兆，甚以此去恐不能復見為慮。彼云，須君牢記世界上有如我愛汝時刻不忘之一人乃可自慰；又云，君上有天父之依托，而下有汝妻為汝竭誠之愛護，惟此乃可自慰也。余心神悲戚更甚，不能發一言以慰之，惟祝禱上帝保佑我夫妻能完成上帝所賦予吾人之使命，使余妻早日痊癒榮歸與團聚而已。

1944 年 7 月 3 日

妻甚以共匪謠諑，污衊我人格，損毀我道德，尤以色慾、外遇之流言為最可慮，此謠不息，可使軍民對余之信仰動搖，則國家亦不可救矣。

1944 年 7 月 4 日

與妻商談約幹部與友好敘會，說明共黨謠諑對余個人人格之毀損無足惜，其如國家與軍民心理之動搖何，乃決約會公開說明，以免多加猜測。

1944 年 7 月 6 日

幸余妻自信甚篤，不為其陰謀所動，對余信仰益堅，使敵奸無所使其離間挑撥之技倆。可知身修而後家齊之道，乃為不變之至理，安可不自勉乎哉？

1944 年 7 月 8 日

惟妻對余篤信不移，乃在餞別時發表其篤信之演詞，以粉碎反動共匪一切之陰謀，是此次茶會之功效在此。其他外人對之信與不信皆所不顧也。

也許是由於這樣的衝擊，當宋美齡要出發至巴西養病時，蔣的感觸特別深，別後的思念也特別濃。

1944 年 7 月 9 日

以妻將動程，悲憂交感。下午三時送妻到機場飛巴西養病，彼在機上最後呼聲「大令」，聞之將痛，及余呼彼時，機門已閉，再不能聞其回音矣。回途到林園獨住，悽愴更切，念妻亦更甚也。

1944 年 8 月 9 日

悲傷、憂戚、愧悔、羞恥，至無以自解之地。兒輩不知其父之蒙辱至此，而余亦不能向之聲言，此最為苦痛之事。余妻如在家中，彼或能知我憂患之一二，然則彼必悲傷更不堪矣。

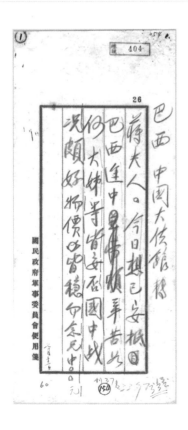

1944 年 7 月 13 日蔣中正電宋美齡
詢巴西途中辛苦否大姊等安否國中戰況
頗好物價皆穩勿念（國史館）

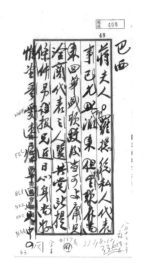

1944 年 8 月 10 日蔣中正電宋美齡
謂羅斯福已允派私人代表待其回華府
後當與孔祥熙洽商人選又近日心身尚
好惟望速痊早回
（國史館）

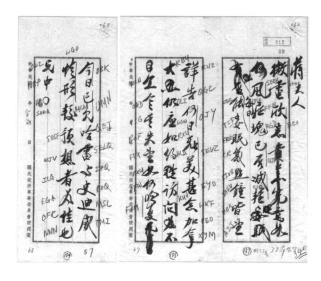

1944 年 9 月 7 日蔣中正電宋美齡
盼詳告病情及每日安眠之時數另應如
約訪加拿大又今日已見赫爾利與史迪
威情形較預想為佳
（國史館）

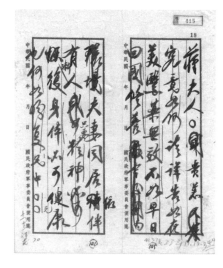

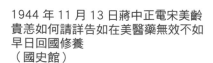

1944 年 11 月 13 日蔣中正電宋美齡
貴恙如何請詳告如在美醫藥無效不如
早日回國修養
（國史館）

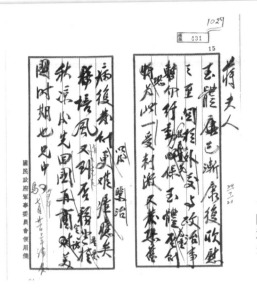

1945 年 7 月 21 日蔣中正電宋美齡
關於外交與政治事暫勿行動以免受刺
激舊病復發又竺培風到否並望秋涼後
先回國再定訪美時期
（國史館）

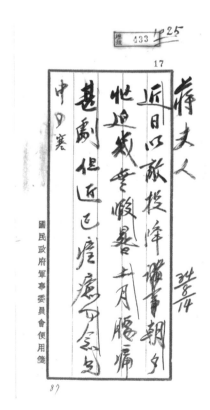

1945 年 8 月 14 日蔣中正電宋美齡
近日以敵投降忙迫無暇上月腰痛甚劇
近已痊癒勿念
（國史館）

雖然在信中看不出什麼，但蔣日記中就流露出深深的思念，或憤懣有心人士的散播謠言、英美政客的蓄意操弄；或憂心於宋的病情惡化、外界種種對宋的刺激傷害；也一再強調自己的自信堅定。

1944 年 8 月 19 日

美國朝野對我個人生活之謠詠層出不窮，尤關於我夫婦家庭間之猜測亦未已，此次吾妻出國養病，為對公對私皆有損失，然虛實是非，必有水落石出之時，無稽謊謬之談，必不能掩盡天下耳目，而且美國內亦有主持公道者，故余並不以此自餒也。

1944 年 11 月 22 日

妻病狀惡化，其手心足底皆起水泡，醫生不准見親屬，又不能安眠云。其病症嚴重可知，奈何，惟有禱告天父使之速痊。彼必為內外形勢與美國興論態度所刺激，而致神經不安也，深恐其陷為神經病也。

1945 年雜錄

二月四日，去年最大之逆境與極端之劣勢，至今反省實為上帝賜予之厚福，不然吾人驕橫傲慢，必至無可挽救之絕地，而吾妻受此教訓，得此經驗，其必進步無量，否則如遲至今年遭此逆勢，則於國於家皆必全敗矣。於是益信上帝賦予吾人之使命，無論時間與空間早已為吾人準備一切，只須吾人依照上帝之意旨順從力行而已。

正因為這種深切的痛，以及平心靜氣地檢討，當宋美齡在出國一年兩個月後回國時，蔣中正不但到機場親迎，而且笑得燦爛無比，由於兩人的互信互諒，終於守得雲開月現，這才是「夫妻和睦為人生第一之幸福也」。

1945 年 9 月 5 日，宋美齡由美返國，
蔣中正親至機場迎接，歡欣之情溢於
言表（國史館）

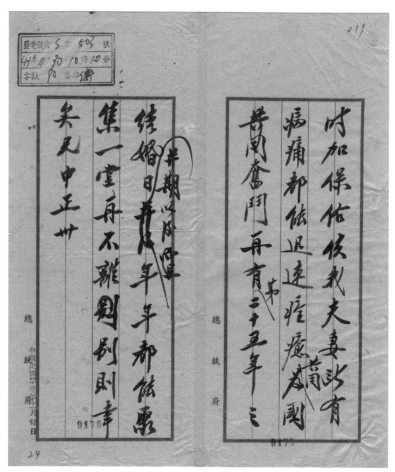

1952 年 11 月 30 日蔣中正
致宋美齡電
保佑我夫妻病痛都能迅速
痊癒共同為國奮鬥再有第
二十五年結婚日並期以年年
能聚集一堂再不離別
（國史館）

這是蔣宋二十五周年結婚日時蔣的期望，所求的一是遠離病痛，一是再不離別，後者由於遷臺後擁有相對安定的生活，可以說大致如願，在第柒章故國與寶島中可以看到他們儷影雙雙。但遠離病痛這一點卻未能如願，只是兩人疾病相扶持，彼此更添互憐互愛之情，就如蔣所言：「憂慮之時，相愛乃益篤也。」透過蔣的日記，可以發現在疾病中更見兩人的真情。

1962 年 5 月 2 日

下午夫人約（中、西）醫生及家眷晚餐表示謝意，惟夫人自身疲乏異常，皮膚病加劇，當余入院之夜，以其心神警惶不安，乃在室中顛跌撲倒，可知其憂愁之內心如何，在余病後，彼自感其此次余病將使其壽命縮短幾年也。

1962 年 7 月 6 日

昨晚餐後夫人陪同入醫院，本晨五時起床，默禱讀經如常，特記事。本日作第二次檢查，必須再用手術，此次「乃斯別鐵」專家診療，當比上次美軍醫為妥當無危險，余對家事毫無掛慮，亦無所囑，惟望經、緯二兒與諸孫皆能孝事其祖母，不使其有所憂傷。汝母對余以犧牲其一生而輔助我革命報國，以盡其畢生之志，而其精誠剛嚴，慈愛明慧，除吾母以外未有可比者，至其愛國愛家，濟世救貧，自結婚至今卅五年間，歷次冒險犯難，出生入死，衛護余身，挽救余命者，並非如眾所周知之西安一次也，余實無以為報，惟望經兒對母至孝，一以母意是從則慰矣。

1964 年 1 月 4 日上星期反省錄

夫人膽石病已願用手術，今已決定二十日實施，此乃家中要事也。

1964 年 1 月 21 日

九時夫人入手術室開始手術，十時半完畢時，余入手術室，彼尚無知覺，全身麻醉甚濃，面色蒼灰不堪，如無生氣者，悲哀之意不禁含淚黯然，乃接其病床至病室，面色漸復，但知覺仍無，摸手親嘴亦不能使之感應，直至十五時後，方有咳嗽呼痛，從此漸有知覺矣。余乃與經兒、令偉安心午餐，午睡一小時頗佳，起床，在病人床側摸手撫慰，使之安心也。

5. 信仰靈修的伴侶

Spiritual Partners in Faith

蔣中正接受基督信仰，受到宋母倪桂珍的影響甚大，但更重要的是夫妻共同長久的堅持。如果說信仰是蔣獲得奮鬥力量的泉源，「益信上帝賦予吾人之使命，無論時間與空間早已為吾人準備一切，只須吾人依照上帝之意旨順從力行而已。」那麼宋美齡「每天清晨六時半，我們一同祈禱，一同讀經與討論；每晚臨睡前，我們也一同祈禱。」就是最深情的守護、最忠誠的信仰靈修伴侶。在他們的婚姻中處處可見不僅僅是夫妻之愛，知己之愛，家國之愛，也充滿了耶穌基督「信、望、愛」的大愛。

Chiang Kai-shek's conversion to the Christian faith was influenced by Madame Soong Ni Guizhen and, more importantly, the couple's own determination. If one were to say that spiritual faith was the wellspring from which Chiang drew the strength to fight (he believed God had granted him a "mission" to be fulfilled "at a time and a place prepared" by God, and his duty "as a mortal was simply to obey according to His will"), then Soong Mayling guarded this with deep affection: "Daily, at 6:30 in the morning, we pray together, read the Bible together, and discuss; every evening before bedtime we pray together."Soong was his loyal spiritual companion. Their marriage demonstrated not only the love between couples, the love between friends, and the love for their country, but also was filled with the great love of Christ.

　　回憶我若干年來的結婚生活，我與宗教發生關係，可分三個階段：第一個階段，我極度的熱心與愛國，也就是渴欲替國家做些事情。我的機會很好，我與丈夫合作，就不難對國家有所貢獻了。我雖有這樣的抱負，但祇賴自我，我實在還缺少一種精神上的定力。

　　接著是第二階段。我在上面已說過的種種憂患，使我失望悲觀，頹喪消極了起來。到慈親去世，真覺得眼前一團漆黑。北方有強敵的鐵蹄，南方有政治的裂痕，西北旱荒，長江水災，而最親愛的母親，又給上帝呼召了去。除了空虛，我還有些什麼呢？

　　我母親的宗教精神，給了蔣委員長很大的影響，我於是想到，我在精神方面，不能鼓勵我的丈夫，實在覺得萬分遺憾。委員長的太夫人是熱心的佛教徒，他的信仰基督教，完全由於我母的勸導。為了要使我們的婚約得她許可，委員長允許研究基督教義，並且誦習聖經。後來我發現他謹守前約，我母去世後，也絲毫不變初衷，但教義中，他起初很有一些不能瞭解的地方，讀時很覺沈悶。他每天誦習舊約，苦思冥索，自多困難，所以我在日常談話中，實有把難解之處，委婉示意的必要。

　　於是我方始明瞭，我祇要就丈夫的需要，儘力幫助他，就是為國家盡了最大的責任。我就把我所知的精神園地，引導丈夫進去。同時我因生活紛亂，陷於悲愁的深淵，也想找一自拔的途徑，於是不知不覺地重又回到了母親所信仰的上帝那裏。我知道宇宙間有一種力量，它的偉大，決不是人們所可企及的，那就是上帝的力量，母親鼓勵委員長精神生活的任務，既由我擔負了起來，我也日漸和上帝接近了。

　　由此而入第三階段。我所願做的一切，都出於上帝的意思，而不是自己的。人生實很簡單，是我們把它弄得如此紛亂而複雜。中國舊式繪畫，每幅祇有一個主要題材，譬如花卉畫軸，其中祇有一朵花是主體，其餘不過襯托輔助而已。複雜的人生也是如此。那末人生的那朵花是什麼呢？就我現在所覺悟的，那是上帝的意志。

　　但需要絕對的虔誠與忠信，方有明白上帝意志的可能。如今政治生活中充滿著虛偽、策略和外交手腕，可是我深信這些並不是政治家的最有力武器，他們最有力的武器，祇有忠誠和正直。

宋美齡，〈我的宗教觀〉

1930 年 11 月 1 日

完人的模範一書，譯筆甚佳，余對耶穌一生之事業，尤為欽感。至其生前與死後之神話，則可勿論也。……本日陪孔姊拜謁母墓，又與妻商談營救經兒回國事，余以為不宜操切也。孔姊與吾妻對經兒之念念不忘，甚可感也。到妙高臺午餐，孔姊諸甥子良與妻團聚一室，談笑歡樂為近來所未有。

1935 年 3 月 8 日

在患難之中，心裡也十分快樂，因知患難生忍耐，忍耐生老練，老練生有望，有望不至於生羞恥，因為賜予我們的聖靈就是上帝的愛，澆灌在我的心裏。

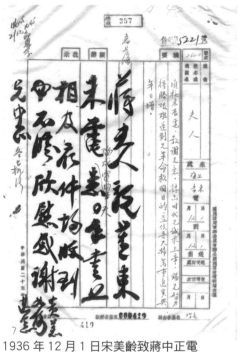
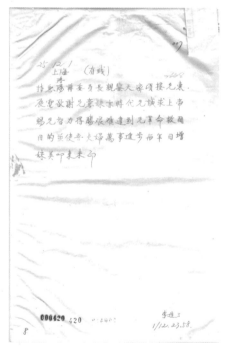

1936 年 12 月 1 日宋美齡致蔣中正電
時代誠求上帝賜予智力以達革命救國目的夫婦萬事進步與年日增
（國史館 002-040100-00005-007）

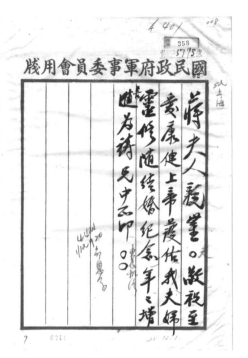

1935 年 12 月 1 日蔣中正致宋美齡電
祝康健並上帝護佑夫婦倆靈修年年增長
（國史館）

1936 年 12 月 1 日蔣中正致宋美齡電
敬祝健康上帝保佑彼此靈修年年增長
（國史館）

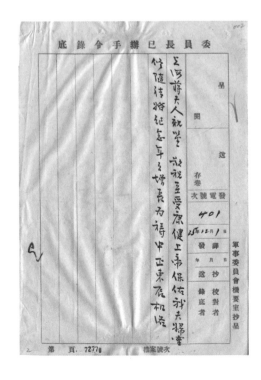

1938 年 8 月 12 日

本日照常辦公，上午十一時敵機六十架轟炸省府，余之住處共落大小炸彈百餘枚，四周各處皆被炸壞，而獨於我住處完整無恙，地下室雖被震動，然亦平安無事，死傷衛士廿餘人，人民四百餘，而獨得余夫妻免此奇災，豈非上帝保佑之力乎。晚移住中央銀行漢口分行。

1939 年 3 月 31 日蔣中正電孔令儀轉宋美齡誕辰不克親祝甚歉惟有禱告上帝保佑康健平安（國史館）

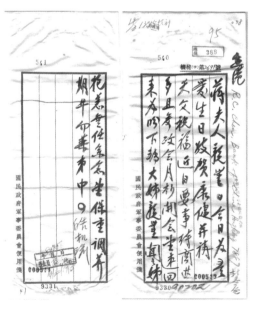

1940 年 3 月 19 日蔣中正致宋美齡電敬賀生日康健並禱天父祝福又近日甚多要事待商且參政會月杪開會盼速回（國史館）

《愛記》1940 年 12 月 16 日

曰：「余三年來，每晨禱告者：敬求我大慈大悲、救人救世、救苦救難、至高至大至靈的我主基督耶穌上帝，敬求我萬軍之主耶和華，但願我天父聖靈，時時刻刻，與我們同在！一、使我前方將士康健忠勇，減少他們苦痛，減少他們死傷！二、使我前方陣地穩固堅強，使我們戰事能日日進步，步步勝利！三、使我們全國人民樂利，使他們減少苦痛，減少死傷！四、使我們靈性高尚，使我們能時時接受我們慈悲天父恩典救法，接受我們慈悲天父常賜我們智慧能力！五、使我們不受羞恥！不愧為上帝子女，不失為基信徒！六、使我們能造成天國基礎，使我們能建立東亞永久和平基礎，使我們能建立世界人類和平幸福基礎！七、使得我們永永遠遠、世世代代紀念我們慈悲天父恩典，在我們南京小紅山（即梅林）基督凱歌堂！八、使得我們一切榮耀，得歸於我們慈悲天父！啊們！」又曰：「三年來，每晚禱告者：一、使我們國家能迅速轉危為安！二、使我們戰事能真正轉敗為勝！三、使我們人民能真正轉苦為樂，轉悲為喜！四、使我中國能真正和平統一，不再發生叛變，不再發生內亂！五、使我國一班軍閥、政客、叛逆，以及共黨、土匪、漢奸都能回心轉意，悔罪改過，遵照我們上帝意旨，服從我們中央命令，嚴守我們國家紀律，使得我們能共同一致，抵禦外侮，擊退倭寇，完成我們上帝所賦予我們的使命！啊們！」

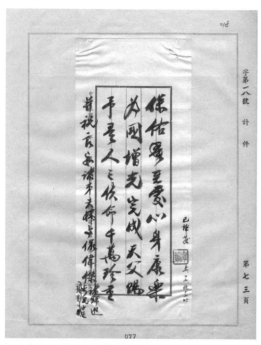

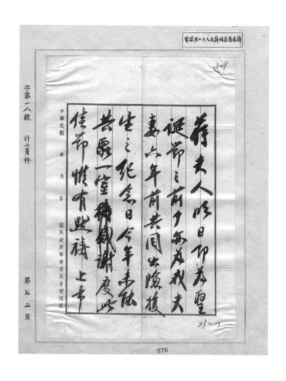

1942 年 12 月 23 日蔣中正致宋美齡電
明日為六年前共同出險復生紀念日默禱上帝保佑康樂
（國史館）

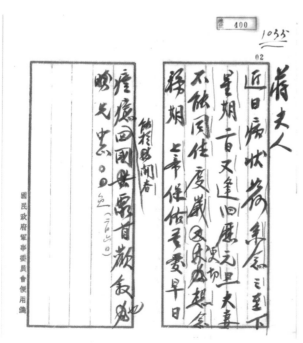

1944 年 2 月 6 日蔣中正致宋美齡電
舊曆元旦將至想念之切務期上帝保佑
早日痊癒能於開春回國聚首歡敘
（國史館）

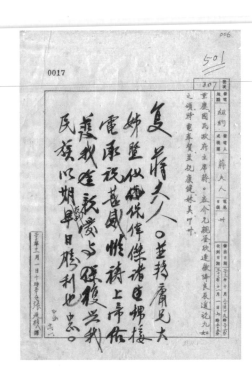

1944 年 10 月 30 日宋美齡致蔣中正電
恭賀壽辰並祝康健，蔣中正復電承諸親
友馳電祝壽甚感惟禱上帝復興民族以期
抗戰早日勝利（國史館）

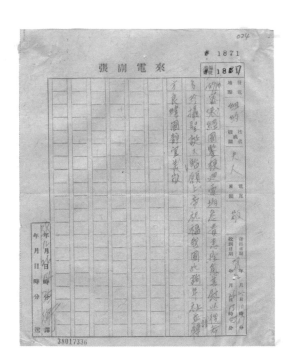

1949 年 12 月 25 日宋美齡致蔣經國電
甚慰病已痊癒以後希多珍重聖誕又臨願上帝
祝福中國（國史館）

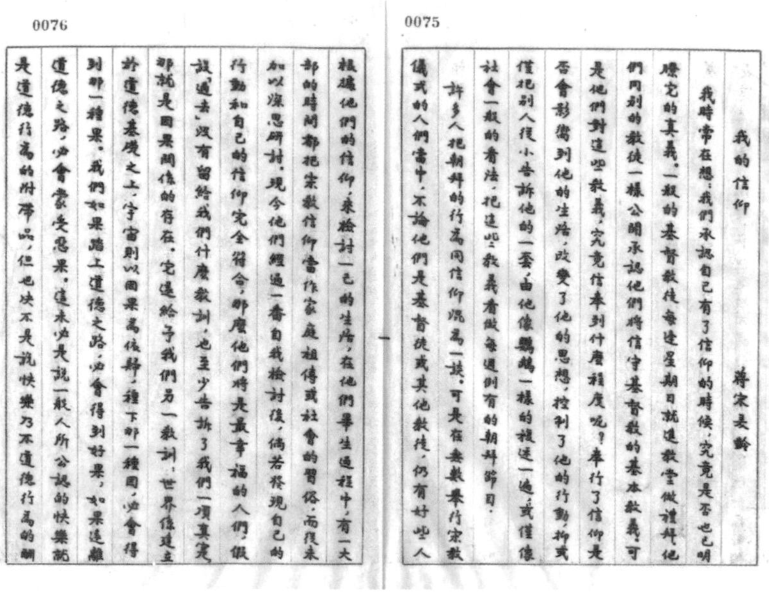
0076　0075

我的信仰　蔣宋美齡

我時常在想，我們承認自己有了信仰的時候，究竟是否也已明瞭它的真義。一般的基督教徒每逢星期日就進教堂做禮拜，他們同別的教徒一樣公開承認他們將信守基督教的基本教義，可是他們對這些教義，究竟信奉到什麼程度呢？奉行了信仰是否會影響到他的生活，改變了他的思想，控制了他的行動，抑或僅把別人從小告訴他的一套，由他像鸚鵡一樣的複述一遍，或僅像社會一般的看法，把這些教義看做每週例有的朝拜節目。

許多人把朝拜的行為同信仰混為一談，可是在無數奉行宗教儀式的人們當中，不論他們是基督徒或其他教徒，仍有好些人根據他們的信仰，來檢討一己的生活，在他們畢生過程中，有一大部的時間都把宗教信仰當作家庭祖傳或社會的習俗，而從未加以深思研討，現今他們經過一番自我檢討後，倘若發現自己的行動和自己的信仰完全符合，那麼他們將是最幸福的人們。假設過去沒有留給我們什麼教訓，也至少告訴了我們一項真實，那就是因果關係的存在。它還給予我們另一教訓，世界係建立於道德基礎之上，宇宙則以因果為依歸，種下那一種因，必會得到那一種果，我們如果踏上道德之路，必會得到好果，如果違離道德之路，必會蒙受惡果。這未必是說一般人所公認的快樂就是道德行為的附帶品，但也決不是說快樂乃不道德行為的酬

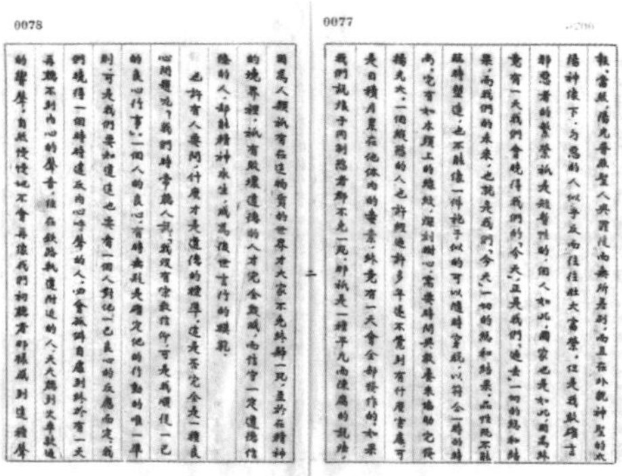

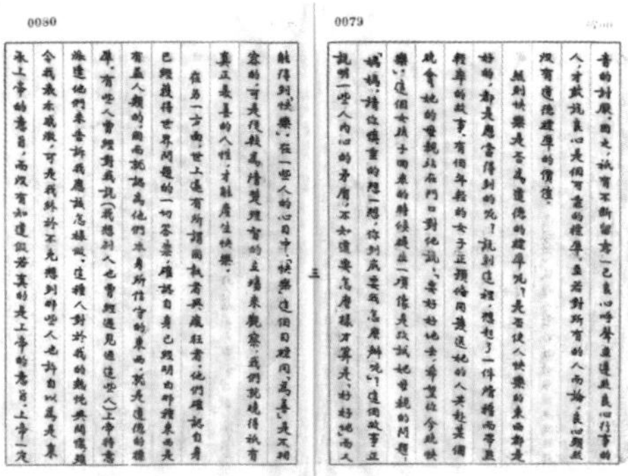

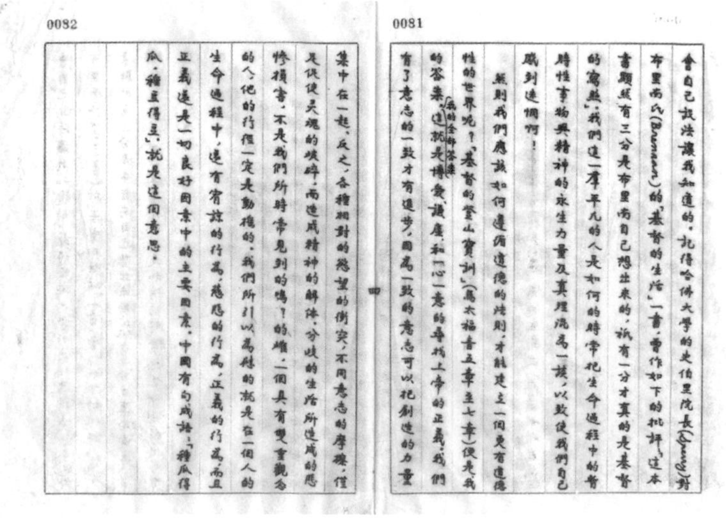
0082　0081

會自己說法讓我知道的。記得哈佛大學的史伯里院長(Sperry)對布里南氏(Brunner)的「基督的生活」一書，曾作如下的批評，「這本書題旨有三分是布里南自己想出來的，祇有一分才真的是基督的寫照。」我們這一羣平凡的人是如何的時常把生命過程中的暫時性事物與精神的永生力量及真理混為一談，以致使我們自己感到迷惘啊！

那麼我們應該如何遵循道德的法則，才能建立一個更有道德性的世界呢？「基督的登山寶訓」(馬太福音五章至七章)便是我的答案，這就是博愛、謙虛和「一心一意」的尋找上帝的正義，我們有了意志的一致才有進步，因為一致的意志可以把創造的力量集中在一起。反之，各種相對的慾望的衝突，不同意志的摩擦，僅足促使靈魂的破碎，而造成精神的解體，分歧的生活所造成的惡性損害，不是我們所時常見到的嗎？的確，一個具有雙重觀念的人，他的行徑一定是動搖的。我們所引以為榮的就是在一個人的生命過程中，還有寬諒的行為，慈悲的行為，正義的行為，而且正義還是一切良好因素中的主要因素。中國有句成語，「種瓜得瓜，種豆得豆」，就是這個意思。

1951 年宋美齡撰〈我的信仰〉
（國史館）

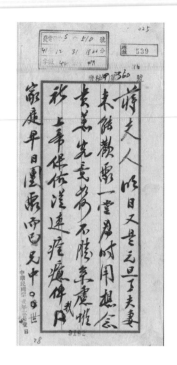

1952 年 12 月 31 日蔣中正致宋美齡電
元旦夫妻未能歡聚一堂時用想念另病情如
何不勝系慮惟祈上帝保佑從速痊癒俾家庭
早日團聚（國史館）

1946 年宋美齡伉儷避暑牯嶺時參加禮拜
（國史館）

1946 年 7 月 21 日

十一時到基督教堂禮拜，以九年未到廬山，此為抗戰勝利後重來牯嶺之第一星期日，
故特與夫人親到教堂，感謝聖父聖子與聖靈也。

1947 年 1 月 28 日

下午與妻巡視小紅山基督凱歌堂修理情形。

1947 年 2 月 23 日

下午視察小紅山修理基督堂後,與妻遊棲霞山一匝。

1947 年 10 月 11 日

昨晡特到小紅山基督凱歌堂巡視,修建工作已完成十分之九,惟尚未能正式成立供奉基督為憾,仰天默禱後回寓,晚課。

1947 年 10 月 31 日

但願明年今日能在五嶽嶽巔與廬山大漢陽峯,建立鐵十字架剿匪完成全國統一之紀念碑,以歸榮於我救主基督耶穌也。

1948 年 8 月 1 日南京蔣中正為小紅山基督凱歌堂揭幕（國史館）

1948 年 7 月 18 日

本日十一時在小紅山基督凱歌堂舉行開幕預備典禮。十一年來之誓願竟得實行以償，不負此誓，上對天父，下對內心，略以自慰。參加者經兒、文孫以及親友數人。因待妻病痊癒來京再正式開幕也。

1948 年 7 月 27 日

本日心神愉懌，甚覺天父已接受我懇求，以自覺問心無虧，時時以上帝之命是從，故神明泰然，無憂無懼耳。

1948 年 8 月 1 日

本日南京小紅山第一基督凱歌堂正式舉行開幕典禮，以此堂永遠奉獻於我慈悲天父，以償我十一年來之宿願，使我抗戰勝利之光榮得歸於我慈悲之天父，寸衷自慰之程度實為平生所未有。深信天父必已鑒察我心，使我革命剿匪定能轉敗為勝，中華民國必可由此轉危為安也。

1948 年 8 月 1 日宋美齡伉儷遊小紅山基督凱歌堂（國史館）

1948 年 8 月 1 日宋美齡伉儷遊南京凱歌堂（國史館）

1950 年 2 月 17 日　舊歷己丑年（1949）

實為余平生最大災禍之一年，竟得賴上帝護佑賤軀，安然度過此大難，更覺快慰自得也。感謝慈悲天父、基督耶穌聖靈恩澤無涯也。故自本日元旦起，即奉此身為上帝所有之身，一以上帝之意旨是從，不問生死成敗，禍福安危，皆非我所計及矣。

1950 年 3 月 1 日

靜默禱告至五時方畢，再睡。七時復起，繼續朝課，與妻跪禱。自今日復位起，誓以一切奉獻於上帝，此身非為自我所有矣，惟上帝垂察之。

1950 年 4 月 9 日

本日為耶穌復活節。六時起床，夫妻共同祈禱，使我民族、國家、政府、人民皆能重生維新也。

1950 年 12 月 24 日

本日為蔣林禮拜堂落成開堂第一天，故趕回禮拜，吃聖餐。陳維屏牧師對聖餐其意義與遺規講解甚詳，不如在南京基督凱歌堂吃聖餐，其主持者之無法則，使布雷等見之甚為惶惑也。

1951 年 7 月 7 日宋美齡茶會款待臺灣區基督教會議代表（國史館）

1951 年 7 月 11 日宋美齡參加祈禱會留影（國史館）

1953 年 4 月 12 日宋美齡伉儷接見基督教
牧師柏特等（國史館）

1954 年 4 月 17 日

昨為耶穌受難節。朝課後記事，獨在海濱散步回，批閱公文。證道文英譯稿交妻修
改，但妻昨夜為病為累，幾乎終夜未能安眠，余勸其不必詳改，只修飾文字可也，
惟其仍欲詳改，至十六時方完，恐其病將加深矣。今日禁食至未刻方進食，妻亦如
此。午課後批閱畢，約見于斌主教，相談一小時餘，彼對宗教與孔學皆有心得，惟
其政治活動太劇，故教廷對之不快為憾。

1956 年 8 月 11 日宋美齡伉儷茶會招待美國
基督教箴言報總編輯波林夫婦（國史館）

1955 年 12 月 21 日宋美齡於中華婦女反共聯合會與祈禱會人員合影（國史館）

1956 年 8 月 18 日宋美齡接見世界基督教會主席（國史館）

1957 年 11 月 17 日宋美齡伉儷與基督教衛理公會會督卡森夫婦（國史館）

1958 年 1 月 1 日（元旦）

民國四十七年開始的一天，我已進入了七十一歲。新的歲首，我的事業、我的歷史只依照預定的方針前進，自信不必再作研究亦不必再有顧慮，成敗利鈍一聽於天而已，惟有我的生命、我的生活即我整個人生，應作新的檢討和新的決定，總要研究其究竟的歸宿和終極的目標，我認為過去的人生雖受了洗禮信仰了基督，但我內心仍是空虛而沒有充實的東西，這樣過去就將要虛度一生而成為毫無意義的人生，能不悔悟。自今日起應依照這個信仰追求真理，充實我內心的空虛，求得新的生活、新的生命，完成我新的人生，厥不辜負天地父母生了我這樣一個人——瑞元。

1961 年 4 月 2 日

五時半起床，朝課後，手擬復活節證道稿，自七時至十時完成，頗感如意。十一時在蔣林堂證道，妻亦以英語證道也。

1961 年 1 月 4 日宋美齡與祈禱會教友合影（國史館）

來電副張

台北總統府。寄經國覽未感電悉因一路未能
耳正休息機會故甚感之力此次來美如能對國家
精忠以報為汝父能稍分憂勞乃皆上帝意旨所賜
望兒在側侍父親時能隨時請其為國節勞至盼至
盼母三十一日
謹註：未感去電一欣知大人平安抵美且受
副美國朝野熱烈歡迎無任欣慰父親
己去日月潭休息家中一切平安希勿
遠念

1965 年 8 月 31 日宋美齡致蔣經國電
此次來美如能對國家盡忠以報為汝父
蔣中正能稍分憂勞乃皆上帝意旨
（國史館）

1971 年 9 月 20 日宋美齡於梨山耶穌堂落成參加禮拜（國史館）

1976 年 12 月 30 日宋美齡致蔣經國電
冀來年三陽開泰國事瑞和願上帝佑我中華
（國史館）

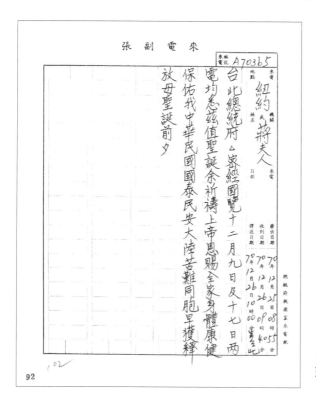

1981 年 12 月 26 日宋美齡致蔣經國電
茲值聖誕祈禱上帝恩賜（國史館）

伍、夫妻同心　前途遠大也
Unity in Marriage Provides a Glorious Future

　　蔣宋的婚姻，就像中國現代歷史的縮影。從 1927 年結縭以來，走過了聚少離多的軍旅生涯，間關赴難的危急時刻，浴火再生的重慶歲月，悲歡離合的內戰期間。就如蔣所感慨：「嗚呼！愛國之切，愛夫之篤，吾妻誠不愧女中英豪矣！」「吾妻謀國之忠，愛國之切，刺激之烈，幾難名狀！國有良妻，人心猶在，復興必成也。」1949 年中華民國退出中國大陸，政府遷臺，1950 年 1 月 13 日宋美齡自美國返國，用行動支持蔣中正「反共復國」的決心，在世人看來，這時的中華民國退守孤島，風雨飄搖；對蔣中正而言，這更是他在人生的谷底；但宋美齡依舊能維持著堅定的信念與積極的態度，夫妻倆的精誠互助更加堅定，「夫人為前方士兵生活寒冷與苦痛之呼籲禱告，其迫切情緒，幾乎甚於自我。上帝有靈，必能鑒察吾人之苦衷，援助國軍勝利，解脫我官兵之苦楚也。」蔣曾言：「夫妻同心，前途遠大也」。夫妻同心，對蔣而言自然是離亂中最大的安定力量。對宋美齡而言，則是對自己選擇的忠實堅持。結婚初期宋美齡在給摯友信中的呼喚：「這些年來我一直是宋美齡，我相信我代表了什麼，我想繼續發展我的個性，保持我的個性特徵。」終其一生，宋美齡保持了個人的特色，堅持了護持丈夫的責任，從個人，到家庭，到國家，她在時代的洪爐中完成了生命的蛻變。

The marriage of Chiang and Soong resembles a microcosm of modern Chinese history. Since tying the knot in 1927, the couple experienced the rare reunions of a military life, critical moments of grave danger, and the flames and sorrows of war. Chiang has chronicled his deep appreciation of Soong's contribution, both to himself and to the nation. Her "patriotic devotion to the country," and "steadfast loyalty to her husband" "does justice to her being a hero among women." Also, "the country having a great wife [First Lady] settles people's hearts; surely national restoration will take place, "Chiang reflected.

After the Republic of China retreated from mainland China in 1949 and the government relocated to Taiwan, Soong Mayling returned to Taiwan from the U. S. on January 13th, 1950, showing support for Chiang Kai-shek's resolve to "crush the Communists and restore the nation." In the eyes of the world, the Republic of China had retreated to a lonely island and faced the battering of wind and rain: from Chiang Kai-shek's perspective, he had dropped to the bottom of the valley. But Soong Mayling maintained her resolve and optimistic attitude, strengthening the mutual support between husband and wife. "Madame prayed fervently for the troops on the frontlines who were enduring the cold and suffering; her earnestness [in her supplication] was almost greater than when she prayed for herself. God is Spirit and surely sees our suffering; may He assist in the National Revolutionary Army's victory and relieve the soldiers' hardship." Chiang said: "When husband and wife are of one mind, the future is gloriously expansive." Of one heart and mind provided Chiang a stabilizing force during this time of chaos; as for Soong Mayling, this was a faithful commitment to her choice. At the beginning of her marriage, she had cried out to her confidante: "I have been Mayling Soong all these years, and I believe I stand for something, and I intend to continue to develop my individuality, and to keep my identity." Throughout her life, Soong Mayling has learned to preserve her individuality while upholding her duty to her husband, completing her development as an individual who cared for her family and country.

1. 吾妻內助之力實居其半也

Half of the Achievements Attributed to my Wife's Assistance

1930 年蔣日記中曾記：「子文不肯籌發軍費，內子苦求不允，乃指子文曰：如你果不發，則先將我房產積蓄盡交你變賣以充軍費。若軍費無著，戰事失敗，吾深知中正必殉難前方，決不肯愧立人世，負其素志。如此則我如不盡節同死，有何氣節？故寧先變賣私產以充軍餉，以冀勝利云。子文聞之心動，乃即發款也。」這是宋美齡強行介入蔣中正國家大事的第一遭，從此以後宋美齡用盡個人、家族、宗教團隊的力量協助蔣中正，「吾妻內助之力，實居其半也」，實在是蔣中正發自內心的感觸，絕非一句溢美之言。

An entry from Chiang Kai-shek's diary from 1930 reads: "Tse-Ven [T. V. Soong] was unwilling to allocate military funds, even after wife's entreaty. So she said, If you don't allocate the funds, you may sell all my real estate savings to pay for the military expenses. If the war effort fails due to lack of funds, I know that Chiang Kai-shek will prefer to die a martyr at the front lines rather than live without honor…" Since Soong would rather die with him, T. V. subsequently allocated the funds. This is an example of Soong Mayling's forceful intervention in national affairs. From then on, she would exhaust her individual, family, and faith networks to assist Chiang Kai-shek. "Half of the achievements should be attributed to my wife's inside help" was Chiang Kai-shek's heartfelt sentiment, and he was not speaking in hyperbole.

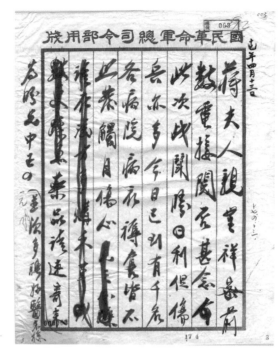

（左）1928 年 4 月 6 日蔣中正電宋美齡補充前方傷兵藥材並派員直接專解以免流弊（國史館）
（右）1928 年 4 月 13 日蔣中正電宋美齡雖戰勝但傷兵亦多請速寄藥品來（國史館）

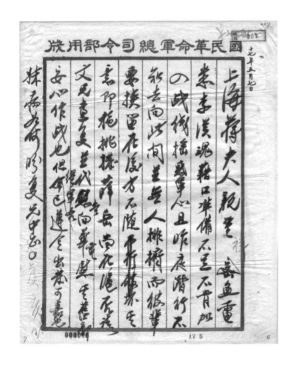

1928 年 5 月 7 日蔣中正電宋美齡昨夜
李漢魂潛行不知去向且其藉口準備不足
不肯加入戰線又薛岳尚在滬否請宋子文
查復等（國史館）

1928 年 4 月 21 日

子文不別而行，余致電三妹。

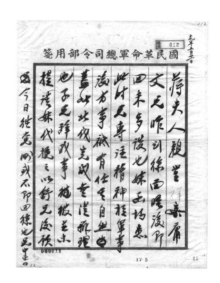

1928 年 5 月（應為 4 月）21 日蔣中正電宋美齡
請代挽留宋子文以舒後顧函（國史館）

1928 年 5 月 22 日

三妹有病，余亦精神不佳，故終日昏悶辦公。

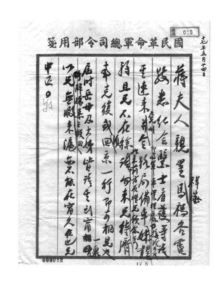

1928 年 5 月 24 日蔣中正電宋美齡請紅十字會
醫士看護等速來兗州（國史館）

1928 年 3 月 28 日

昨夜未得安睡，今晨電催子文解款，允照數明日解足，心始得安。

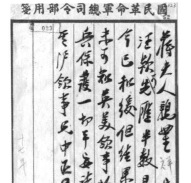

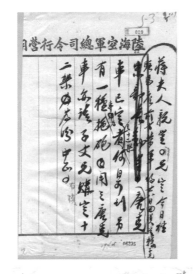

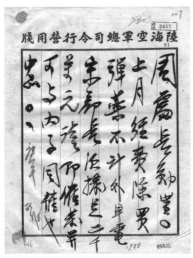

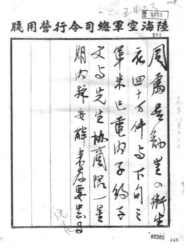

1	2
3	4

（1）1928 年 10 月 4 日蔣中正電宋美齡
　　有關汪款可先匯半數又英美領事均由中方派兵保護一切平安請轉告其滬領事（國史館）
（2）1930 年 4 月 5 日蔣中正電宋美齡請宋子文購定拖砲用之唐克車（國史館）
（3）1930 年 8 月 8 日蔣中正電令周駿彥上月經費可與宋美齡同催宋子文撥足二千萬元（國史館）
（4）1930 年 8 月 16 日蔣中正電周駿彥告軍品情況函（國史館）

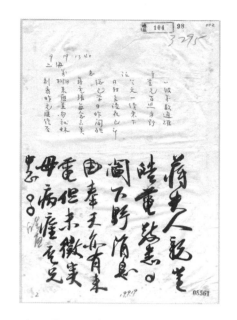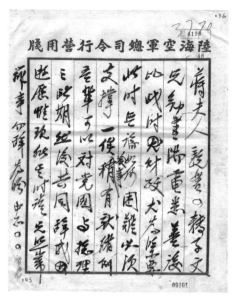

（左）1930 年 9 月 19 日宋美齡電告蔣中正已陸續匯款張學良（國史館）
（右）1930 年 10 月 8 日蔣中正電宋美齡轉宋子文以國事為重暫勿請辭（國史館）

1929 年 12 月 1 日

今日為我倆二周結婚紀念日也。軍人只知勝字，而敗字非革命軍人所應識也。……
結婚二年，北伐完成，西北叛將潰退潼關，吾妻內助之力，實居其半也。

婚後的宋美齡雖然仍不脫嬌弱之身，驕矜之氣，但她努力的適應蔣中正軍馬倥傯的生活
方式，也開始投入蔣中正的建國大業，從家事到國事，都給予蔣精神上的支持與實質上
多方的協助，在外交上更是發揮無形之功效。

1946 年 5 月 18 日上星期反省錄

辦事組織、軍務改革皆已積極實施，自信今後政治之進步必能收效，而外交上無形
之功效，夫人之工作努力奮鬥莫能及也。

2. 宋美齡旋風
The Whirlwind

1943 年初，宋美齡受邀訪問白宮，2 月 18 日，在美國國會發表演說，是第一位在美國國會發表演說的中國人。她以鏗鏘的語調、堅定的態度、豐富的感情、清晰的條理，告訴美國人中國為何而戰，告訴美國人中國永不放棄。美國國會為之轟動，全體起立鼓掌者再。隨後，宋又到美國各地發表演說，所到之處，人們鼓掌歡呼，慷慨捐款，支援中國抗日戰爭，總計超過 25 萬人聽過她演說，蔣自記：「妻在美國七月之久，其於我國之地位與中美之邦交實有不可想像之收穫也。」「宋美齡旋風」不只是宋個人的風采，更是中國走入同盟作戰的見證。

In 1943, Soong Mayling was invited to visit the White House, becoming the first Chinese person to address the U. S. Congress when she delivered a speech on February 18th. In confident, assured tones she explained clearly and persuasively to the American public why China was at war and why China won't give up. Her speech stirred listeners to respond with a standing ovation. Afterwards, Soong delivered speeches across the U. S. People welcomed her everywhere she went and generously donated funds to support China's War of Resistance against Japan. An estimate of over a quarter of a million people listened to her speak.

Chiang records in his diary that during Soong's stay in the U. S., China's status, as well as Sino-American diplomatic relations, gained an "inconceivable harvest." The "Soong Mayling Whirlwind" was not confined to Soong's individual success, but was also a testament to China joining the Allied cause.

1942 年 10 月 2 日

美總統代表之衛爾基氏未刻到重慶，沿途民眾歡迎者萬人空巷，幾達全市人民之半數三十萬人，衛氏見此熱忱，甚感於中國人民對美國之熱忱，不僅出於特殊，而且皆出自然，此其到渝第一之感想也。

1942 年 10 月 3 日

晚宴會衛爾基氏，彼答歡迎詞中對中國及余個人推重倍至，是其對中國親善政策之象徵，如美國真正之政治家，其必以中國合作為第一也。

也就在威爾基這一次的訪華行程中攜來了羅斯福邀請宋美齡訪美的函件。這絕不是羅斯福的飛來之筆，一方面由於此時中美並肩作戰，羅斯福有意提高中國的國際地位，但最重要的是蔣夫人宋美齡此時確實是最能代表蔣中正，也最能代表中華民國的第一夫人。

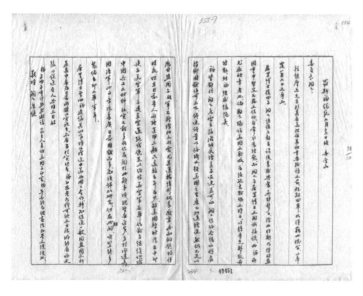

1942 年 10 月羅斯福函蔣中正
並邀宋美齡訪美（國史館）

1942 年 10 月 27 日

妻體弱時病，未能發現病因，甚憂。

1942 年 10 月 29 日

妻體弱神衰，其胃恐有癌，其可慮也，夜仍不能安眠。

1942 年 11 月 2 日

為妻將赴美，此心甚抑鬱，不知此生尚能有幾年同住耶，惟默禱上帝保佑而已。

《愛記》1941 年 11 月 16 日

吾妻病瘧，又牙痛，昨夜見其幾不能安眠，蓋吾妻神經靈敏異常，故感覺痛苦，亦較常人為激，殊可憐憫。

1942 年 11 月 17 日

下午與妻到聽江亭廊前談對美總統談話要領十項後，回寓。夫妻依依甚矣，明晨出發，將別為憂也，……十時後與妻及大姊禱告，敬祝妻一路平安，達成使命也。

1942 年總反省錄

〔十一月〕是月實為世界戰爭成敗之樞紐，吾妻乃於十八日出國飛美，準備一切矣。

羅斯福總統的善意邀約，中美並肩作戰中的各種問題，宋美齡的病體需要赴美醫療，促成了宋美齡此次的訪美之行，蔣中正此時的禱願，應當只是祝福宋美齡醫療有效，也希望能為中國爭取一些同盟作戰中的支援，但並沒有料到此行將帶來的「宋美齡旋風」。

1942 年 11 月 18 日

五時醒後不能安眠，默禱妻行平安成功，六時半起床，朝課如常，九時送妻至九龍鋪機場同上機，送其到新津大機場換大機。在招待室休息一小時，十二時送妻登機入內，視察大型機之內容殊堪駭異，其重大足抵火車二節之量也，別時妻不認〔忍〕正目仰視，別後黯然消魂，更感悲戚，並願上帝賜予生育子女，默禱，以補余妻平生之不足也。

1942 年 11 月 19 日

「平時不覺夫妻熱，相別方知愛情長」，別後更悟吾妻愛夫之篤，世無其比也。

1942 年 11 月 22 日

妻起飛已五日，尚無電告，甚念，但無惡消息，乃知其必無恙也。

1942 年 12 月 1 日

本日為余夫婦結婚十五週年紀念日，晨起先謝上帝保佑與扶掖成全之恩德，接妻祝電。……晚約動員會議常委等洽商改組會議內容後，往孔宅大姊處舉葡萄酒恭祝余妻康健後，回寓記事。

1942年11月反省錄

妻到美後，羅總統派其心腹霍浦金斯接待，並派其妻翌日特到醫院訪問，慇懃倍至，甚望其不虛此行，而祝其成功也。

1942年12月3日

接妻儉電，知其與羅斯福夫人相見頗洽，並以美國準備新換之大使「愛華德富林」介紹與徵求意見也。

1942年12月6日

接妻兩電頗慰。

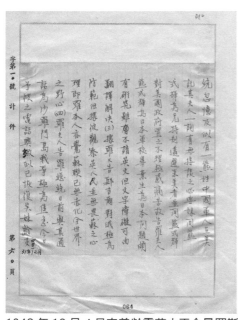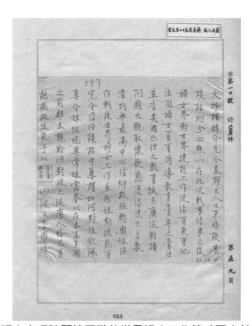

1942年12月4日宋美齡電蔣中正今晨羅斯福夫人晤談願協同戰後世界婦女工作等（國史館）

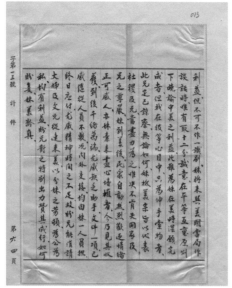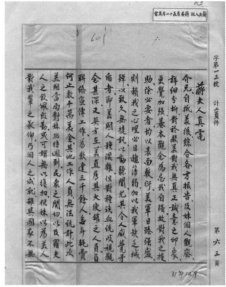

1942 年 12 月 4 日宋美齡電蔣中正到美後甚缺助手盼催請宋藹齡宋子文來美國（國史館）

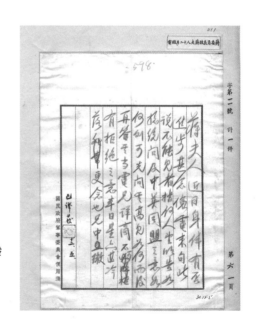

1942 年 12 月 5 日蔣中正電宋美齡
如羅斯福總統問及中英同盟之意則
先問其見再答當電兄詳商
（國史館）

在大部分介紹宋美齡訪美旋風的文章中，多半談的是宋在美的表現，很少談到蔣中正在其中的角色，翻閱這段時間的蔣日記和蔣檔中往來函電，充滿了蔣對宋的思念與擔憂，對宋每一次談話與演講的指點與讚揚，在本節中希望透過這些文字和文件，配合宋在美風光亮麗的照片，讓讀者更了解蔣宋對此行的付出。

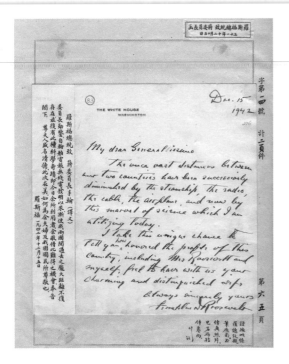

1942 年 12 月 15 日羅斯福函蔣中正謂宋美齡
盛名清德在美為美國國民所尊敬
（國史館）

1942 年 12 月 24 日宋美齡電蔣中正昨與霍浦金
斯泛談非洲戰事及蘇俄戰後期望
（國史館）

1943 年 1 月 2 日

中午與兩兒在青天白日下野餐，風日清和，怡然自得，不覺天倫樂事之融融，未知此生尚有幾回能享受此天賜之幸福，惜妻不能同聚為樂，不無遺念。

1943 年 1 月 7 日

接妻三電，乃知邱吉爾將於近期內赴美由於羅總統電召其將為介紹余妻，聯繫中英感情，或即商談太平洋與東亞戰後問題乎，應切實研究應對方案。

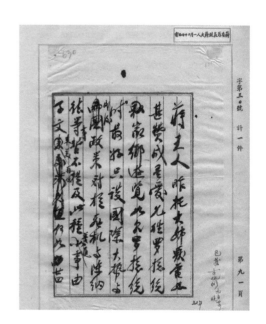

1943 年 1 月 24 日蔣中正電宋美齡
贊成前往羅斯福家鄉遊覽
（國史館）

1943 年 2 月 4 日

以今日為舊曆除夕，孤身獨影，蕭條寂寞極矣，擬臨時約子文、辭修來會，皆有事外出，惟約蔚文來共餐，解寂也。

1943 年 2 月 5 日

接兩兒電，知其念余孤獨無親之苦，而不知余真是孤單度歲耳，嘗憶廿一歲，余首次在保定軍校而未能假歸度年，家中惟母妻二人，未見其孤子在家，乃號泣悲傷乃至不忍食年夜飯，想見當時先慈念兒之情景，更不忍為懷矣。

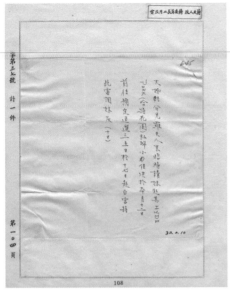

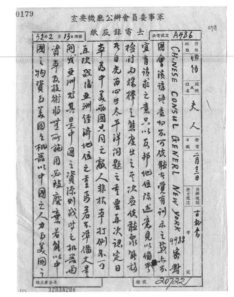

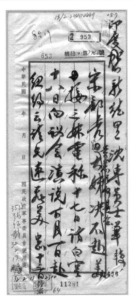

1	2
3	

（1）1943 年 2 月 10 日宋美齡電蔣中正決赴海德公園羅斯福私邸小住數日 17 日赴白宮（國史館）

（2）1943 年 2 月 12 日蔣中正電宋美齡
　　囑在美國會演講應表達謝意與兩國久遠關係並望長期合作（國史館）

（3）蔣中正電宋子文謂宋藹齡決不赴美又宋美齡電稱 17 日訪白宮 18 日向議會演說
　　3 月 1 日赴紐約請兄速飛美（國史館）

1943 年 2 月 13 日蔣中正電董顯光準備實業計畫
於宋美齡在議會演講時送議員
（國史館）

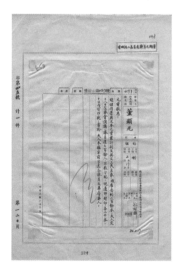

1943 年 2 月 17 日董顯光電蔣中正趕印實業計畫
等在宋美齡未離京前送議員及華府要人
（國史館）

董顯光當時擔任宣傳部副部長，負責營造當時國民政府的國際形象，此次陪同宋美齡赴美，對於安排各種行程的配套工作、爭取西方媒體的注意力功不可沒。

1943 年 2 月 12 日

注意：一、妻受美國兩院歡迎，前往演說，其大意應引導美民注重太平洋政治與經濟。

1943 年 2 月 13 日

本日批閱情報，與指示妻在美國演說注重各點，聯發四電或有補益。

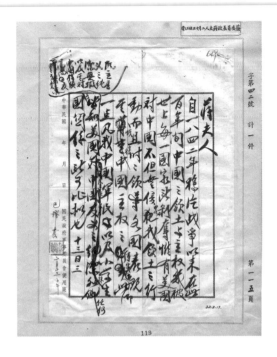

1943 年 2 月 13 日蔣中正電宋美齡
凡中國軍民皆知美國民主主義純潔無瑕及深固友誼
（國史館）

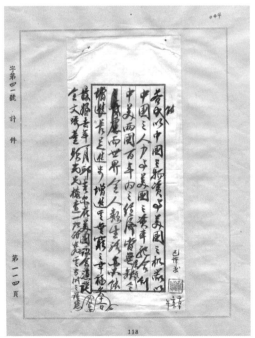

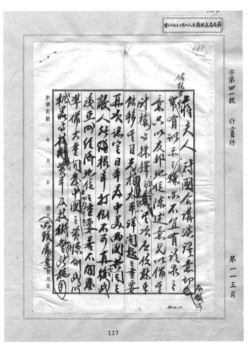

1943 年 2 月 13 日蔣中正電宋美齡對國會講演語意只以友邦地位陳述意見以備其檢討（國史館）

佳美的腳蹤 —— 宋美齡與她的時代

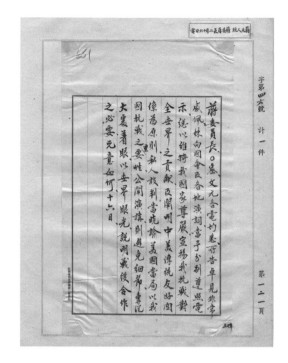

1943 年 2 月 16 日宋美齡電蔣中正
向美國國會及各地演詞當遵照電示以維國家尊嚴
（國史館）

1943 年 2 月 17 日宋美齡偕美國總統
羅斯福在座車內留影（國史館）

1943 年 2 月 18 日

夫人已於今日到華盛頓白宮，羅總統、夫人皆親到車站接待，表示優禮相待，殊覺不安。

1943 年 2 月 17 日宋美齡抵達美國白宮訪問接受隆重歡迎（國史館）

1943 年 2 月 17 日宋美齡偕羅斯福夫人在白宮草坪上合影（國史館）

1943 年 2 月 21 日

閱妻在白宮對新聞記者二百餘人談話，甚為得體，惟羅總統有上帝所能允許之事無不可辦之語，其言近於滑稽推托，未知其語意果否如此耳。觀美國宣傳羅明言以後不再在海上逐步進攻，浪費時間，必須利用中國為戰場，進攻日本本土，邱吉爾並明言九個月之計畫，由北非攻歐德，此英美皆使德倭在此九個月之內可專力解決中俄戰局。往昔美國以中國為點綴品與裝飾品，以扶助中國為名，延長租借案，使減少其人民反對英國取消租借法案之心理，而今又是明明以中國為犧牲品矣，其用心可痛，弱國不能自主之悲慘境地乃如此乎，但仍不能不忍也。

1943 年 2 月 18 日宋美齡應美國眾議院參議院邀請發表演說（國史館）

1943 年 2 月 18 日宋美齡在美國國會發表演說時眾
議院議長雷朋致介紹詞剪報
（國史館）

1943 年 2 月 18 日宋美齡與美國參議
院外交委員會主席康諾利握手留影剪報
（國史館）

1943 年 2 月 20 日蔣中正電宋美齡
議會演說全文甚妥對美國朝野當能發生大效
（國史館）

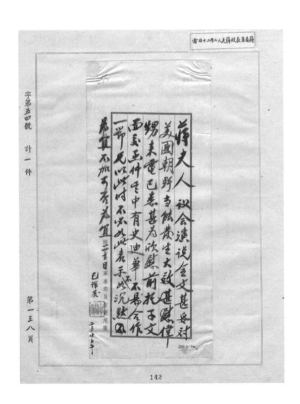

1943 年 2 月 20 日

今晨閱報見夫人在美國兩院講演甚為得體，國會聽眾之熱烈歡迎，亦為向來所未有，此為其十年來修養與培植之苦心，至今始得表現，聊慰平生之願望，甚盼美國對華從此能更進一步之認識也。

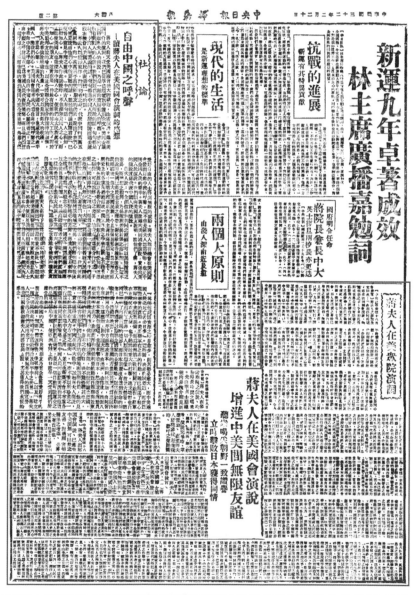

國內報紙以大半版篇幅對宋美齡訪美演說的報導（中央日報：1943 年 2 月 20 日第二版）

1943 年 2 月 21 日上星期反省錄

妻到華盛頓受白宮與美兩院盛情歡迎，其言動皆宜，此次成功程度如何不可，必然於將來之影響必大也。

1943 年 2 月 27 日

本日見報知羅斯福有病，此或是對中國要求有難色之故，或以子文行動為人所輕蔑之故，但余妻在華盛頓言語態度以中國要求美國補助物資，非為贈予而為本分之語意甚當，美國政府之政策始終以中國為可欺可侮，特以鄙賤視華，若不出以此種態度，決不能促其醒悟，即使其以此為怨恨，亦無損於我國之實際也。

蔣夫人宋美齡接受媒體訪問（國史館）

1943 年 2 月 28 日宋美齡抵達紐約市市民夾道歡迎車隊進入市區時留影（國史館）

1943 年 3 月 1 日宋美齡在紐
約市政廳演講
（國史館）

1943 年 3 月 1 日宋美齡訪美期間於紐約
唐人街訪問華僑學校（國史館）

1943 年 3 月 1 日宋美齡電蔣中正
晤羅斯福允年底交運輸機三十架
及戰後建設與國際警戒
（國史館）

1943 年 3 月 2 日宋美齡在紐約麥迪遜廣場演講稿（國史館）

1943 年 3 月 2 日

余妻昨日在紐約市政廳演講，幾至暈厥，其心身之疲乏與精神之憤悶，可想而知，此又余審事不周，任其單身前往苦鬥之過也，但深信其結果於國家前途必有良效也。

3月3日

昨日余妻在紐約麥迪遜廣場演說，受群眾最熱烈之歡迎，各州州長到者有九人之多也。

1943 年 3 月 2 日 *THINK* 雜誌紀載宋美齡在紐約麥迪遜廣場演講（國史館）

1	2
3	4

（1）1943 年 3 月 25 日宋美齡抵達舊金山訪問車經華埠群眾夾道歡迎之盛況（國史館）
（2）1943 年 3 月 29 日舊金山華僑舉辦盛大集會歡迎宋美齡來訪（國史館）
（3）1943 年 3 月 31 日宋美齡抵達洛杉磯訪問發表演說時之盛況（國史館）
（4）1943 年 4 月 4 日宋美齡在好萊塢演講報導中國人民忍受侵略者野蠻行動苦況共十頁（國史館）

1943 年 4 月 6 日

看吾妻在美國「好萊塢」演詞，實一篇動人而有力之文字，不禁為之神馳。

蔣中正對宋美齡訪美之行稱讚備致，但唯有對宋不願順道訪英，不願與邱吉爾商談一事頗有微詞，從蔣片段的日記中約略可見。

1943 年 1 月 7 日

接妻三電，乃知邱吉爾將於近期內赴美由於羅總統電召其將為介紹余妻，聯繫中英感情，或即商談太平洋與東亞戰後問題乎，應切實研究應對方案。

1943 年 2 月 26 日

英王與后正式令其駐美大使邀請余妻訪英，卻之不恭，在待甘地絕食滿期無礙或釋放時再作答覆也。

1943 年 4 月 1 日

艾登已由美國赴加拿大返英，而未與吾妻會晤。此乃由邱吉爾演說所造成之結果。吾妻既發表英駐美大使面邀其訪英，而以體力關係未能允諾其請之意，則明示拒絕，彼自不便再謀晤面請求。此乃吾妻感情與虛榮之感過甚所致，然邱既侮辱吾國至此，自無訪英之理。國際關係複雜，此事未必就此終結，其中或有變化，暫作靜觀待機可也。

1943 年 4 月 15 日

妻對紐約記者談話稱甘地思想褊狹與混沌一語，不僅為英人利用，而且吾人對印基本政策亦遭受不利之影響矣，應屬其慎重並催歸。

1943 年 5 月 14 日

昨晚宿黃山，心緒仍鬱結不能自釋，外交與軍事皆無人能瞭解余之意旨，代表者非自作主張即不知輕重，貽誤要務，更覺煩惱。

1943 年 5 月 16 日上星期反省錄

羅邱會談，必使余妻能共同參加，則精神與事實以及外交之形勢方不致失敗也。

1943 年 5 月 18 日

正午接妻電，不願與邱吉爾會晤，固執己見，而置政策於不顧，幸子文尚能識大體，遵命與英美抗爭也。

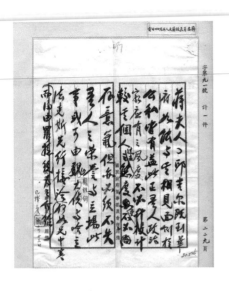

1943 年 5 月 14 日蔣中正電宋美齡
邱吉爾既到華府如能與其見面則於公私皆有益
（國史館）

1943 年 5 月 15 日蔣中正電宋美齡
終須設法與邱吉爾會面
（國史館）

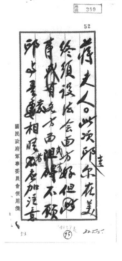

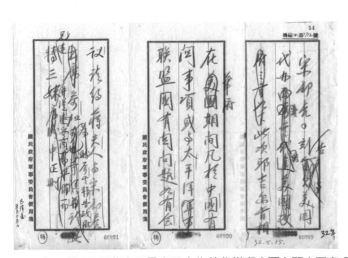

1943 年 5 月 15 日蔣中正電宋子文告美代辦邱吉爾有關中國事項會議約宋美齡等參加（國史館）

佳美的腳蹤——宋美齡與她的時代

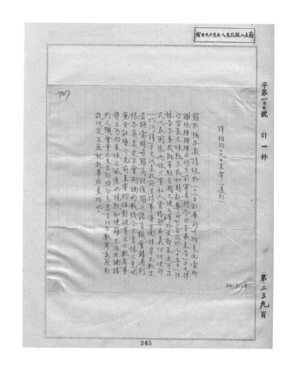

1943 年 5 月 19 日宋美齡電宋藹齡
告知不赴華府與邱吉爾見面意見
（國史館）

1943 年 5 月反省錄

華盛頓羅邱會談結果，對我中國戰區之將來作戰比前已有進步，以美國之民心與輿論漸與吾人之戰略主張接近，羅固不敢置之不理，而邱亦受相當之打擊。然市儈與流氓之德，自私失信為常事，是否能實踐此約，今年打通滇緬路，猶在不可知之列，惟余所恃者為道與理，不患真理不能實現，蓋人同此心，心同此理，美國民心所向，料其不能掩盡天下耳目耳，此乃余妻赴美最大之效用，比之任何租借案之獲得為有益也。

1943 年 6 月反省錄

妻在美國七月之久，其於我國之地位與中美之邦交實有不可想像之收穫也。

1943 年 6 月 15 日宋美齡訪問加拿大，總督安思隆、公主阿麗斯、總理金氏等在車站迎接（國史館）

1943 年 6 月 18 日

上午手擬致妻電稿三通後批閱公文，審閱妻在加拿大國會演詞，最為得體，無任欣慰。

1943 年 7 月 4 日

回寓探詢妻機究在何處，最後得報本日可到成都，午餐後乃即由九龍坡乘機飛新津，及到新津，乃知妻已在白市驛下機，安全到達矣。再乘原機回渝，適值經兒亦由桂乘機到站，同車回寓，而緯兒已往白市驛迎接其母矣。

1943 年 7 月 5 日

昨四日下午六時回寓，見妻已到寓，病臥榻上，頸部疼痛，不能搖動矣。孫孔二夫人與經緯兩兒皆聚集一室，甚覺難得，親戚辭去後，夫妻二人晤談別後經過，妻又報告留美經過要務，殊感欣慰。晚餐後再談，睡前靜坐禱告如常也。

1943 年 7 月 4 日宋美齡接見參加載譽歸國茶會外賓（國史館）

1943 年 7 月 4 日蔣中正、宋美齡、宋靄齡於載譽歸國茶會上合影（國史館）

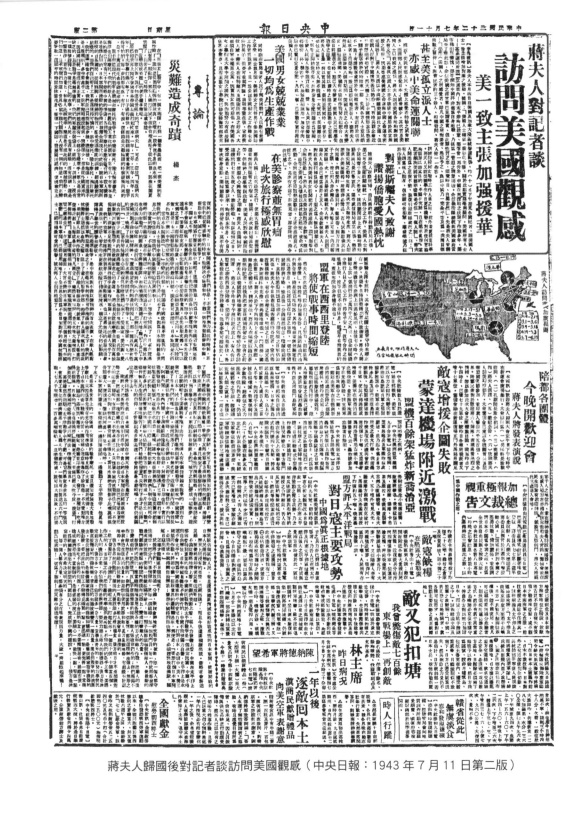

蔣夫人歸國後對記者談訪問美國觀感（中央日報：1943年7月11日第二版）

1943 年 7 月 11 日上星期反省錄

本週夫人平安回國，結果勝利，其病體歸來第三日幾乎痊癒無恙，夫妻精神瘳治非任何藥石所能比較也，余之心神亦較安樂，尤以母子情緒較前更有進步為樂也。

1943 年 7 月 6 日宋美齡電羅斯福夫人
已安抵重慶並盼能有第二次晤面機會
（國史館）

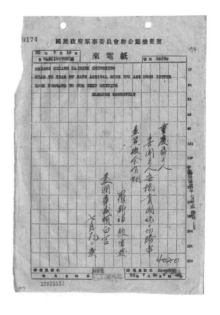

1943 年 7 月 19 日羅斯福電宋美齡
喜聞安抵重慶並希後會有期
（國史館）

1943 年 7 月 7 日

卜午到軍委會接受美國勳章茶會,與妻攝影。

1943 年 7 月 7 日蔣中正接受美國總統
羅斯福贈勳後與夫人宋美齡合影
(國史館)

1943 年七月反省錄

余妻由美國載譽歸來,其成效乃出於預想之外,家庭和睦,母子親愛漸增,最為安樂之事。

1943 年 10 月 15 日

美國眾議院專刊余妻在美之講演,定為美議會檔案與各大學研究之名著,此誠為美國未有之創舉,亦余妻永生無上之光榮也。

3. 開羅會議內外見真章

The Real Story of the Cairo Summit

1943 年 11 月的開羅會議是中國戰時外交的最高峰，宋美齡陪同蔣中正遠赴開羅出席高峰會議，與英、美領袖平起平坐，備受禮遇；宋折衝於外交砧壇，舌戰邱吉爾、情商羅斯福、折衝陳納德與馬歇爾、說服霍浦金斯，力爭中國戰時與戰後的權益。蔣中正對此銘感於心，「此次各種交涉之進行，言論態度與手續皆能有條不紊，故其結果乃能出於預期之上，此其間當有二因，其一為平時之人格所感應之效，其二為余妻洽助之力，而其為余任譯與佈置之功更大，否則當不能得此大成也。」

The Cairo Conference in November 1943 was the crowning achievement in China's wartime diplomacy. Soong Mayling accompanied Chiang Kai-shek to attend the Cairo summit, sitting side-by-side with British and American leaders and was treated with courtesy. Soong contributed to diplomatic negotiations to discuss China's interests during and beyond the war: she debated Churchill, charmed Roosevelt, negotiated with Chennault and Marshall, and persuaded Hopkins. Chiang Kai-shek credited the diplomatic accomplishments to a stellar moral character that influenced others and Soong's assistance. He added that her roles as his interpreter and logistics coordinator were even greater, without which they would probably not have achieved such "great success."

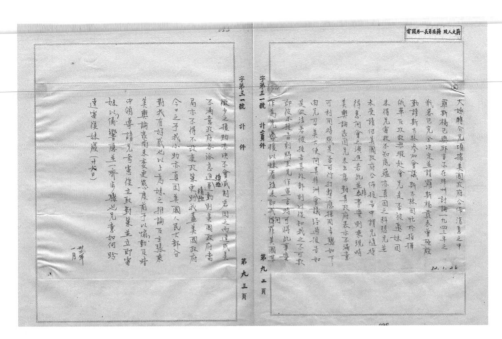

1943 年 1 月 26 日宋美齡訪美期間電蔣對於北非會談似可利用時機促美國改採積極助中國政策（國史館）

1943 年 10 月 17 日本星期預定工作課目

一、會羅之條件：
甲、如專為會余，則無論何時皆可；
乙、如其為會史邱而順道會余，則應先會余而後會史邱，否則不如作罷；
丙、是否約邱同會，請其預告。

1943 年 10 月 20 日

昨晚八時宴蒙巴頓將軍，余先起立對英王與羅總統祝康健，蒙氏狀至驚駭，以余未提其邱吉爾也。及余繼祝邱氏康健，彼始轉色，可知其對邱氏之信仰也，但邱為首相，決不能與英美二元首並提，往日世人以羅邱並提，此應由余改變其方式也。

1943 年 10 月 31 日上星期反省錄

接羅斯福電約下月下旬在埃及相晤,余實無意為此,然卻之不恭,故猶豫甚為不安。

1943 年 11 月 2 日

注意:
一、與羅邱會談之目的與要旨,甲、我國參加華府美英聯合參謀團並戰後亦保留不撤消,則此組織即可代替三國同盟之精神,比之名義上同盟更勝一著,且可避免其他國家之妒忌刺激也;
二、政治方面主張從速建立國際聯合機構;
三、中美經濟合作與金融聯繫之提議,與機構之組織;
四、對倭最低限度之條件;
五、倭之海軍與機器應多分派於我國;
六、對法國問題應加扶助;
七、利用外資之各種經濟事業應即擬定名目與辦法。

1943 年 11 月 3 日

史大林與羅、邱未約定會期,如余先與羅、邱會晤,是否為史所疑忌,應加研究。

1943 年 11 月 7 日上星期反省錄

上月杪羅斯福總統連來三電,其誠摯有加無已,殊為可感,此乃對蒙巴頓及史迪威各事之處置允當,令羅知感,所以對余能更進一步之認識,使之助華之熱忱頓增,此次我國參加四國宣言完全由其全力所促成,而彼自亦以此獲得極大之成功也。

本週憂戚最甚,然亦轉憂為慰之一週也,妻病痢與目疾恐難速愈,彼實為國為家集中心力於此一點,以期完成革命也,惟其心急憂甚,所以其病劇增也,奈何!

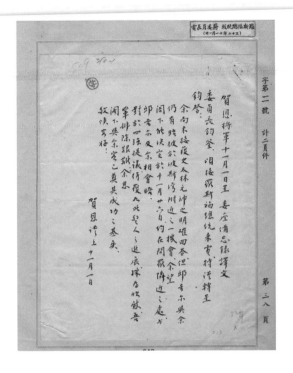

1943 年 11 月 1 日羅斯福電蔣中正
望能決定於 11 月 26 日約在開羅鄰近之處會晤
（國史館）

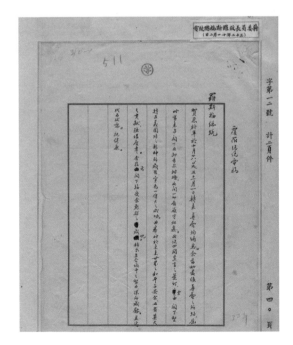

1943 年 11 月 2 日蔣中正電羅斯福
當如約前來與其及邱吉爾相晤當嚴守秘密
（國史館）

在《愛記》1943 年 11 月 2 日至 12 月 31 日中多處記載開羅會議的情形，言簡意賅，在本節中將照片與文字節錄整理於下，可以管窺開羅會議期間蔣、宋的全心投入。

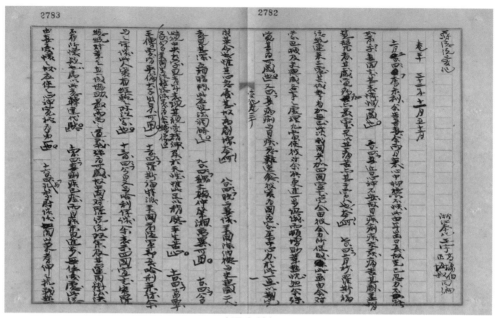

（國史館）

《愛記》1943 年 11 月

五日，曰：「妻近日心神不安，故目疾、痢疾交發，痛苦甚劇，蓋智慧超凡者其感覺病症亦最靈，是以其痛苦亦甚於常人也，奈何！」

七日，曰：「妻病痢與目疾，恐難速愈，彼實為國為家集中心力於此一點，以期完成革命也，惟其心急憂甚，故病劇增，奈何！」

八日，曰：「晚與妻談，美國陳納德與史迪威二人意見甚深，互相暗鬥，此應設法調解之。」

十四日，曰：「妻痢疾已痊，而目疾未見進步，無任憂慮，此總由妻憂憤之故，應使之心神寬裕為第一也。」

（國史館）

十八日，到印度阿柯拉，曰：「夫人皮膚病復發，其狀甚苦，至深夜二時方熟睡，殊堪憫也。」

十九日，到克拉蚩，曰：「本日夫人目疾略減，而皮膚病濕氣為患更劇，以氣候轉熱關係也，惟有默禱上帝，保佑速痊。」

二十日，晚，以飛機往開羅，在機上，曰：「晚餐時，見夫人目疾與精神較昨為佳，方甚快慰，不料夜間在機上，其皮膚病復發，且甚劇，面目浮腫，其狀甚危，幾乎終夜未能安眠，以左醫生新來，不知其體質，誤用其藥乎？心甚憂慮。」

二十一日，晨，在機上曰：「昨夜吾妻誤服藥劑，不能安眠，幸今晨病勢漸減，可慰！」上午，到開羅，曰：「先為夫人覓醫驗病。」晚，曰：「夫人此次帶病同來開羅，一面感慰，一面憂憐。」

二十二日，上午，曰：「十一時，邱吉爾來訪余，與談一小時，其間與吾夫人談笑不斷，彼首問曰：『你平時必想我邱某是一個最壞的老頭兒乎？』吾夫人答曰：『要請問你自己是否為壞人？』彼曰：『我非惡人。』吾夫人曰：『如此，就好了。』

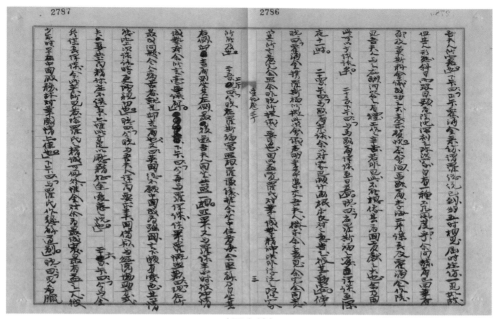

（國史館）

其言多為吾夫人所窘也。」茶會間，⋯⋯見吾夫人與之應酬，問答之有禮，工作之辛苦，若非見此，不能想像其為國貢獻之大也，余乃因此可以少談話矣。

二十三日，下午，曰：「與馬歇爾詳談至日暮。」晚，曰：「應羅斯福之宴，詳談至深夜十一時。」

二十四日，午，曰：「馬歇爾來談，余以對蒙巴頓計畫根本反對之意告之，彼甚動容。」傍晚，曰：「霍浦金攜羅斯福所擬此次會議聲明書草案交吾夫人，徵求余之意見，余完全同意，以其所言者，完全照余昨晚所提議之要旨也，因此益覺羅氏對華之誠摯精神，決非浮泛之政治家所能及也。」

二十五日，上午，曰：「今晚在羅斯福寓照相，羅謙讓，推余坐中位者再，余堅辭，乃自坐其右側，邱吉爾則坐其左側，最後邀吾夫人同坐，共照一相。」晚，曰：「今晚與吾夫人詳商要求美國借款與經濟協助方式，夫妻共商精討，庶不誤事，亦惟此方足以慰藉征途憂患之忱也。」。

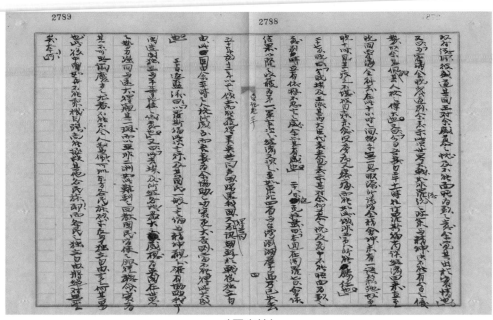

（國史館）

二十六日，曰：「今日吾妻自上午十一時往訪羅斯福商談經濟回來，直至晚間霍浦金辭去，在此十小時之間，幾乎無一息暇隙，所談皆全精會神，未有一語鬆弛，故至晚十時，見其疲乏不堪，彼目疾未愈，皮膚病又癢痛，而能如此，誠非常人所能勝任也。」

1943 年 11 月 21 日王寵惠呈蔣中正開羅會議日誌，對開羅會議的公務行程有清楚的紀錄
（國史館）

1943 年 11 月 28 日上星期反省錄

本週在開羅逗留共為七日，乃余登外交舞臺之第一幕也，其間以政治之收穫為第一，軍事次之，經濟又次之，然皆能獲得相當成就，自信日後更有優美之效果也。此次各種交涉之進行，言論態度與手續皆能有條不紊，故其結果乃能出於預期之上，此其間當有二因，其一為平時之人格所感應之效，其二為余妻洽助之力，而其為余任譯與布置之功更大，否則當不能得此大成也。東三省與臺灣澎湖島為已經失去五十年或十二年以上之領土，而能獲得美英共同聲明，歸還我國，而且承認朝鮮於戰後獨立自由，此何等大事，此何等提案，何等希望，而今竟能發表於三國共同聲明之中，實為中外古今所未曾有之外交成功也，然今後若不自我努力奮勉，則一紙空文，仍未足為憑爾，其將如何自強，如何自勉以將來和平會議中關於我國最艱難之問題，最重大之基礎，皆於此開羅會議之數日中，一舉而解決矣。

宋美齡以中華民國國民政府主席夫人的身分參與開羅會議，獲得了各方面的尊敬和尊重，但《愛記》中的一段紀錄，頗堪玩味。

《愛記》1943 年 12 月 6 日

惟關於我夫人參加會議一段，終被削去，羅總統表示不滿之色，我與夫人認為小事不計，實則我夫人之雅量，可嘉焉。

細看蔣日記，有更清楚的紀錄：

1943 年雜記

十二月六日，此次開羅三國公報成立之經過應有補述之必要，當成立以前三國代表提出討論時，以英國賈德幹辯難最多，尤以對於朝鮮獨立問題，堅主不提，而其對東北問題亦只言日本應放棄滿洲為度，而不明言歸還中國，後經我代表亮疇力爭，美國代表亦竭力贊助，乃將原案通過。惟關於夫人參加會議一段終被削去，羅總統乃有不滿之色，然此無關大旨，我方表示贊同，乃即將全部文字通過，於是開羅會議從此乃告結束矣。

習慣讀蔣中正日記的人都知道，蔣喜歡把一些比較隱諱但重要的事情記在「雜記」中，這一段記錄點出了兩件事，一是王寵惠（亮疇）對朝鮮、東北問題的力爭，一是蔣夫人宋美齡參加會議的正式紀錄被刪除，都是開羅會議中重要的內容，尤其是宋美齡陪同蔣中正遠赴開羅出席高峰會議，與英、美領袖平起平坐，備受禮遇；折衝於外交砧壇，力爭中國戰時與戰後的權益，這些不僅是國家大事，也是國際大事，在這裡特別記載下來，也可以為歷史作一旁證。

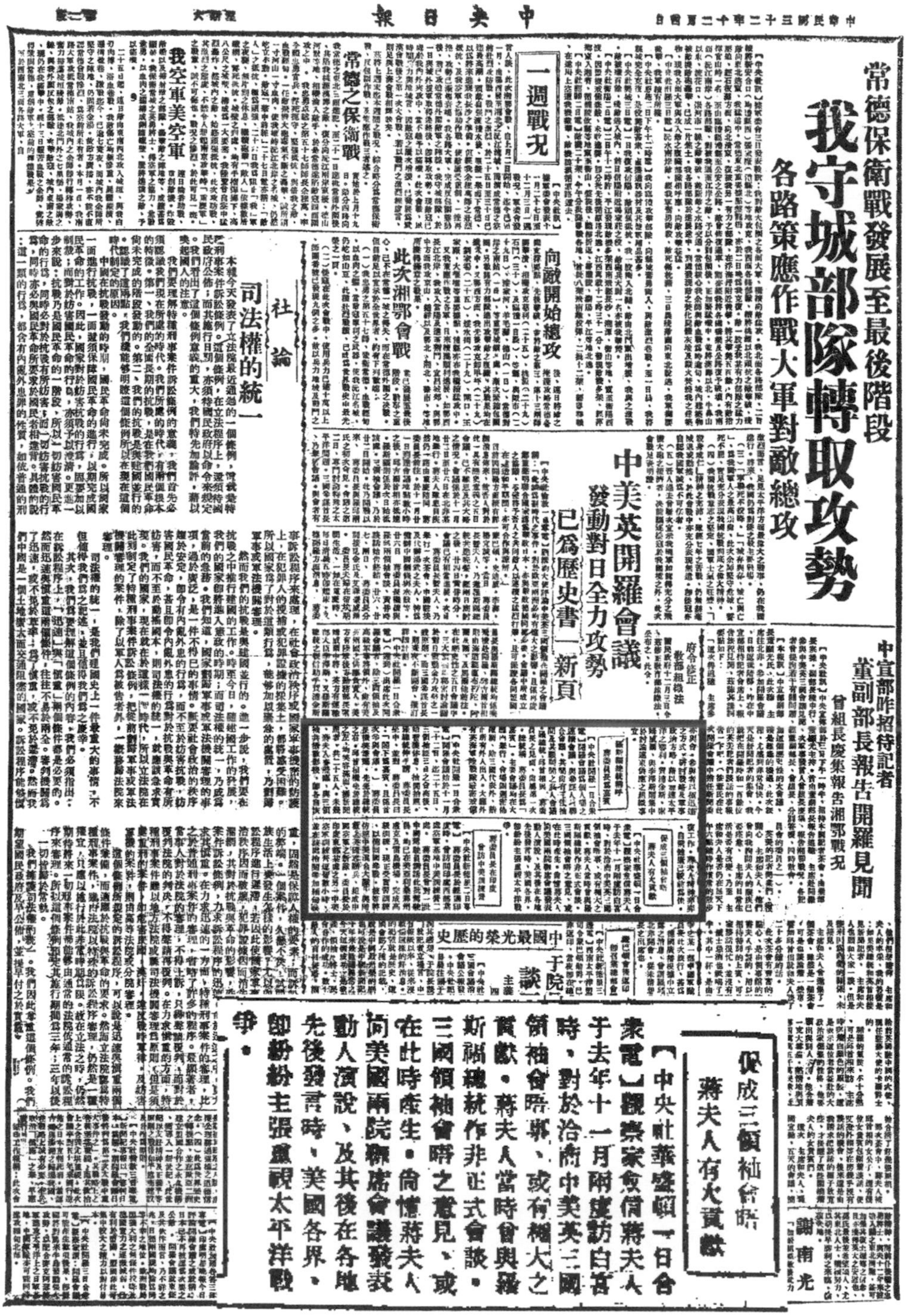

中央日報　第二版　中華民國三十二年十二月四日

常德保衛戰發展至最後階段

我守城部隊轉取攻勢

各路策應作戰大軍對敵總攻

一週戰況

常德之保衛戰

我空軍美空軍

向敵開始總攻

此次湘鄂會戰

社論　司法權的統一

中美英開羅會議
發動對日全力攻勢
已為歷史書一新頁

中宣部昨招待記者
董副部長報告開羅見聞
曾組長慶集報告湘鄂戰況

中國最光榮的歷史

于院長談

促成三個領袖會晤
蔣夫人有火貢獻

促成三個領袖會晤，蔣夫人有大貢獻（中央日報：1943 年 12 月 4 日第二版）

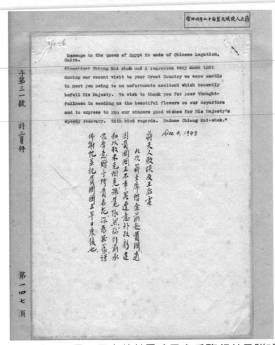

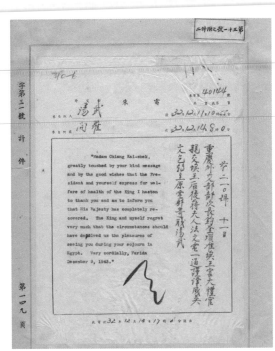

1943 年 12 月 4 日宋美齡電埃及皇后臨行前承贈珍貴名花深為感篆謹佈謝忱（國史館）

1943 年 12 月 5 日宋美齡函羅斯福，
開羅公報業經公布全國皆一致慶祝該會議成就
（國史館）

4. 絕非他人所能助我者也

No one else can support me

宋美齡協助蔣中正的秘書工作、翻譯工作、社會工作、外交工作，無役不與。1937 年蔣自記：「本日手擬令稿，處理大小事件約三千餘言，除妻之外無一人能為余代負一分責，代用一分心，政府高級文武眾多如此，其能為作戰努力，視公如私，視國如家殊不多見。」1941 年更引宋的話：「妻云，無論商家與住室，若無家主與老闆娘時刻貫注全神，管理業務，則必不成。……無論家與國，皆必須有主，而且必須全賴其主者自身之努力奮鬥，其他皆不可靠也。」道盡宋美齡這位無所不在的賢內助對蔣、對他的國的幫助。

Soong Mayling assisted Chiang Kai-shek in all tasks, including secretarial work, translation work, social work, and diplomacy. There was nothing she would not do. Chiang's diary entry from 1937 describes her working with him to deliver orders and manage large tasks and small of over 3000 words. He claims that "Aside from my wife, there is no one who can assist me in assuming any responsibility, or carry any burden... It is rare for anyone to view public concerns as personal matters and one's country like one's home." In 1941 he quotes Soong's advice: "My wife says that whether it be a business or a home, it simply won't do if the master and mistress do not attend to things and manage affairs. A home and a country must have a master, and one must rely on the master to persevere and struggle, since no one else is reliable." These statements amply suggest that Soong is the available good wife who supported Chiang and the nation.

1940 年美國總統羅斯福特別助理居里應邀來華，與蔣中正展開多次深入的談話，所有的紀錄、來往信函都是由宋美齡親自操盤。

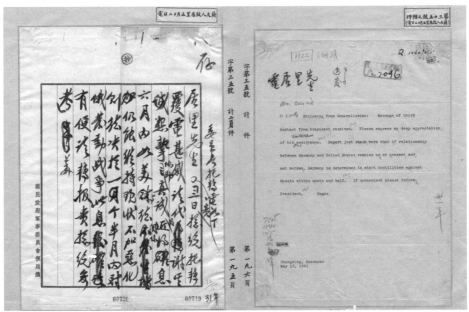

1941 年 5 月 12 日宋美齡電居里（羅斯福總統特助）轉羅斯福專函（國史館）

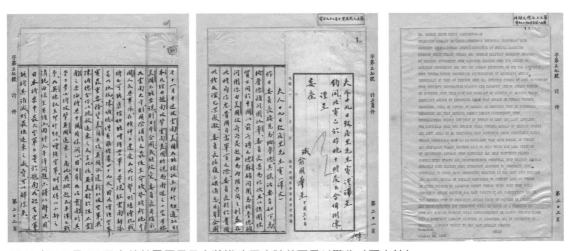

1941 年 10 月 29 日宋美齡電居里日本將進攻雲南請美國予以警告（國史館）

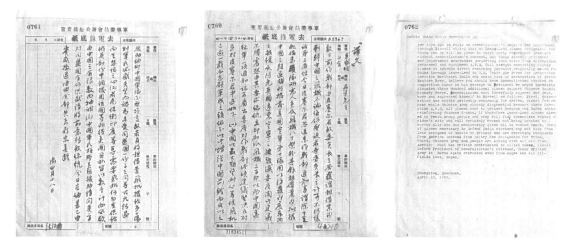

1942 年 4 月 18 日宋美齡電居里堅決反對將擬撥中國之驅逐機改撥發美國空軍（國史館）

同盟作戰之前，1941 年 11 月間美國偏聽日本一面之詞，有意對日妥協，中國面臨艱巨的挑戰。蔣透過宋美齡致電羅斯福總統及美國相關官員，並由宋子文在美經由各種管道大聲疾呼、多方轉寰，卒使美國在最後關頭改變態度。由於日本無法獲得美國支持，轉而執行偷襲珍珠港美軍基地，終至美對日宣戰，這一關鍵時刻，宋美齡成功扮演了重要的內助角色，而其後，她更走出幕後，在外交砧壇上為中國發聲。

1941 年 11 月 28 日

此次美國對倭態度之強化，全自於自我態度之堅定與決心之強毅，尤在於不稍延遲時間，得心應手，窮理致知，乃得於千鈞一髮時旋轉於頃刻也，而內子力助於內，子文輔佐於外，最為有力，否則如胡適者，則未有不失敗也。

1941 年 11 月 29 日上星期反省錄

自二十四美國務卿對日妥協方案得悉後，三晝夜未得安心，此誠存亡成敗之惟一關鍵，故不計美國當局是否疑忌怨恨，亦不再顧成敗利鈍，乃盡其心性，一面對其正式反對警告，一面向其陸海財各部長屬子文奔走呼號，並屬拉鐵摩爾電其羅總統警告，卒能挽救危局，獲得勝利。此種旋乾轉坤之大力，非有上帝眷佑指導，決不能致此也。

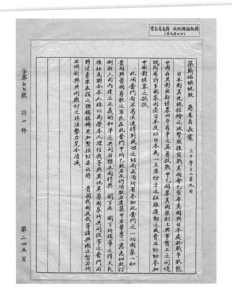

1941 年 12 月 9 日羅斯福電蔣中正美國國會已宣布
與日本處於戰爭狀態
（國史館）

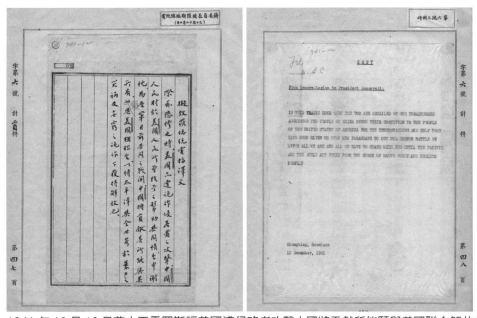

1941 年 12 月 10 日蔣中正電羅斯福美國遭侵略者攻擊中國將貢獻所能願與美國聯合解放全世界
（國史館）

1941 年底同盟作戰開始，經常需要與英美元首或軍事將領、特使特助函電往返，或是
草擬談話內容、準備討論文件，凡是重要的英文稿件，基本上都由蔣中正授意，宋美齡
親自研擬，或是由相關人員擬稿後經過宋美齡修改，在蔣日記中多次提到宋處理文稿的
情況。

1942 年 1 月 1 日

下午本擬赴黃山休息，乃因英緬又扣留我新到之物資，與上次所扣之物資迄未開封，憤激無已，英人之狡獪誠不可以言喻，乃由妻草擬抗議書，並發電知照美國表示事態之嚴重性，迄夜尚未完畢，故不能休息也。

1942 年 1 月 3 日

注意：一、對英為緬甸扣留我軍火事之抗議，今閱譯文，其性質嚴重已極，然英於此時必不敢表示異議，以後對外交文字必須待閱譯文，慎重研討後再發，不宜如此輕率也，但英人之狡獪與對華之輕侮已極，不能不如此以對也。

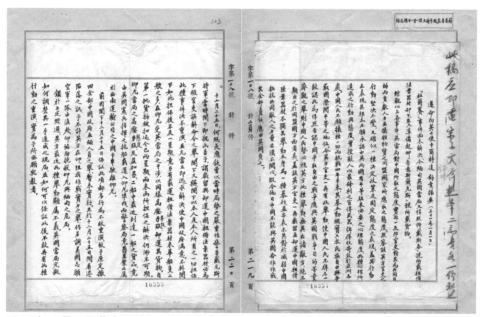

1942 年 1 月 1 日蔣中正致卡爾備忘錄為英緬扣留土魯撒號戴斯泰號器材提出嚴重警告（國史館）

1942 年 10 月美國總統羅斯福代表訪華，不僅到重慶拜會蔣中正，也要到西安參觀中共敵後區，此行的重要性可想而知。

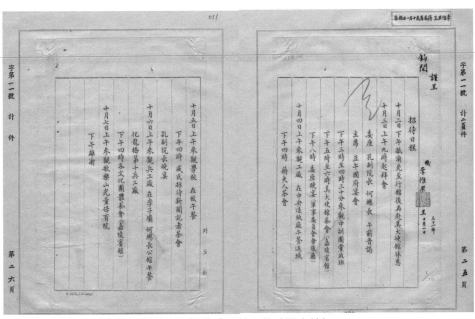

1942 年 10 月 1 日李惟果呈蔣中正招待威爾基日程（國史館）

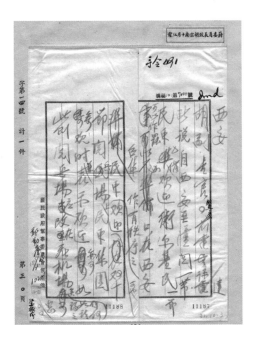

1942 年 10 月 3 日蔣中正電胡宗南
在西安準備歡迎威爾基方式場地等各細節
（國史館）

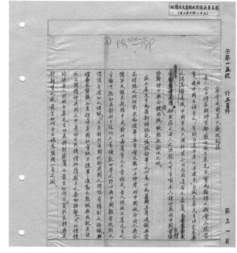

1942 年 10 月 3 日蔣中正致威爾基歡迎詞
（國史館）

1942 年 10 月 4 日蔣中正與威爾基談話紀錄
（國史館）

1942 年 10 月 5 日宋美齡與美國總統
羅斯福特別代表威爾基於中美文化協會
歡迎茶會上談話留影（國史館）

1942年10月11日

妻代擬致謝羅史福與邱吉爾各電，對羅電稿尤佳也，美國之獨立廳自由鐘為我幼年所最羨慕之歷史，而今竟為我國獨立自由發生直接影響且由我本身親歷而得之，可不自重乎。

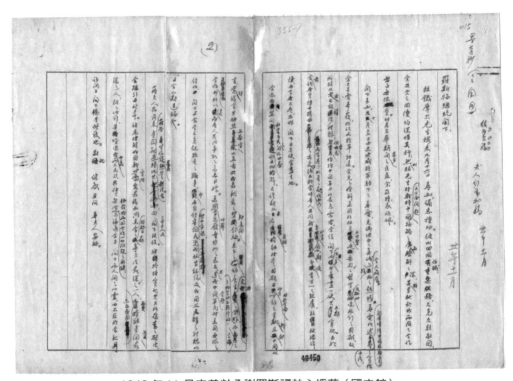

1942年11月宋美齡函謝羅斯福熱心援華（國史館）

1944 年 6 月 20 日至 24 日，美國副總統華萊士訪華，與蔣中正多次談話，都是由宋美齡親自翻譯，來訪前後的函電也都由宋親譯。像這些重要的會談與函電，只有宋美齡可以真正把握住蔣中正所想表達的真意，蔣也只相信宋的口譯筆譯。

1944 年 6 月 24 日

十時由林園出發，在車中與華氏敘述余對羅斯福之感想與關係以及共黨問題。羅氏調解之利害關係皆剖釋無遺。在此車中一小時之談話，彼或能增進了解與情感乎？

1944 年 4 月 15 日宋美齡電華萊士
謂與蔣中正熱忱歡迎訪華
（國史館）

1944 年 6 月 21 日宋慶齡與美國副總統
華萊士首次談話留影（國史館）

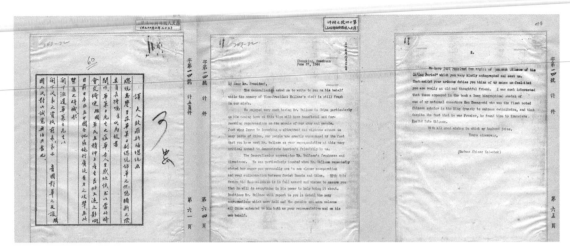

1944 年 6 月 27 日宋美齡函羅斯福欣喜華萊士訪華轉達對華友誼（國史館）

1942 年 2 月宋美齡陪同蔣中正訪問印度，是同盟作戰時期蔣重要的出訪行程，當然少不了宋美齡的隨行和協助。

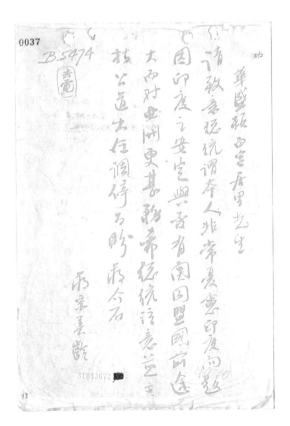

1942 年蔣中正電羅斯福謂本人非常憂慮
印度問題（國史館）

1942 年 2 月 10 日宋美齡伉儷
抵印度新德里訪問與林里資哥
總督等人合影（國史館）

1942 年 2 月宋美齡伉儷訪問
印度與甘地合影
（國史館）

戰後國共內戰時期，美國駐華大使赫爾利、杜魯門總統特使馬歇爾先後介入國共和談，許多地方都必須靠英文溝通，許多文件都必須字斟句酌，這些事，蔣往往也只能信任宋美齡。

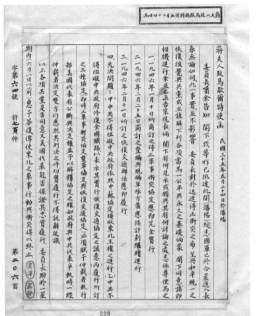

1946 年 5 月 24 日宋美齡函馬歇爾等昨抵瀋陽國軍進入長春仍望恢復和平統一（國史館）

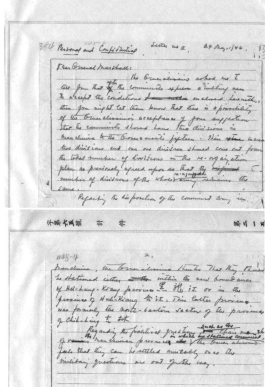

1946 年 5 月 24 日宋美齡函馬歇爾告蔣中正
對共軍在東北配置及政治問題意見（國史館）

（左）1946 年 5 月 9 日宋美齡與美國陸軍參謀總長艾森豪威爾元帥及美國總統特使馬歇爾談話留影
　　（國史館）
（右）1946 年 8 月 24 日宋美齡偕美國特使馬歇爾夫婦遊覽廬山風景（國史館）

1946年9月29日

回寓再審核譯文，托夫人將原文對照，發見錯誤甚多也。下午重修宣言稿，屬大維往問馬歇爾原稿各點之用意，乃知其為發表宣言之後即時停戰，關於整編方案另議也。此與余所想者完全不同，余認為必待各種問題協議以後方得停戰也，乃將宣言稿重新表明先協定而後停戰之意。

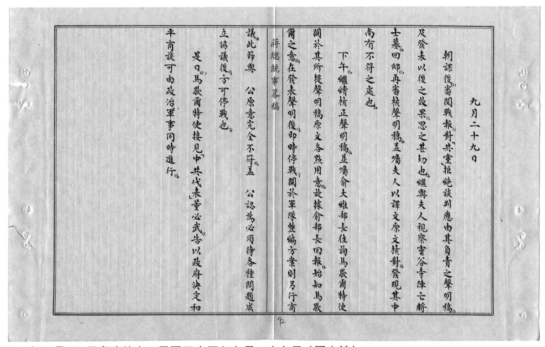

1946 年 9 月 29 日事略稿本一民國三十五年九月二十九日（國史館）

1953 年 11 月美國副總統尼克森訪臺，蔣、宋全程陪同，費心費力，希望能夠為遷台後的中華民國爭取到美國的支持與援助。

1953 年 11 月 14 日上星期反省錄

本周大部時間都為接待尼克生之來訪，與其正式談話四次，共有十小時之多，……整理談話記錄，夫妻皆費心不少。

1953 年 11 月 21 日上星期反省錄

與尼克生談話錄英文譯稿之修正，妻之費心甚苦，若非其認真修稿，則此次談話之效果，必不能獲得如此之影響。

1953 年 11 月 22 日

正午約亮疇、伯聰來寓，與妻商討聯合聲明英文譯稿，妻自起草至十五時後初稿方成。

1953 年 11 月 9 日宋美齡伉儷接受美國副總統尼克森夫婦訪華並面遞美國總統艾森豪贈送簽名照（國史館）

1953 年 11 月 10 日宋美齡伉儷偕同美國副總
統尼克森夫婦參觀年終校閱（國史館）

1955 年 12 月 8 日

十時半公超與藍欽來訪，即開始談話，……今日談話幸妻參加，凡公超所不敢譯者，
皆從傍補正無遺，而以毫無所求，並指美此種中立政策，將為其最大失敗之種因也，
為談話之重點。

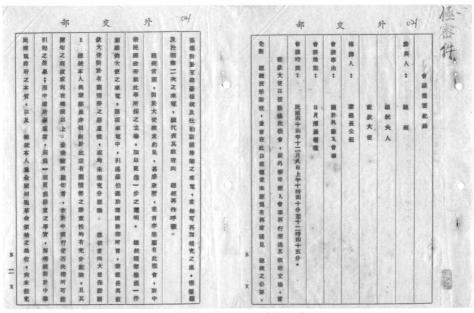

1955 年 12 月 8 日蔣中正與美國大使藍欽會談紀錄（國史館）

佳美的腳蹤──宋美齡與她的時代

1955 年 12 月 12 日蔣中正與美國陸軍部部長
布魯克及美國駐華大使藍欽合影（國史館）

1958 年 1 月 2 日蔣中正親題字屏贈送美國駐華
大使藍欽（國史館）

1961 年 7 月 28 日

上午修正覆甘函稿，並為辭修準備交涉談話之資料，妻為修改覆甘英文函稿貢獻頗多，此乃為辭修訪甘之惟一要件也。

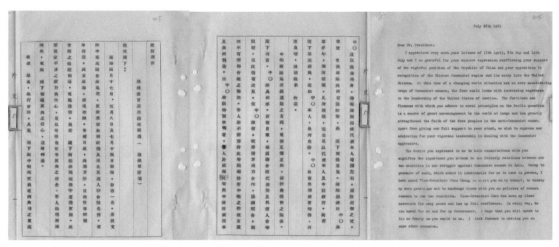

1961 年 7 月 28 日蔣中正致美國總統甘迺迪為陳誠此次訪問之函稿（國史館）

1961 年 7 月 29 日陳誠夫婦與甘迺迪詹森合影
（國史館）

接待外賓一直是宋美齡重要的工作，但可能很少人知道是從什麼時候開始的，在蔣日記和《愛記》中給了答案。

1928 年 2 月 5 日　晚在家宴法使，盛稱三妹內助之能也。

《愛記》1928 年 2 月 5 日

宴法公使馬泰爾，夫人為翻譯，公甚感夫人內助之能。

1941 年中國參與同盟作戰，踏上國際舞臺前後，宋美齡一直扮演著蔣中正外交折衝上的重要臂助，已如前述。中華民國立足臺灣以後，就不斷有各國的元首或外交人員到訪，宋美齡除了幾度出訪美國爭取外援外，只要在國內，一定是雍容華貴、讓所有人賓至如歸的女主人。

1956 年 4 月 26 日蔣中正贈勳泰國軍事訪問團叼克團長等二人（國史館）

1958 年 4 月 20 日宋美齡伉儷與土耳其總理
孟德勒士等人合影（國史館）

1958 年 5 月 15 日伊朗國王巴勒維至士林官邸
向宋美齡伉儷作禮貌拜會
（國史館）

1960 年 1 月 15 日越南總統吳廷琰回贈獻禮與
宋美齡伉儷（國史館）

1960 年 5 月 2 日宋美齡伉儷迎接菲律賓總統賈西亞伉儷訪華（國史館）

1960 年 6 月 18 日宋美齡伉儷與美國總統艾森豪夫婦國宴留影（國史館）

1961 年 3 月 18 日宋美齡伉儷接見法國前總理皮奈（國史館）

1961 年 5 月 22 日宋美齡伉儷在總統府辦公室
接待秘魯總統浦樂多夫婦（國史館）

1962 年 4 月 3 日宋美齡伉儷歡迎馬拉加西共和
國總統齊拉納伉儷訪華（國史館）

1962 年 5 月 15 日宋美齡伉儷接見寮國總理歐謨
（國史館）

1963 年 6 月 5 日宋美齡伉儷親迎泰國國王蒲美蓬來訪（國史館）

1964 年 4 月 7 日宋美齡伉儷與抵華訪問之美國前副總統尼克森合影（國史館）

1968 年 11 月 11 日宋美齡伉儷接見甘比亞總理賈瓦拉爵士（國史館）

1969 年 6 月 27 日宋美齡伉儷接見獅子山國總
理史蒂文斯夫婦（國史館）

1970 年 10 月 8 日宋美齡伉儷偕中非共和國總
統卜卡薩於國宴合影（國史館）

1972 年 6 月 16 日宋美齡伉儷接待瓜地馬
拉總統阿拉納伉儷（國史館）

宣傳工作無論在戰時還是平時，無論在大陸還是在臺灣，都是重要的工作，蔣、宋也經常需要面對媒體，發表談話，只要用到英文的，宋都是無可取代的一把手。

1941 年 3 月 20 日宋美齡於中美協會茶會致詞留影（國史館）
1941 年 4 月宋美齡於款待時代雜誌創辦人魯斯伉儷的餐會上致詞留影（國史館）

1955 年 6 月 23 日蔣中正對世界道德重整會訪問團發表談話宋美齡從旁傳譯（國史館）

每年的元旦文告、雙十節文告，對在臺灣中生代都是耳熟能詳的記憶，但大概知道每次文告同時有英文版，向國際宣傳的可能不多，這都是靠宋美齡一字一句修改的精心成果。

1955 年 1 月 1 日總統蔣中正宣讀元旦文告
（國史館）

1955 年 1 月 1 日上星期反省錄

元旦文告幾乎六易其稿，直至卅一晨最後定稿，妻為譯稿，亦盡二晝夜之心力，但譯文更好。以美國與我訂盟後之第一文告，中外注目而著筆亦難，故特別鄭重也。

蔣、宋也須要透過國際媒體向國外行銷自我的形象，無論是外觀上或語文上的功夫都靠宋美齡親力親為的為蔣包裝行銷。

1958 年 5 月 6 日

近日以電視講稿準備為忙，……朝課後，續校電視稿直至十時開始電視，妻為翻譯，預定卅分時為限之時間，不料停頓修改竟延至三小時方畢，此為首次嘗試，余不知其手續如此麻煩耳。

1958 年 5 月 6 日總統蔣中正偕宋美齡應美國懷特公司記者之請拍攝生活紀錄影片（國史館）

1960 年 9 月 10 日宋美齡接受美國時代雜誌
記者雷洛克錄音訪問（國史館）

1962 年 2 月 27 日宋美齡伉儷與美國時代雜
誌發行人郝威爾夫婦合影（國史館）

1963 年 4 月 29 日宋美齡伉儷接見美國幸福
雜誌總編輯諾登泰勒等合影（國史館）

5. 若吾人不負十字架
If No One Bears the Cross

世人常見宋美齡在人前的風光，但少能看到風光後面的辛酸。無論是戰時折衝史迪威、陳納德之爭，據理力爭美國對中國戰區物資分配不公；戰後赴東北慰勞俄軍與東北同胞，赴美爭取國會對華支持；來台後接待在華工作或來華訪問的國外官員，數次赴美試圖再創外交空間，都是最艱鉅、最不討好的工作，其中的辛酸不足為外人道。1945 年 11 月 23 日蔣宋的一段對話頗具代表性：「妻言對人下氣吞聲、低頭笑臉之苦痛，誰知吾人今日之處境，嗟乎。拯救如此大國，豈能如想像之易易者。若吾人不負十字架，則如何達成革命保種，救人救世之任務乎？」

The world has seen Soong Mayling's brilliance in the public eye, but few have witnessed the hardship that she bore behind the scenes. Whether it be mediating the wartime conflicts between Stilwell and Chennault or appealing the unjust distribution of American supplies in China's wartime theater; post-war efforts in the Northeast; efforts to shore up U. S. congressional support for China; relocating to Taiwan and needing to host foreign service personnel working or visiting Taiwan; and numerous visits to the U. S. in attempts to create a diplomatic arena, all comprised the most challenging tasks that ingratiated her with no one. It is challenging to explain to others the hardship and bitterness she experienced in the process.

A conversation between Chiang and Soong on November 23rd, 1945 captures this sentiment: "Wife mentioned the misery of needing to lower one's head and stay deferential.... Who knew that we would be in such a plight?... If we didn't bear our cross, how could we preserve the revolution and finish the work of saving our people and the world?"

宋美齡常常分擔一些蔣不願、不想、不宜出面做的事,蔣日記中有不少的記載,十分有意思,摘取其中一些紀錄,雖然未必能窺全局,但足以看到蔣宋之間互動的配合無間。

1942 年 8 月 19 日

逸民〔應為一民,第八戰區司令長官朱紹良〕由迪化飛來商議,余赴新或盛來甘皆不妥,以迪化機場已有俄國之驅逐機駐在也,最後決由妻代我赴新傳達意旨,以壯盛膽,亦所以慰之也。

1942 年 9 月反省錄

河西、新疆、綏西與寧夏現狀實情,由此次西北之行,益得明瞭,有助於建國計畫固矣,而吾妻獨飛迪化,以安盛氏內向之心,尤為難能也。

  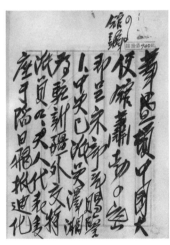

1942 年 8 月 29 日蔣中正函告盛世才托宋美齡飛新慰勞餘意面詳(國史館)
1942 年 9 月 1 日宋美齡電謝盛世才夫人在迪化之招待(國史館)
1942 年 9 月 2 日戴笠電宋子文宋美齡代表蔣中正飛迪化(國史館)

1942 年 6 月 26 日

與史蒂華談話，彼稱空軍第十團又欲派赴埃及增援，而置中國危急於不顧，心殊憤激，而不願表示於顏色使之自悟，余妻則面斥嚴訓不假辭色，亦甚當也。

1942 年 4 月 5 日宋美齡伉儷赴緬甸視察途經昆明與中國戰區聯軍參謀長史迪威會晤合影（國史館）

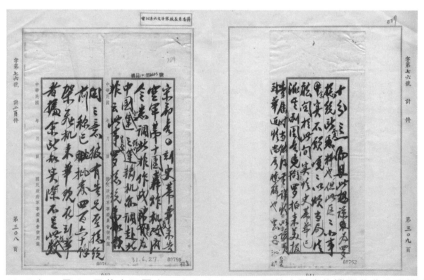

1942 年 6 月 27 日蔣中正電宋子文史迪威來告空軍第十團轟炸機調北非及飛機來華數不足（國史館）

史迪威事件是中美同盟作戰時極為重要的事情，宋美齡介入極深，但此處無法做任何論斷，只以一二文件略作記錄。

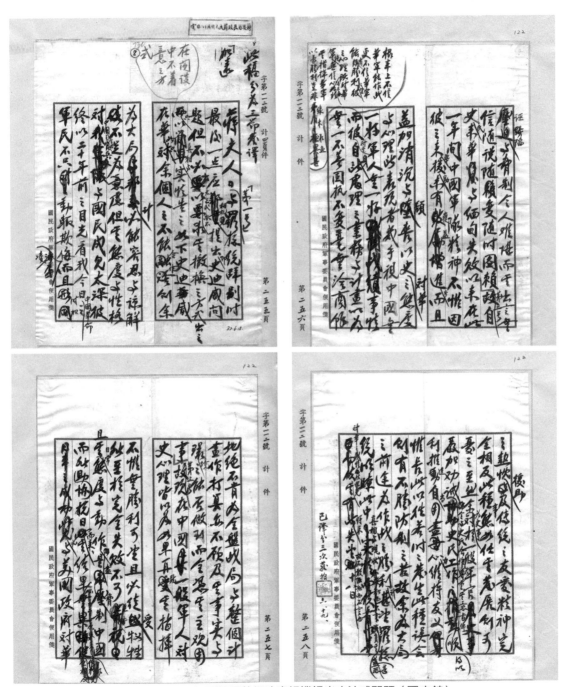

1943 年 6 月 18 日蔣中正電宋美齡與羅斯福辭行時應相機提出史迪威問題（國史館）

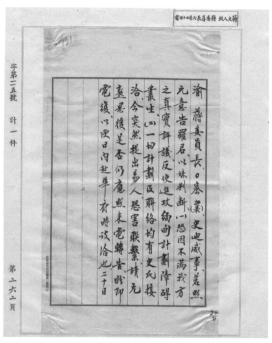
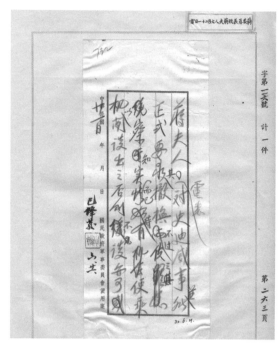

1943 年 6 月 20 日宋美齡電蔣中正關於史迪威事若照兄意提出恐礙聯繫請熟思後電復（國史館）
1943 年 6 月 21 日蔣中正電宋美齡關於史迪威事並非正式要求其撤換不過使其察知實情（國史館）

另一個戰時、戰後讓蔣中正頭痛，必須要宋美齡費心費力周旋接待的重要的人物就是馬歇爾。

1945 年 12 月 21 日宋美齡伉儷接見美國總統杜魯門所派駐華特使馬歇爾（國史館）
1945 年 12 月 21 日宋美齡伉儷於款待政治協商會議代表酒會上接見中國共產黨代表（國史館）

1945 年 12 月 31 日宋美齡伉儷設宴為駐華
特使馬歇爾祝壽（國史館）

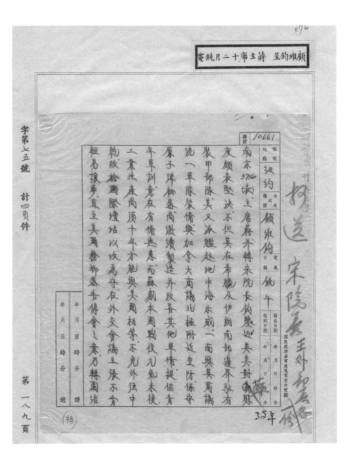

1946 年 12 月 26 日顧維鈞電蔣中正
英美對蘇俄態度堅決及美國務卿
馬歇爾特來演說措詞堅強
（國史館）

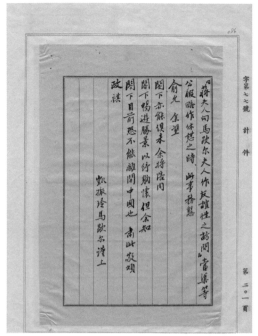

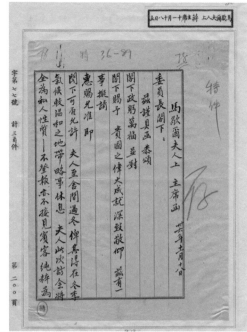

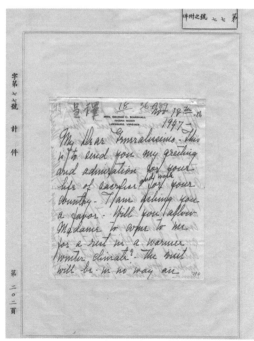

1947 年 11 月 18 日馬歇爾夫人函蔣中正邀宋美齡訪美並望閣下同來（國史館）

談到史迪威與馬歇爾，自然要談到陳納德和中國空軍的發展，宋美齡對蔣中正的協助，很重要的一部分是關於中國空軍的建軍發展，她被稱為「中國空軍之母」，在許多重要及正式的場合，常可以看到她的旗袍衣領左右各佩一個空軍領章，左胸前佩帶一枚「榮譽飛鷹胸章」，也許可以說「中國空軍之母」真是宋美齡衷心樂於負責，但卻一生永遠無法卸下的十字架。

1945 年 3 月 24 日宋美齡伉儷與美國第十四航空隊隊長陳納德將軍合照（國史館）
1945 年 3 月 24 日宋美齡與陳納德合照（國史館）

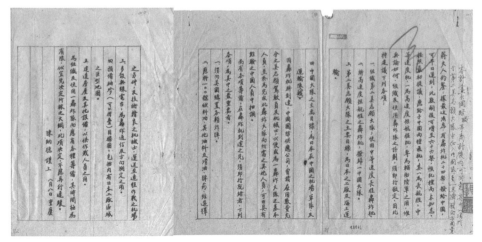

1941 年 8 月 8 日陳納德函宋美齡組織第二美國志願大隊之建議（國史館）

1942 年 7 月 1 日

本日余妻代余約集中美空軍主官,解決空軍整個數量與空運計畫,半年來美員延宕推托之要務,用一日之力竟得解決一切,殊足感慰,此非余妻之果敏決不易成也。

1956 年 1 月 2 日

晡召見空軍遺族子女及其妻母四十餘人,茶會分贈禮物與子女抽籤得物為樂。又見溫鑄強之母,以余妻去年介紹孩子送其為孫,甚為孝順活潑,故其心神甚樂,顯與前次所見時憂悲之情不同也。余妻實對士氣之增強有莫大之貢獻也。

1960 年 9 月 15 日

昨下午妻由陳總司令夫婦陪同視察屏東與臺南軍眷住宅,氣候炎暑中不覺疲倦,至夜暗始回,對空軍士氣必有重大助益也。

1975 年 3 月 30 日宋美齡發表追懷飛虎將軍陳納德的紀念文（國史館）

1946 年 1 月 20 日

送妻上飛機，彼代余慰勞在東北之俄軍與我東北同胞也。

1946 年 1 月 26 日上星期反省錄

夫人飛長春慰問我東北民眾與俄軍之計畫已經完成，此亦一要務也。

1946 年 1 月 27 日

夫人五時後回渝，此行收獲甚大也。

（左）1946 年 1 月 20 日蔣中正電王叔銘轉宋美齡由長春歸途務在錦州停機慰問傷兵後再回北平（國史館）
（中）1946 年 1 月 22 日蔣中正電宋美齡錦州慰勞傷兵只要停機三小時即可當日回北平務望二十六日回渝
（右）1946 年 1 月 22 日蔣經國電蔣中正二十二日下午宋美齡可抵長春沈怡定二十八日前往接事（國史館）

1946 年 1 月 23 日蔣經國電蔣中正宋美齡在此之工作集中對
東北民眾之慰問（國史館）

佳美的腳蹤 —— 宋美齡與她的時代

宋美齡飛抵長春慰問東北中蘇官兵（中央日報：1946 年 1 月 23 日第二版）

宋美齡陪同蔣中正，不知道接待了多少外賓，辦理過多少茶會酒宴，其中其實不乏不得已之舉，其心情只能夠用「寒天飲冰水，點滴在心頭」形容，透過下面的照片，和當日蔣日記的記敘，也許可以體會蔣、宋「若吾人不負十字架」的苦衷一二。

1945 年 9 月 5 日宋美齡伉儷慶祝勝利以酒會招待蘇聯駐華大使及武官（國史館）

1945 年 9 月 5 日

此時余訪美之利害與訪蘇時間之先後應加研究，東北未接收完成以前應特別顧慮。晚約蘇俄使館人員觀劇後茶點，十一時回林園。

1945 年 9 月 6 日

雪恥：荒漠甘泉（九月一日）云：「火藥曾炸裂了我們的心，利斧曾劈開了我們的肺」。此時我心我肺實為俄共粉碎無餘矣。

1955 年 3 月 3 日宋美齡伉儷歡迎來台訪問美國
國務卿杜勒斯夫婦等人（國史館）

1955 年 3 月 3 日

十三時杜等自中山堂舉行中美互助協定書交換典禮畢，來寓聚餐。

1955 年 3 月 4 日

昨晡外賓辭出後，略覺清閒，精神放鬆，如釋重負也。休憩，略眠，午課如常。入浴後，膳畢，與妻車遊山上一匝。回，獨自散步，觀月吟詩。晚課，廿二時寢。半月餘來，傷風咳嗽不已，牙床亦破，食物惟艱，惟事情繁重，無法休假，強勉支撐，甚覺疲勞，實為近年來所稀有者，今後當可稍憩乎。

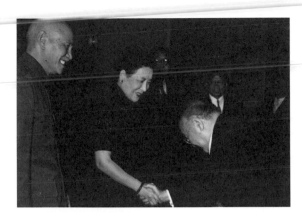

1959 年 12 月 28 日宋美齡伉儷款宴日本前首
相吉田茂（國史館）

1959 年 12 月 28 日

本晚約宴吉田茂至九時半辭出，余自認今日談話仍有過份之處，但內心甚安。

1961 年 4 月 23 日宋美齡伉儷訪問駐金門美國
軍事顧問組（國史館）

1961 年 4 月 23 日

雪恥：一、美國政策的精神：助勝而不助敗，助強而不助弱。吾人不應忘此教訓。
二、對美國人對其弱點與錯誤不宜面斥與刺激太過，否則彼將惱羞成怒，使其更為
昏迷不悟，此乃德人之言，以余對「馬下兒」等交手經驗，則並不如此也。三、對
美國合作協議問題，必須事前無形與有形間多方設法轉移，消防於未燃，若待經其
決定，則任何方法絕難改變，彼必固執不悟矣。

1962 年 3 月 6 日宋美齡與美國駐華大使莊萊德
夫人談話留影（國史館）

1962 年總反省要目

三月初旬美忽宣布其一九四三年中、美二國有關文件，惟未宣布其開羅會時，我與
羅斯福之談話記錄可痛，并宣布其琉球為日本領土，隨後又調莊乃德大使回美，而
未提其繼任人選，以上種種是其國務院對我國之敵視甚明。

1962 年 3 月 6 日

本日上午入府召見美大使莊乃德，知其已被國務院召其回國，頗見懊喪。

1962 年 7 月 4 日宋美齡伉儷接見美國新任駐華
大使柯爾克（國史館）

1962 年 7 月 5 日

上午在府行美大使遞國書典禮後，舉行會談一小時，其態度似較昨日為佳。

1962 年 7 月 26 日宋美齡伉儷接待美國海軍軍
令部部長安德遜夫婦（國史館）

1962 年 7 月 26 日

本日病狀似無變化，但因失眠故精神、體力皆感疲乏耳。……五時半約美軍令部長安得生與寇克等各軍種顧問，明示安、寇如大陸共匪不能解決，則美對越、泰、寮的軍事援助行動雖一時告捷，但仍必徒勞無功也。

1963 年 11 月 21 日陳誠與蔣經國一同歡
迎美國前眾議員周以德夫婦來訪
（國史館）

1963 年 11 月反省錄

周以德、諾蘭皆先後來臺訪問並參加校閱，舊雨重敘，頗感欣慰，惟辭修對外賓應酬如儀，一如常態，豈其對內時之失態別有作用乎。

陸、號召女力 為母則強
Summoning Female Power: In Motherhood Lies Strength

　　宋美齡對於婦女工作、社會工作的投入，有相當大的動力源自於她的宗教信仰，耶穌基督「信、望、愛」的精神，是她走入人群的支持，是她號召同儕的力量，是她堅持奮鬥的信心，是她永不放棄的勇氣。1936 年 2 月在新生活運動總會下增設新生活運動總會婦女指導委員會，作為推動一切婦女工作的總機構，其下又分設中國婦女慰勞自衛抗戰將士總會，及戰時兒童保育會，此三會在當時有「三姊妹會」之稱，從事慰勞、救濟、宣傳、救護、兒童保育、戰地服務以及生產工作，都由宋主其事。1938 年 1 月號《時代週刊》以蔣、宋作為封面人物，評選他倆為 1937 年「時代年度風雲人物」，並指出「1937 年，世界上最引人注目的國家是中國。在陸地，在海洋，在天空，中國人和入侵的日本人展開了殊死搏鬥，在這個關鍵時刻，領導這個國家的是一位最能幹的領導人蔣中正和他的傑出夫人宋美齡。」這一努力，在到臺灣之後也從未改變，1950 年 4 月 17 日創辦中華婦女反共抗俄聯合會，再次團結婦女，動員婦女力量，鼓舞三軍士氣，協助安定社會，使全國婦女參與反共建國復國的大業。宋美齡一生未育，但她以全國婦女之友、全國孤兒之母自任，號召女力，為母則強，做為中華民國第一夫人，她不是生活在蔣中正光環下的小女人，而是夫妻同心、以家為國的現代女性。

Soong Mayling's investment in women's work and social work derived significant power from her religious faith, Christ's motto of "faith, hope, and love" offering guidance as she worked with the masses, giving strength as she rallied her peers, providing confidence as she continued to fight, and instilling courage to her indomitable spirit. In February 1936, the New Life Movement's General Council established the subsidiary Women's Advisory Council of the New Life Movement as the umbrella body that covered the entire spectrum of women's work, under which were established the National Chinese Women's Association for Wartime Relief and the Wartime Association for Child Welfare. These three organizations were called the "three sister committees" which engaged in consoling soldiers, administering aid, public relations, relief efforts, child welfare, wartime service, and agricultural production, all of which were directed by Soong herself. The January 1938 edition of *Time Magazine* featured Chiang and Soong on its cover, naming them as 1937's "Man and Wife of the Year," observing that "1937 was the year when the whole world focused on China. On land, sea, and in the air, Chinese and invading Japanese were locked in mortal combat. At this critical hour, the country was being led by one supreme commander, Chiang Kai-shek, and his remarkable wife, Soong Mayling." Such dedication remained even after relocating to Taiwan. On April 17th, 1950 the Chinese Women's Anti-Aggression League was established, once again mobilizing the force of women, bolstering the morale of the three armed forces, assisting in societal stability, and providing the opportunity for women of the entire country to participate in the great work of anti-Communist national restoration. Though childless, she regarded herself as a friend to all women in the land and became the self-appointed mother of all her orphans. Summoning the force of women and deriving strength from motherhood, she was First Lady of the Republic of China and not a small woman basking in Chiang Kai-shek's glory. As a modern woman united with her husband with one heart, she treated her country as her family.

1. 撫孤育幼　澤被遺眷

Consoling Orphans, Nurturing the Young,
and Comforting Bereaved Families

1928 年 10 月國民革命軍籌辦遺族學校，以培養教育陣亡將士後代，宋美齡不避艱險，
負責主事。但凡籌措經費、訓練教師、規劃課程、照顧生活，無不親力親為。學校分小
學部、中學部、和農科部，不收分文，1934 年並辦理女子學校，幫助女學生發展自身
的能力與才華。宋教育學生：「不要變成只會享受不能服務的寄生蟲，才不辜負受過遺
族教育的光榮。」宋美齡親見蔣中正建軍建國，深刻了解到軍人對國家的重要，無怨無
悔的投身其中，不僅撫孤育幼，澤被遺眷，更進一步建立眷宅、醫院，發動縫製征衣、
全國勞軍，一生都在為國軍服務。

In October 1928, the National Revolutionary Army made plans to establish schools for children
of martyred soldiers. Undaunted by risk or challenge, Soong Mayling assumed personal
leadership to raise funds, train teachers, design curriculum, and take care of residential life.
Schools were organized into Elementary School, Middle School, and Agricultural Science
divisions, and did not cost a penny to attend. By 1934, an institution for girls was also established
to develop their abilities and gifts. Soong exhorted her students to contribute to society and not
become parasites, squandering the privilege of having received such an education. Witnessing
Chiang Kai-shek's work of building the military and the country first-hand, Soong Mayling had
a deep understanding of the military's need. With good cheer she immersed herself not only in
nurturing orphans, youth and caring for families of the bereaved, but also in constructing military
housing and hospitals, and mobilizing the mending of soldiers' uniforms. Hers was a lifetime of
serving the troops.

自從國民政府在南京建設首都以後，蔣總司令覺得要有一種設施來紀念國民革命歷年為主義奮鬥和為黨國犧牲的將士先烈，安慰他們在天之靈。及至民國十七年，統一告成，政府決定對陣亡諸將士，為之建築公墓，開闢公園，以志紀念；給發卹金，撫慰寡孤，以慰英靈。但是，遺族子女大都缺乏教養，亟應設立學校，造就他們成為健全的公民，纔算是盡了撫慰遺族的責任。民國十七年十月蔣總司令向中央執行委員會提議設立「遺族學校籌備委員會」，當時就推定委員十一人，國民政府主席譚延闓先生，亦參加在內，他非常熱心，並對我說：「完全請你負責，來籌備本校。」在籌備創設的時候，當然經過許多困難，就是現在亦常有困難的問題發生；這是舉辦一種事業不能免的，只要我們能努力做去不斷地改正，必可完成我們的計劃。

宋美齡，〈國民革命軍遺族學校和女校建校的經過〉，《蔣夫人言論彙編》附錄，蔣夫人言論彙編編輯委員會編印，中華民國四十五年十月三十一日出版

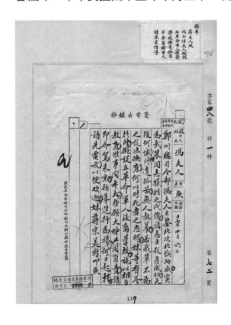

1928 年 10 月 6 日宋美齡電馮玉祥夫人
擬設立革命軍人後裔學校請即來京指導
（國史館）

《愛記》1928 年 10 月

六日，與夫人商陣亡將士遺族學校，決與馮玉祥夫人陳〔李〕德全合作，乃由夫人電馮夫人，曰：「此次北伐功成，實為武裝同志犧牲之代價，所遺孤苦，無人教養，何以對死者之忠魂？擬設革命軍人後裔學校，極願大姊共同負責，指導進行為幸。」

十三日，馮玉祥到京，公往訪之，曰：「煥兄今日所言，似甚有誠意；人皆以其歷史與性情而疑之畏之，余以為祇要自立於革命之地，亦何必疑畏人哉？余必竭誠以待之！」

佳
美
的
腳
蹤
──
宋
美
齡
與
她
的
時
代

遺族學校近訊蔣夫人熱心負責
校務日有起色
（中央日報：1929 年 6 月 24 日
第九版）

1929 年 1 月 23 日遺族學校籌備就緒及蔣中正電軍隊各官長調查各師陣亡官長士兵有十六歲以下子女願
入學者人數且以貧苦者優先入校（國史館）

1947 年 6 月 21 日宋美齡款宴遺族學校同仁（國史館）
1947 年 6 月 21 日宋美齡宴請遺族學校同仁時致詞留影（國史館）

1947 年 11 月 23 日宋美齡與上海中正中學遺族學校兩校童軍聚餐（國史館）

1948 年 1 月 23 日宋美齡陪同美國原子筆大王雷諾參觀遺族學校（國史館）

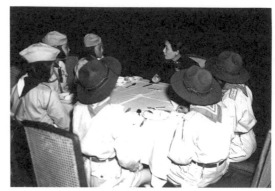

1948 年 4 月 30 日宋美齡檢閱遺族學校童軍（國史館）
1948 年 4 月 30 日宋美齡招待遺族學校童軍餐敘（國史館）

1950 年 8 月 29 日宋美齡接見遺族學校學生（國史館）

1950 年 12 月 15 日宋美齡個別召見陸軍軍官學校受訓遺族學校學生（國史館）

1953 年 9 月 19 日宋美齡舉辦園遊會招待遺族學校在臺師生並接受學生代表獻花致敬並合影（國史館）

1958 年 1 月 5 日宋美齡伉儷蒞臨國民革命軍遺族學校三十週年校慶（國史館）
1958 年 1 月 6 日宋美齡主持國民革命軍遺族學校三十週年校慶（國史館）

1958 年 1 月 6 日宋美齡參觀校史資料展覽（國史館）
1958 年 1 月 6 日宋美齡與國民革命軍遺族學校校友留影（國史館）

1958 年 1 月 6 日宋美齡與國民革命軍遺族學校校友留影（國史館）
1958 年 1 月 6 日宋美齡伉儷與國民革命軍遺族學校全體校友合影（國史館）

1959 年 11 月 12 日宋美齡接見遺族學校學生宋達權（國史館）
1959 年 12 月 25 日宋美齡偕遺族學校學生丁定中陳乃潔新婚夫婦合影（國史館）

1960 年 11 月 2 日宋美齡與在金門服役之遺族學校學生合影
（國史館）

2. 不要忘了全國一半的人
Don't Forget Half the Nation's People

1934 年蔣中正發起「新生活運動」，希望將西方文明的生活方式與中國傳統道德結合起來，除舊布新，復興民族。宋美齡是婦女界新生活運動的實際創始人，她號召婦女投入新生活運動：「國家的力量是依著人民的力量而消長的，居人口半數的婦女，有絕對的理由得為國家出力，正像她們有處理家務的職責一樣。」她以實際行動代替空談口號，將外國教會的力量、黨政高官眷屬的力量、平民百姓婦孺的力量結合在一起，「從最小處著手，向最大的目標邁進」，中國一半的人口站了起來，中國也堅強了起來。

When Chiang Kai-shek initiated the "New Life Movement" in 1934, he hoped to fuse Western civilization's lifestyle with traditional Chinese values, replacing old ways with new and revitalize the nation. As the founder of the Women's Arm of the New Life Movement, Soong Mayling rallied women to join, observing that the strength of a nation lies in the strength of its people. As half of the population, women absolutely needed to contribute to the nation, just as they had the duty to manage their households. Replacing actual conduct with rhetoric, she combined the influence of Western churches and high-ranking families of the Party and government with the grassroots power of ordinary women and children. By "taking humble steps towards the loftiest goal,"half of China's population stood up and China also became strong.

1934 年 2 月蔣中正在南昌發起新生活運動
（國史館）

1934 年 1 月 23 日

預定：一、警察對社會之風化與整潔責任；二、女子書店前之曬衣；三、沿途破茅屋。

1934 年 2 月 1 日

今日之我是由幼年時代家庭教育，父母所鍛煉，青年時代日本軍事教育所琢磨；壯年時代總理革命教育所陶冶而成也。

1934 年 2 月 5 日

本日上午到航空學校與省政府之紀念周，各訓話約一時半以上，自信此兩次訓話當有影響也。

1934 年 2 月 10 日　　六、各省漸有進步。

1934 年 2 月 19 日

本日到紀念周訓話，要社會軍事化，學日人洗冷面，吃冷飯，先與其生活求比較，然後再言其他。

1934 年 3 月 4 日

預定：一、國民經濟建設運動；二、統一國家之建立運動；三、國民精神刷新文化建設運動。

1934 年 3 月 11 日　　十、新生活運動有效。

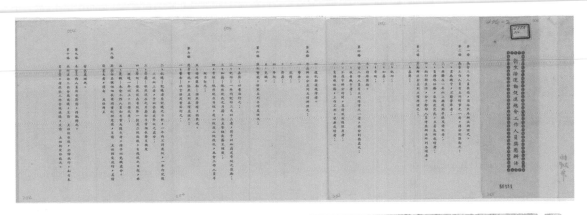

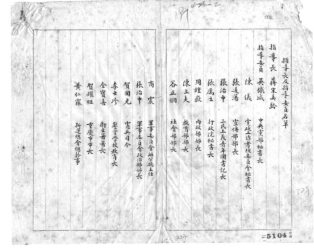

1935 年新生活運動促進總會工作人員
獎懲辦法與婦女指導委員會等組織大綱
及指導委員名單
（國史館）

新生活運動 1934 年 2 月發軔
（國史館）

新生活運動是無所不在的，從學校到幹訓班，從國內團體到國外團隊，宋美齡用聲音、用文字、用活動帶動中國婦女，也打動外國人的心。

1934 年 6 月宋美齡伉儷與吳貽芳、約翰·馬吉（John C. Magee），攝於金陵女子大學（國史館）

1941 年宋美齡接見新生活運動總會婦女指導委員會駐美分會代表（國史館）

宋美齡將《新生活運動綱要》譯成英文，送各國傳教士寄給國外的傳道部，[1] 也多次對歐美廣播新生活運動的意義。

---

1 鄧文堃，《宋美齡-基督教-新生活運動》，文史資料選輯第九十三輯。

1937 年 2 月 21 日

回寓批閱妻對歐美放送廣播電音,說明新運意義,為人稱許,甚慰。

1947 年新生活運動婦女指導委員會
歡迎美國援華會訪華
（國史館）

1938 年宋美齡參加新運婦指會招待各界婦女大會並在會上訓話（國史館）

1938 年宋美齡參與婦女幹部訓練班勞動服務（國史館）
1938 年宋美齡向志願參加婦女工作團女青年訓話（國史館）

1938 年宋美齡親自為武漢新建婦女幹部訓練班學員佩紀念章（國史館）
1938 年宋美齡主持婦女幹部訓練班畢業典禮（國史館）

1938 年宋美齡步出新生活婦女工作團大門時留影（國史館）
1938 年 5 月 20 日宋美齡與出席廬山婦女談話會之全體代表合影（國史館）

1938 年 10 月 13 日

巡視傷兵收容所，所長無識遊滑，汙穢不堪，苦我傷兵，痛恨之至，幸有余妻代為監察，聊得自慰也。

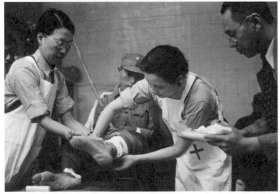

宋美齡率新運總會巡視傷兵醫院
（國史館）

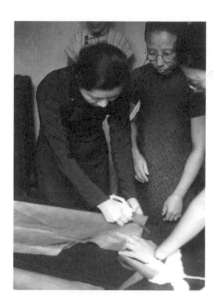

1938 年 10 月宋美齡在婦女會縫紉示範裁剪
（國史館）

1938 年 10 月宋美齡在婦女會縫紉班為前線戰士親縫征衣（國史館）
1938 年 10 月宋美齡在婦女會縫紉班講話（國史館）

1939 年 3 月宋美齡主持新生活運動大會服務所揭幕典禮（國史館）
1939 年 3 月 4 日宋美齡在重慶市商會統計當天獻金數字（國史館）

1939 年 3 月 5 日

回渝參加婦女獻金運動，妻之奮興提倡，一日竟得六十三萬六千餘元之數，此為婦女界破天荒之佳象，足以自詡於世界矣。

1939 年 3 月 8 日宋美齡主持婦女節慶祝大會（國史館）
1939 年 3 月 8 日宋美齡主持婦女節慶祝大會拍賣活動（國史館）

1939 年 3 月 8 日宋美齡主持婦女節慶祝大會同時主持婦女國民公約宣誓大會（國史館）
1939 年 3 月 8 日宋美齡於婦女節慶祝大會之台上全景（國史館）

1940 年 2 月 19 日宋美齡參加新生活運動六周年紀念婦女界獻旗致敬（國史館）
1940 年 2 月 19 日宋美齡與新生活運動服務所婦女高級幹部訓練班員生們合影（國史館）

1940 年 2 月 19 日新生活運動六週年紀念宋美齡宴請婦女代表（國史館）
1941 年婦女會工作同仁列隊歡迎宋美齡蒞臨（國史館）

1941 年 2 月 19 日蔣中正與宋美齡出席新生活運動七週年紀念大會（國史館）
1941 年宋美齡、宋慶齡、宋靄齡參觀重慶托兒所（國史館）

1938 年 9 月 3 日

吾妻昨以收容一個難童，似為其一日工作最大之收獲，可知難童孤獨無依者之如何苦痛也，惟有於戰後報答而已。

1941 年宋美齡主持戰時兒童保育院成立三週年紀念（國史館）
1941 年 4 月宋美齡主持婦女工作會議（國史館）

1941 年 4 月蔣中正與宋美齡與婦女工作會議人員合影（國史館）
1941 年 4 月宋美齡接見新生活運動總會婦女指導委員會駐美分會代表（國史館）

1941 年 4 月宋美齡與新生活運動總會婦女指導委員會駐美分會代表合影（國史館）
1941 年 5 月宋美齡偕宋靄齡宋慶齡巡視重慶空襲災區（國史館）

1941 年 5 月宋美齡偕宋靄齡、宋慶齡參觀重慶市民防空洞（國史館）
1941 年宋美齡偕宋靄齡、宋慶齡巡視江北傷兵收容所（國史館）

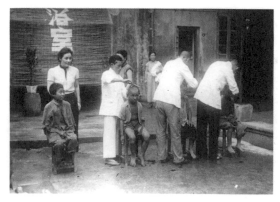

1941 年宋美齡巡視內江縣各處與女青年談話時留影（國史館）
1941 年 8 月 1 日宋美齡巡視戰時兒童保育院（國史館）

1941 年宋美齡偕宋靄齡、宋慶齡巡視軍政部婦女工作隊（國史館）
1941 年 8 月 1 日宋美齡步出設於都郵街新生活運動總會保育院時留影（國史館）

1944 年宋美齡偕宋靄齡巡視華聯鍊鋼廠各處時留影（國史館）
1944 年宋美齡於重慶歌樂山招待保育院兒童（國史館）

1944 年蔣中正及宋美齡與重慶保育院兒童談話時留影（國史館）
1944 年宋美齡主持新生活運動會模範區三十三屆國際婦女節慶祝大會（國史館）

1944 年宋美齡主持新生活運動會模範區三十三屆國際婦女節慶祝大會時致詞留影（國史館）
1945 年 3 月 24 日宋美齡與新生活運動促進總會總幹事黃仁霖夫人合影（國史館）

1945 年 10 月 21 日宋美齡向陸軍二〇三師婦女
工作隊訓話（國史館）

1946 年 5 月 28 日

下午與夫人同往第九一後方醫院慰問傷病兵，斷股殘趾，無任悽愴。有一士兵對余所問日緬甸受傷以後，就有罐頭波蘿蜜吃，現在亦想吃此物，余乃送以昨日由京新到之荔枝，不知其能可口否？

這世上有許多爭取女權運動的社會菁英，但宋美齡從來就不是在爭女權，她要爭取的是全國婦女的走入社會國家，全國幼兒受到最好的照顧保護，而蔣中正也從宋美齡的身體力行中學到的許多。

1946 年 10 月 25 日宋美齡於首屆光復節接待
臺灣省婦女代表（國史館）

1947 年宋美齡接受奉化縣婦女代表呈獻禮品（國史館）
1948 年 1 月 15 日宋美齡陪同美國參議員周以德賑濟分發貧民寒衣（國史館）

1948 年 6 月 30 日宋美齡參觀婦女界成果展（國史館）

3. 安得廣廈千萬間，大庇天下寒士俱歡顏
Tens of Millions of Guangxia Mansions Offer Shelter to All in Need

1950 年宋美齡到臺澎各軍醫院慰問傷患將士，跑遍了全島主要的醫院和軍事基地，這一過程使她深刻感覺到在臺灣，軍人同樣是最需要得到照顧的一群。婦聯會的工作中，一直以來主要就在為軍隊、為軍眷服務，而其中最大手筆與影響最大的，當推軍眷住宅的興建。1960 年婦聯會成立十周年時提到：「最近四年中，我們籌建了一萬幢軍眷住宅，這個不但表示我們對軍眷的愛護，同時我們是在使軍中的同志能夠無後顧之憂。」「安得廣廈千萬間，大庇天下寒士俱歡顏」是詩聖杜甫的豪情壯語，但宋美齡做到了。

Soong Mayling travelled in 1950 to all the major hospitals and military compounds in Taiwan and Penghu to support troops who were wounded or ill. In the process, she realized that Taiwan's soldiers were also a group that most needed care. The work of the National Women's League has traditionally involved serving the military and mlitary families, the work of greatest impact and expense being the construction of military housing. At the tenth anniversary of the National Women's League, it was announced that, "In the last four years, we have raised funds to construct 10,000 military residences. This not only represents our care for military families, but also permits our comrades-in-arms to focus on their duties without worrying about their families." The poetic lines, "Tens of millions of Guangxia mansions / Offer shelter to the poor world-wide, giving joy"may be lofty sentiments articulated by revered poet Du Fu, but Soong Mayling could actually accomplish the work.

宋美齡 1950 年 1 月 13 日自美返臺，略事休整就開始了勞軍的行程，她可能是第一個也是唯一一個臺澎金馬走透透的第一夫人。

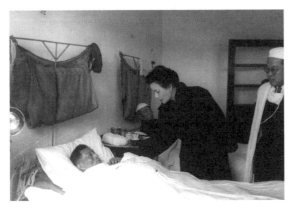

1950 年 1 月 21 日宋美齡慰問三軍總醫院病房傷患（國史館）
1950 年 1 月 21 日宋美齡巡視三軍總醫院病房時與醫護人員握手留影（國史館）

1950 年 1 月 21 日宋美齡蒞臨廣州街三軍總醫院慰問金門大捷及登步島苦戰負傷將士（國史館）
1950 年 2 月 6 日宋美齡偕同旅菲僑領飛抵金門前線勞軍（國史館）

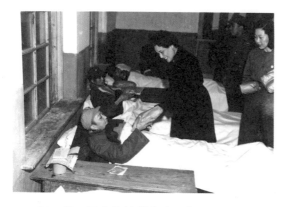

1950 年 2 月 8 日宋美齡蒞臨陸軍十五醫院慰問傷患贈送禮物（國史館）
1950 年 2 月 12 日宋美齡蒞臨臺中空軍醫院慰問傷患（國史館）

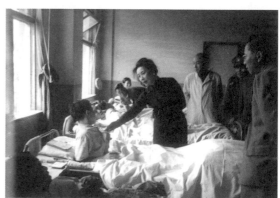

1950 年 2 月 12 日宋美齡蒞臨臺中陸軍裝甲兵基地巡視（國史館）
1950 年 2 月 12 日宋美齡慰問臺中陸軍裝甲兵住院傷患（國史館）

1950 年 2 月 13 日宋美齡巡視嘉義空軍基地指揮所（國史館）
1950 年 2 月 14 日海軍官眷熱烈歡迎宋美齡蒞臨（國史館）

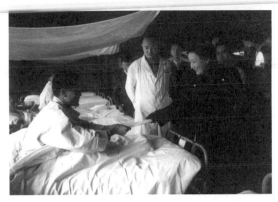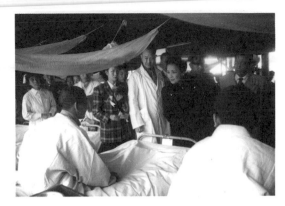

1950 年 2 月 14 日宋美齡於海軍總醫院慰問傷患（國史館）
1950 年 2 月 15 日宋美齡慰問陸軍醫院傷患（國史館）

1950 年 2 月 15 日宋美齡蒞臨鳳山陸軍訓練基地參觀新兵訓練活動（國史館）
1950 年 2 月 15 日宋美齡至鳳山陸軍醫院慰問傷患接受代表獻花致敬（國史館）

1949 年的大撤退，在世人看來，這時的中華民國退守孤島，風雨飄搖；對蔣中正而言，這更是他在人生的谷底；但宋美齡依舊能維持著堅定的信念與積極的態度，走透透的勞軍行程，讓她更深切的體認到隨政府遷到臺灣的軍隊和軍眷，是最需要被照顧的一群。

1950 年 2 月 21 日

夫人為前方士兵生活寒冷與苦痛之呼籲禱告，其迫切情緒幾乎甚於自我。上帝有靈，必能鑒察吾人之苦衷，援助國軍勝利，解脫我官兵之苦楚也。

1954 至 1955 年第一次臺海危機，閩浙沿海列島軍民撤退來臺，亟需安頓，在宋美齡的指示下，婦聯會幹部自接待、救助到後續建村安置，發揮了重要的穩定力量。

1955 年 1 月 29 日宋美齡慰問大陳來臺義胞子弟及孤兒（國史館）
1955 年 1 月 29 日宋美齡主持大陳來臺義胞救濟會議（國史館）

1955 年 2 月 10 日宋美齡慰問大陳來臺兒童
（國史館）

1955 年 1 月大陳島國軍及居民三萬餘人撤居臺灣，當時政府在花蓮、高雄、基隆等十二個縣市建有三十五個大陳新村。

1956 年 2 月 8 日宋美齡蒞臨高雄旗津大陳義胞新村（國史館）
1956 年 2 月 8 日宋美齡蒞臨高雄旗津大陳義胞新村時受到義胞夾道歡迎（國史館）

1956 年 2 月 8 日蔣經國陪同宋美齡視察高雄大陳義胞新村，感到軍眷所住多為克難房子，即在 5 月 19 日主持婦聯會成立六周年紀念會暨工作檢討會後，宣布預建軍眷建築住宅千棟，按每棟價款 6 千元計，需經費 6 百萬元，茶會賓客當場認捐 161 棟。

光玉，〈婦聯半年（一）〉，《中華婦女》，第 6 卷第 11 期（1956.07），頁 7

1956 年 5 月 19 日宋美齡與蔣方良於中華婦女反共聯合會慶祝成立紀念茶會上籌募軍眷住宅經費（國史館）

1956 年 5 月 19 日

晡到婦聯會，聞在會中已捐募軍屬眷舍一百六十一棟，成績甚佳也。

1956 年 5 月 26 日上星期反省錄

夫人發起捐建軍眷眷舍四千棟事，已有半數以上認捐，其成績與進行情形甚佳，此為兩年來時用懷念，而未能實施之事也。

婦聯會決募捐三千萬元建軍眷住宅四千幢
（中央日報：1956 年 5 月 25 日第 1 版）

1956 年 5 月 24 日宋美齡主持軍眷住宅會議
（國史館）

1956 年 8 月 14 日宋美齡接受美國民航隊總經理魏勞爾先生呈獻軍眷住宅捐款（國史館）
1956 年 11 月 8 日宋美齡主持軍眷住宅籌建委員會議（國史館）

1957 年 1 月 19 日　八、士兵家眷之安頓（51D）。

1957 年 3 月 28 日　一、小學校舍軍眷遷住眷舍。

1957 年 5 月 3 日　三、軍眷住宅規約與管組問題。

蔣日記中不時出現的待辦事項，也可以看到他的關心和支持。

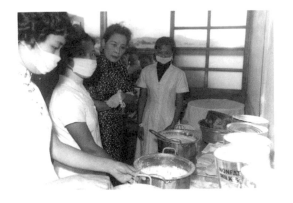

1957 年 6 月 25 日宋美齡巡視板橋軍眷住宅（國史館）

1957 年 7 月 2 日宋美齡接見軍眷住宅監工小組人員（國史館）
1957 年 7 月 7 日宋美齡主持軍眷住宅分配會議（國史館）

1957 年 9 月 18 日宋美齡親書各軍眷住宅村名（國史館）
1957 年 12 月 7 日宋美齡主持軍眷住宅會議（國史館）

1958 年 4 月 23 日宋美齡陪同美國記者參觀板橋婦聯一村（國史館）
1959 年 10 月 2 日宋美齡訪視板橋新建軍眷宿舍（國史館）

1959 年 10 月 2 日宋美齡出席軍眷宿舍落成典禮與駐華美君顧問眷屬寒暄（國史館）
1960 年 9 月 14 日宋美齡參觀空軍眷舍（國史館）

1963 年 10 月 9 日宋美齡巡視婦聯五村（國史館）
1963 年 11 月 27 日宋美齡偕同美國前參議員諾蘭夫人參觀空軍眷村（國史館）

1964 年 10 月 20 日宋美齡巡視海軍眷區（國史館）
1964 年 11 月 15 日宋美齡接見軍眷住宅營建有功人員合影（國史館）

4. 婦聯會與祈禱會
The National Women's League and the Prayer Meeting

來臺後，宋美齡對信仰有了更深刻的認識，也對透過信仰的力量推動社會工作更有信心，因此建立了「中華婦女反共抗俄聯合會」（現名中華民國婦女聯合會，簡稱婦聯會）和「中華基督教婦女祈禱會」（簡稱祈禱會）。婦聯會是融合宗教情懷的社會關懷機構，祈禱會負責在各軍醫院宣道及慰勞住院傷兵，「救病扶弱、敬事天主」是婦聯會與祈禱會共同的永恆的內在。其目的都在透過信仰的力量，建立完善的社會組織，從事以軍隊官兵及眷屬為主要目標的慈善事業、社會工作。宋美齡相信「一條繞遍全球的、由各地祈禱會所組成的鎖鏈必能有助於世界和平的建立。這種鎖鏈比任何宣傳還要有力量。」

After coming to Taiwan, Soong Mayling developed a deeper understanding of the Christian faith and became more confident in using its power to propel social work, thereby establishing "The Chinese Women's Anti-Aggression League" (shortened to "National Women's League") and "The Weekly Prayer Meeting of the Chinese Christian Women's Group" (shortened to "Prayer Meeting"). The National Women's League is a socially engaged organization with religious compassion, while the Prayer Meeting is responsible for comforting wounded troops in all military hospitals and spreading the Word. Both groups share "Heal the sick, support the weak, and revere the Lord" as their enduring core values and raison d'être, their purpose being to harness the power of religious faith to establish a comprehensive societal structure, focusing on the military and their families as their main philanthropic work. Soong Mayling believed that a chain comprising local prayer meetings around the world could usher forth world peace and was more powerful than any propaganda.

宋美齡對於婦女工作、社會工作的投入，有相當大的動力源自於她的宗教信仰，耶穌基督「信、望、愛」的精神，是她走入人群的支持，是她號召同儕的力量，是她堅持奮鬥的信心，是她永不放棄的勇氣。這從她 1950 年到了臺灣之後，就建立了婦聯會和祈禱會的一體組織可以看得出來。

1950 年 4 月 3 日宋美齡主持中華婦女反共聯合會籌備會議（國史館）
1950 年 4 月 3 日宋美齡於中華婦女反共聯合會籌備會議上倡議募捐白米救濟大陸災胞（國史館）

1950 年 4 月 17 日宋美齡主持中華婦女反共聯合會成立大會（國史館）
1950 年 4 月 19 日宋美齡於中華婦女反共聯合會成立大會閉幕式上致詞留影（國史館）

1950 年 4 月 19 日宋美齡
與全體出席中華婦女反共
聯合會會議代表合影
（國史館）

成立大會包括學術界、政界、農工界及基層婦女代表二百餘位與會，宋美齡以「盡義務、負責任」為號召，明白指出婦女工作對國家生存的重要性。

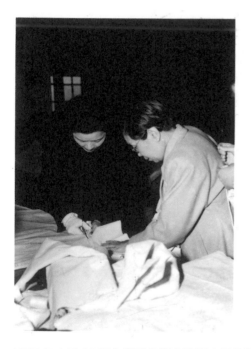

1950 年 4 月 26 日宋美齡參觀中華婦女反共聯合會工作情形親為前方將士裁縫征衣（國史館）

1950 年 5 月 5 日宋美齡陪同美國記者訪問團參觀中華婦女反共聯合會工作情形（國史館）
1950 年 5 月 5 日宋美齡在中華婦女反共聯合會聯勤分會成立大會上致詞留影（國史館）

1958 年第二次臺海危機期間，舟山群島部隊移轉回臺，婦聯會立即負起與當年協助大陳軍民同樣的工作。

1950 年 5 月 18 日宋美齡親率中華婦女反共聯合會代表在基隆碼頭迎舟山轉進來臺部隊（國史館）

1950 年 5 月 18 日宋美齡親率中華婦女反共聯合會代表在基隆碼頭迎接舟山首批抵臺部隊並親自分贈慰勞品（國史館）

1950 年 5 月 18 日

妻往基隆慰勞由定海撤退來臺之國軍將士，至夜始回。聞將士身心皆甚強壯，軍容極佳為慰。……前草廬入浴後，往基隆接妻回寓。

1950 年 6 月 1 日宋美齡於中華婦女反共聯合會
親自為將士編織草鞋（國史館）

婦聯會發動為將士縫征衣，動員全國的婦女，這一大眾歷史的印象深入到 50 年代臺灣民眾的心中，也是當時僑胞返臺、國外友人訪華必定參觀的項目。

1950 年 8 月 16 日宋美齡接待旅菲華僑回國考察團參觀中華婦女反共聯合會（國史館）
1950 年 8 月 24 日宋美齡接待美國作家沙爾女士及法國記者沙利白參觀中華婦女反共聯合會（國史館）

1950 年 11 月 23 日宋美齡接待美國參議員諾蘭夫婦參觀中華婦女反共聯合會（國史館）

1950 年 12 月 13 日宋美齡巡視海軍中華婦女反共聯合會分會（國史館）
1951 年 1 月 13 日宋美齡偕同美國記者赫金斯女士參觀中華婦女反共聯合會（國史館）

1951 年 1 月 26 日宋美齡偕同聯合國農復會委員米勒博士及史蒂文斯參觀中華婦女反共聯合會（國史館）
1951 年 2 月 2 日宋美齡於中華婦女反共聯合會縫紉留影（國史館）

宋美齡經常邀請外賓參觀婦聯會的工作場域，讓外國朋友瞭解婦聯會的工作和成果，獲得許多的支持。

1951 年 3 月 26 日宋美齡接待美國醫藥援華會理事長參觀中華婦女反共聯合會（國史館）
1951 年 4 月 23 日宋美齡接待美國民主黨參議員麥紐生參觀中華婦女反共聯合會（國史館）

1951 年 4 月 17 日宋美齡於中華婦女反共聯合會孺慕堂落成典禮致詞留影（國史館）
1951 年 4 月 17 日宋美齡為中華婦女反共聯合會孺慕堂落成啟用剪綵（國史館）

1951 年 5 月 19 日宋美齡接待外籍記者參觀中華婦女反共聯合會（國史館）
1951 年 7 月 25 日宋美齡接待美國維蘭大學校長馬爾紹等人參觀中華婦女反共聯合會（國史館）

1951 年 12 月 8 日宋美齡陪同美國議員史密斯等人參觀中華婦女反共聯合會（國史館）
1952 年 1 月 14 日蔣中正陪同宋美齡出席中華婦女反共聯合會春節聯歡會（國史館）

1952 年 1 月 14 日

到婦聯會同樂會，紀念夫人回臺二周年也。

1952 年 4 月 17 日宋美齡主持中華婦女反共聯合會成立二週年紀念大會（國史館）
1952 年 4 月 17 日宋美齡接受中華婦女反共聯合會各訓練班獻旗致敬（國史館）

宋美齡重視訓練，因為她深刻瞭解「授人以魚，不如授人以漁」，要號召女力為國服
務，最重要的是要透過各種的訓練班加強她們的工作技能。

1952 年 11 月 13 日宋美齡接待紐約時報主筆史密斯及臺灣特派員李博文夫婦等人參觀中華婦女反共聯合會
（國史館）
1953 年 4 月 9 日宋美齡接待美國星期雜誌主筆蓋爾及聶士古夫婦參觀中華婦女反共聯合會（國史館）

1953 年 4 月 17 日宋美齡於中華婦女反共聯合會成立三週年紀念大會上頒發績優子弟獎學金（國史館）
1953 年 4 月 17 日宋美齡主持中華婦女反共聯合會成立三週年紀念大會致詞（國史館）

1953 年 6 月 5 日宋美齡接待美國參謀首長聯席會議主席雷德福夫人參觀中華婦女反共聯合會（國史館）
1953 年 11 月 10 日宋美齡接待美國副總統尼克森夫人參觀中華婦女反共聯合會（國史館）

1953 年 11 月 27 日宋美齡代表中華婦女反共聯合會收養兩名孤兒（國史館）
1954 年 10 月 26 日宋美齡接待世界女青年會副會長穆爾夫人參觀中華婦女反共聯合會（國史館）

1954 年 12 月 16 日宋美齡主持中華婦女反共聯合會常務委員會會議（國史館）
1955 年 2 月 21 日宋美齡陪同美國參議員史密斯夫人欣賞中華婦女反共聯合會工作紀錄照片（國史館）

1955 年 10 月 6 日宋美齡於中華婦女反共聯合會
包裝國慶勞軍慰勞品
（國史館）

每年雙十節國慶的擴大勞軍是婦聯會最重視的工作，參加人員除了婦聯會成員以外，政
府各部門首長夫人、各國駐華使節夫人、友邦人士均會受邀。勞軍活動分門別類頗多，
對前線三軍將士多組織康樂隊，由婦聯會邀請臺灣有名的技藝團體或視影歌星，前往表
演，並附帶購贈康樂器材、各種棋牌。對醫院傷患官兵及烈士遺族或無依軍眷則多致送
慰問金；一般軍眷則發送電影慰勞券；早年也會贈送貧苦軍眷脫脂牛奶、奶粉、牛油等
實用物資。

1955 年 11 月 15 日宋美齡於中華婦女反共聯合會慰問在茶會表演之小朋友（國史館）
1956 年 11 月 5 日宋美齡陪同美國勝家公司總經理萊特夫人參觀中華婦女反共聯合會縫衣工廠（國史館）

1958 年 4 月 17 日蔣中正與宋美齡為中華婦女反共聯合會成立八週年紀念茶會招待中外婦女界時和與會人員合影（國史館）
1958 年 4 月 23 日宋美齡率領中華婦女反共聯合會巡視惠幼托兒所（國史館）

1958 年 4 月 23 日宋美齡巡視中華婦女反共聯合會參觀縫衣工廠（國史館）
1962 年 3 月 7 日宋美齡參觀中華婦女反共聯合會各分會手工藝品展覽留影（國史館）

1964 年 7 月 14 日宋美齡躬臨主持中華婦女反共聯合會救護幹部訓練班第五期結業典禮（國史館）
1968 年 2 月 3 日宋美齡主持為救濟越南難民發起捐募衣物運動舉行中華婦女反共聯合會常務委員會議留影（國史館）

宋美齡對祈禱會的說明：

　　一九四九年，國內形勢轉變，我到達臺灣以後不久，便覺得神呼召我組織一個祈禱的團體。……於是，我就邀請了五位朋友到我的新居裡來，她們都是虔誠的基督徒。我告訴她們，從那天起我希望有一個祈禱會。我提起耶穌基督的應許說，若有兩三個人奉祂的名聚會，祂就在他們中間。如果她們同意，我們就可以一同為中國和世界的命運祈禱。從那時起，我們就在每星期三下午舉行祈禱會，五年來一直沒有間斷過。……每此結束的時候，我們例必按著上帝的旨意為中國的前途和世界和平祈禱。[2]

1956 年 7 月 11 日宋美齡主持基督教婦女祈禱會流動醫院奉獻儀式（國史館）
1951 年 7 月 11 日宋美齡參加祈禱會留影（國史館）

祈禱會的幹部與婦聯會重複率極高，但祈禱會的布道工作是由另一群專業的宗教人員所執行，祈禱會所牧養的力量回到婦聯會，分擔婦聯會的工作。兩個組織相互支援彼此，相輔相成，共存共生，而宋美齡就是這中間最重要的樞紐和轉換鍵，透過她使這兩者運轉靈活自然。

2　宋美齡著，張心漪譯，〈祈禱的力量〉；宋美齡，〈Main Attack〉，中文譯為〈主攻〉，《喬治‧E‧索科爾斯基（George E. Sokolsky）檔案》，史丹佛大學胡佛研究所藏，典藏號：Box No. 0035。轉引自呂晶，《宋美齡的後半生：找到真實的第一夫人》（新北：臺灣商務印書館，2016），頁 189-199。

1956 年 10 月 31 日宋美齡伉儷
與祈禱會婦女來賓合影
（國史館）

當時在各大軍醫院都有祈禱會所指派的專責牧師，除負責總視察的周聯華牧師外，還有
臺北三軍總醫院的呂耀謙牧師、桃園陸軍八二五醫院及陸總空防部看守所牧師顏永德、
基隆海軍醫院及公館八二九醫院朱守信牧師、北投八三一醫院林國銘牧師、石牌榮民醫
院宣鐵銘牧師、楠梓榮民醫院侯靈船牧師、李長耀牧師、臺南八〇四空軍醫院陸斌森牧
師、嘉義劉厝里灣橋空軍醫院王會澄牧師、臺中八〇三總醫院何清和牧師、埔里榮民醫
院程琪牧師等。[3]

1956 年 7 月 11 日宋美齡伉儷與參加基督教婦女祈禱會之流動醫院剪綵儀式之貴賓合影（國史館）

---

3 中華基督教婦女祈禱會林國銘牧師提供資料。轉引自李靖波，《蔣夫人與中華基督教婦女祈禱會之研
究》（臺北：中華福音神學院神學碩士科論文，2004），頁 15。

「在祈禱會工作範圍內，還有慰勞傷兵，在三軍醫院布道，向軍眷布道等事。慰勞傷兵，每年聖誕節，由蔣夫人親自率領，分組慰勞各軍醫院傷患士兵，並贈送物品。我們眾人，分途臨床贈禮、唱聖詩和祈禱。三軍醫院布道，由祈禱會執行委員請牧師及傳道人，在各處軍醫院臨床布道及禮拜日傳道等事。」[4]

1961 年 1 月 4 日宋美齡與祈禱會教友合影
（國史館）

在婦聯會的團體中，並不完全是具有基督信仰的，但宋美齡以自己的信仰、自己的理念、自己的力量，結合了宗教信仰、國家信念、人際信心，因為有宗教信仰所以能堅持熱情，因為有國家信念所以能犧牲小我，因為有人際信心所以能團結力量，將這三者貫徹在婦聯會的組織體系與工作項目上，才有了豐碩的成果。

4　曾寶蓀，《曾寶蓀回憶錄》（香港：基督教文藝出版社，1970），頁 192-193。

5. 華興學校與振興醫院
Hua Hsin School System and Cheng Hsin Rehabilitation and Medical Center

透過婦聯會與祈禱會相輔相成的力量，宋美齡在臺灣推動的各種工作，諸如廣建軍眷住宅、號召縫製征衣、慰勞前線官兵、關愛遺孤等服務工作，都以軍人軍眷為主要服務對象。由她所創立最為人熟知的慈善事業華興學校和振興醫院來看，一個是遺族學校理念的延伸，一個是小兒麻痺症的醫療機構，都是在為默默保國衛民的官兵分憂解勞。「別人不做的我們來做」，本著信仰理念籌組織、建眷區、辦學校、興醫院，宋美齡真正把基督教精神帶進生活，把她對蔣中正、對家國的情感推而及於社會大眾。

The synergy between the National Women's League and Prayer Meeting assisted Soong Mayling in birthing a multitude of initiatives. These included widely establishing military residences, mobilizing women to sew military uniforms, supporting troops at the frontlines, and caring for orphans; these initiatives predominantly focus on serving the military and their families. Her most notable charitable efforts, the founding of the Hua Hsin School System and the Cheng Hsin Rehabilitation and Medical Center, both quietly attest to her goal of supporting the troops who protect the nation: one is an extension of the schools for martyred troops, while the other is an institution that assists those stricken with polio. "Let's do what others won't": using religious faith as her core value, she created networks, constructed military residential areas, founded schools, established hospitals, and truly integrated Christ's spirit in daily life, extending the love she had for Chiang Kai-shek and her country to the entire society.

1955 年 1 月，大陳島居民一萬八千餘人撤退來台，遺孤難童數百人極待救助，宋美齡創辦華興育幼院，收容離鄉背井的大陳義胞子弟及國軍烈士遺孤。

1955 年 1 月 29 日宋美齡主持大陳來臺義胞救濟會議（國史館）
1955 年 1 月 29 日宋美齡慰問大陳來臺義胞子弟及孤兒（國史館）

1955 年 1 月 29 日宋美齡慰問大陳來臺義胞子弟及孤兒（國史館）

1955 年 11 月 25 日宋美齡接見華興育幼院兒童（國史館）

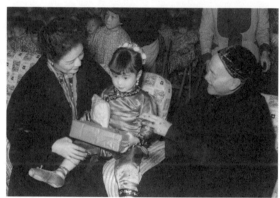

1955 年 12 月 22 日宋美齡主持華興育幼院聖誕同樂會（國史館）
1955 年 12 月 22 日蔣中正偕宋美齡於華興育幼院聖誕同樂會與兒童合影（國史館）

1955 年 12 月 23 日

與妻到婦聯會參觀「華興」育幼院（即大陳義民子女），兒童為聖誕節表演光武復國話劇，並由美十三航空隊發給各童玩具為歡也。

1955 年 12 月 22 日蔣中正偕宋美齡於華興育幼院聖誕同樂會欣賞表演（國史館）
1956 年 11 月 5 日宋美齡邀美國勝家公司總經理萊特夫婦參觀華興育幼院（國史館）

1957 年 7 月 13 日宋美齡巡視華興育幼院（國史館）

1957 年 7 月 16 日宋美齡巡視華興育幼院校區（國史館）
1957 年 7 月 16 日宋美齡主持華興育幼院畢業典禮（國史館）

1957 年 12 月 31 日宋美齡陪同美國紐約區總主教史培爾曼參觀華興育幼院院區各處（國史館）

1958 年 1 月 5 日宋美齡巡視華興育幼院（國史館）
1958 年 1 月 4 日宋美齡伉儷巡視華興育幼院（國史館）

1958 年 1 月 5 日

正午到華興育兒院參觀小幼童表演甚佳，午課後與妻車遊山上一匝，晚閱貞觀政要崇儒學篇，觀影劇動物農場後晚課。

1958 年 4 月 24 日宋美齡參觀華興育幼院院童體操課情形（國史館）
1958 年 4 月 24 日宋美齡參觀華興育幼院院童伙食用餐（國史館）

佳
美
的
腳
蹤
——
宋
美
齡
與
她
的
時
代

1959 年 9 月 21 日宋美齡接待菲律賓駐華大使及衛
生部長夫人參觀華興育幼院
（國史館）

1960 年 3 月 28 日宋美齡偕同外賓參觀華興育幼院
（國史館）

1960 年 5 月 6 日宋美齡陪同菲律賓總統賈西亞夫人參觀華興育幼院（國史館）

1960 年 8 月 22 日華興育幼院學生代表向宋美齡及宋伯熊宋仲虎兄弟致詞答謝（國史館）
1960 年 8 月 22 日華興育幼院學生代表致詞答謝宋伯熊宋仲虎兄弟（國史館）

1960 年12 月23 日宋美齡伉儷參加華興育幼院聖誕同樂會（國史館）

1960 年 12 月 23 日

六時到華興育幼院，見兒童天真誠摯，歡呼響聲震耳欲聲，感動萬分。

1960 年12 月29 日宋美齡為華興育幼院兒童
畫展剪綵（國史館）

1960 年12 月29 日宋美齡主持華興育幼院院童
獲國際兒童畫展得獎頒獎典禮（國史館）

1960 年 12 月 29 日宋美齡欣賞華興育幼院院童
畫展（國史館）

1961 年 5 月 23 日宋美齡陪同秘魯總統浦樂多夫人參觀華興育幼院（國史館）
1961 年 5 月 23 日宋美齡陪同秘魯總統浦樂多夫人參觀育幼院（國史館）

1961 年 7 月 29 日宋美齡於華興育幼院六週年院慶典禮訓話（國史館）
1961 年 7 月 29 日宋美齡頒獎華興育幼院績優同學（國史館）

1961 年 7 月 29 日宋美齡為華興育幼院新建球場揭幕剪綵（國史館）
1961 年 7 月 31 日宋美齡伉儷與華興育幼院優秀師生合影（國史館）

1961 年 7 月 31 日

晚為華興育幼院初中畢業生聚餐（在後公園）。

1964 年 12 月 23 日宋美齡與華興育幼院院童共渡聖誕節（國史館）
1967 年 12 月 22 日宋美齡與華興育幼院院童歡渡聖誕節（國史館）

1968 年 12 月 20 日宋美齡蒞臨華興育幼院與院童共渡聖誕節（國史館）
1969 年 4 月 22 日宋美齡為華興育幼院游泳池行破土典禮（國史館）

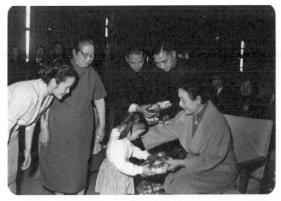

1970 年 12 月 23 日宋美齡與華興育幼院院童共渡聖誕節（國史館）
1971 年 12 月 23 日宋美齡參觀華興育幼院與院童共度聖誕節（國史館）

1972 年 12 月 23 日宋美齡邀請嚴家淦副總統與華興育幼院院童共渡聖誕節（國史館）
1973 年 7 月 27 日宋美齡接見華興青少年棒球隊（國史館）

1973 年 7 月 27 日宋美齡與華興青少年棒球隊合影（國史館）
1973 年 9 月 6 日榮獲世界青少棒球賽冠軍之華興青少棒球隊向宋美齡獻旗致敬（國史館）

1959 年屏東基督教醫院首開其端,設置麻痺兒童之家,為出院患童住宿和教養的場所。[5] 1964 年 3 月,宋美齡親至該院視察。[6] 是年冬季,宋美齡為小兒麻痺患者籌設復健醫療機構,即振興復健醫學中心(振興醫院),採多元化治療方式,包括手術矯正、物理治療、作業治療、心理復健、職業訓練及患童教育等,讓小兒麻痺患者能在該院獲得完整的復健。[7]

1967 年 8 月 11 日宋美齡主持振興復健醫學中心董事會(國史館)
1967 年 11 月 8 日宋美齡陪同美國報人魯斯夫人參觀振興傷殘重建院(國史館)

1967 年 12 月 22 日宋美齡與振興傷殘重建院院童歡渡聖誕節合影(國史館)
1968 年 12 月 21 日振興傷殘重建院院童代表向宋美齡獻禮致敬(國史館)

5　羅劍青,〈肢架工廠源起與展望〉,《財團法人屏東基督教醫院四十週年紀念特刊》(屏東:屏東基督教醫院,1993),頁 87;〈屏東基督教醫院大事年表〉,《財團法人屏東基督教醫院四十週年紀念特刊》,頁 152-153。

6　〈屏東基督教醫院大事年表〉,頁 153。

7　游鑑明,〈宋美齡創辦振興復健醫學中心:小兒麻痺患者的福音使者〉,收入李又寧主編,《宋美齡與台灣公益事業》(紐約:天外出版社,2022)。

1968 年 12 月 21 日宋美齡蒞臨振興傷殘重建院共渡聖誕節並欣賞院童表演（國史館）
1969 年 5 月 31 日宋美齡陪同來華訪問之越南總統阮文紹夫人參觀振興復健院（國史館）

 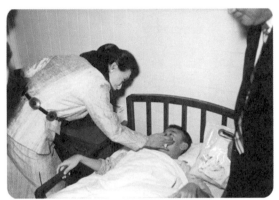

1969 年 8 月 26 日宋美齡接待外賓參觀振興復健院水療池（國史館）
1970 年 12 月 22 日宋美齡於振興復健院慰問院童分贈耶誕禮物（國史館）

1970 年 12 月 22 日宋美齡於振興復健院慰問院童分贈耶誕禮物（國史館）
1970 年 12 月 22 日宋美齡與振興復健院院童共渡聖誕節（國史館）

1972 年 11 月 21 日宋美齡偕同劉孔樂先生參觀振興復健院（國史館）
1972 年 12 月 22 日宋美齡致贈振興復健院院童禮物共渡聖誕節（國史館）

1972 年 12 月 22 日宋美齡偕同蔣經國與振興復健院院童共渡聖誕節（國史館）
1973 年 4 月 24 日宋美齡偕同美國眾議員派斯曼等人主持振興復健醫學中心美援病房奠基典禮（國史館）

1973 年 12 月 21 日宋美齡與振興復健院院童共渡聖誕節（國史館）
1973 年 12 月 21 日宋美齡偕同蔣經國與振興復健院院童共渡聖誕節（國史館）

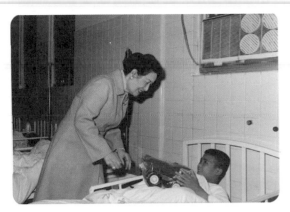 

1974 年 3 月 15 日宋美齡慰問振興復健院住院院童（國史館）
1975 年 4 月 1 日宋美齡蒞臨主持振興復健醫學中心少年部大樓落成典禮致詞留影（國史館）

柒、故國與寶島
Homeland and Beautiful Island

　　蔣中正是軍政領導者，早年東征、北伐，中年抗戰、戡亂，晚年在臺領政，都可以看到他的強勢作風；而宋美齡無論是在外交壇坫上、在社會大眾前，她的風華與鋒頭都能夠與蔣中正平起並坐，配合無間，這些表象上的風光讓許多人視之為政治婚姻。其實，在接近半世紀的婚姻生活中，兩人真正的互助互持，同甘共苦，相濡以沫，鶼鰈情深，以往很少有這方面的描繪，希望本書後兩章能夠帶給世人嶄新的認識和體會。

　　1928年新婚之初蔣宋返鄉祭祖，同遊隱潭，蔣日記記：「潭上石筍高約十餘丈。妻指此為介石，余以為然也。遊覽約半小時，徘徊不忍舍，乃由余家灣經隱潭廟。在廟與妻自為烹調，其味無窮，而妻亦樂甚，鄉人觀之，必以為余夫婦若癡也。」蔣中正一生喜愛遊山玩水，宋美齡這方面的喜好不是太明顯，但從上面的記敘可以看出完美的配合。

　　蔣中正日記，與《五記》中的《愛記》、《游記》隨手拾來都可以看到兩人的遊蹤，而蔣中正檔案中所留下的照片也可以看到兩人攜手共覽河山的點點滴滴。因此本章以「故國與寶島」為名，主要在采集檔案文字與照片中兩人遊山玩水的情境，管窺蔣、宋的兩人世界，如何在生活中交流感情，培養默契，相依相聚近半世紀。

As the leader of both military and political affairs, Chiang Kai-shek exhibited a forceful style as evident in his early years with the Eastern and Northern Expeditions, in middle age during the War of Resistance followed by the Chinese Civil War, and in his leadership on Taiwan in later years. In contrast, whether on the diplomatic stage or in the public eye, Soong Mayling's elegance and outstanding performances were a perfect complement, matching him as an equal. While these appearances have led many to consider theirs as a political alliance, in close to half a century of married life, the couple depended on each for mutual support, shared joys and sorrows, and deeply loved one another. Hopefully the last two chapters of the book can provide a fresh understanding regarding the depth of their relationship from perspectives so rarely depicted in the past.

Newly married, Chiang and Soong returned in 1928 to honor the ancestors and explore Yintan [the "Hidden Lake" located in Zhejiang Province]. Chiang chronicles in his diary: "The stone formations above the lake were over 100 feet tall. My wife pointed out that they resembled me, and I agreed. We explored for about half an hour, lingering and unwilling to leave, arriving at Yintan Temple while passing Yu Family Bay. My wife and I cooked a delicious meal at the temple and we were brimming over with happiness; villagers who saw us must have thought we were a couple infatuated with each other." While Soong Mayling's preference for nature was not that pronounced, exploring nature was one of Chiang Kai-shek's lifelong pleasures: the narration above reveals their perfect combination.

One can easily see the couple's explorations from Chiang Kai-shek's diaries and the "Love Chronicle" and "Travel Chronicle" from the "Five Chronicles." From the Chiang Kai-shek archives one can view photographs depicting the two traversing rivers and mountains hand-in-hand. Thus, this chapter is titled "Homeland and Beautiful Island" mainly to show the couple's exploration of mountains and rivers, thereby offering a glimpse into their private world and revealing how they deepened their relationship, established rapport, and supported one another for nearly half a century.

1. 我與山林夙有盟約

A Covenant with the Mountains and Forests

1920 年，蔣中正三十四歲時，就有日後歸隱山林之想：「11 月 23 日，自粵歸，居雪竇山四日，日輒一游三隱潭，曰：『我與林泉，盟之夙矣，功成退隱，切莫遲遲。』」這一盟約也許到蔣晚年才真正達成，但蔣中正與宋美齡自 1927 年結褵，一直到 1975 年蔣辭世，兩人攜手半世紀，共看山河。對蔣來講，遊山玩水有時是為了解憂忘愁，更多的時候是在山水之間沉靜思慮，但不管目的何在，宋美齡都是他身邊重要的存在，而且能夠真正的分享他的心情與志向。

At age thirty-four, the ninth year of the Republic, Chiang Kai-shek had the thought of retreating to the mountains and forests: "Returning from Guangdong on November 23rd, I stayed at Xuedou for four days, visiting Yintan three times a day, and saying, "I'm making a covenant with the forests and springs: after I've achieved my goals, I will not delay retreating to them."' While this covenant was perhaps only fulfilled in Chiang's twilight years, the couple explored mountains and rivers hand-in-hand for close to half a century (from Chiang Kai-shek and Soong Mayling's marriage from the sixteenth year of the Republic to Chiang's passing in the sixty-fourth year of the Republic). For Chiang, exploring the mountains and rivers were a way to forget worries, though more often nature offered him the space for quiet contemplation. Regardless of purpose, Soong Mayling remained an important figure by his side who truly understood his feelings and aspirations.

《游記》1920 年 11 月 23 日

自粵歸，居雪竇山四日，日輒一游三隱潭，曰：「我與林泉，盟之夙矣，功成退隱，切莫遲遲。」

婚後四年（1928-1931）由於蔣軍馬倥傯，兩人聚少離多，留下的出遊照片極少，在第參、肆章中可見，此處摘錄《游記》中的一些頗值得回味的文字紀錄：

《游記》1929 年 5 月 14 日

與夫人出游，經燕子磯、下關而回，曰：「三妹今日參觀蠶桑場，始知養蠶與作絲之妙也。」

《游記》1929 年 10 月 24 日

與夫人游湯山湯王廟後山，曰：「丹楓綠松，映帶增美，巔有平地，可構茅屋五間，居以養靜，出眺方山，風景尤麗，此誠樂地也。」因語夫人曰：「擬于平定西北後，構屋居之。」

《游記》1930 年 3 月

二十二日，歸奉化。二十三日，游雪竇，憩息妙高臺，作野餐，時同游者四人：夫人宋美齡及宋子安、陳厚甫，人各烹一肴，共食之，公曰：「味佳，食之飽也。」食畢，與夫人手鋤鋤筍。

《游記》1930 年 10 月 28 日

登妙高臺，曰：「雲影連山影，松聲夾水聲，此何等景象耶！余能養老於此，則於願足矣！」下臺，經新闢山徑，到中山巖觀瀑，曰：「今日自上而下，與夫人相扶步行，觀山養心，蓋莫善於此焉。」

《游記》1930 年 12 月 14 日

游三疊泉，自漢口峽而上，經兒女城九疊岩，行崎嶇嶺，久而後到，曰：「三疊泉未足為奇，而其左壁山巖層疊，無異人工砌成，頗奇美也。」又曰：「今日經行道途，最為險阻，人心好忘，無論任何險惡，過後即忘，凡事皆然，不知經過幾許險惡，而後乃到成功之地，既已成功，只見其為美好，而不復記其險惡矣。」

《游記》1931 年 7 月 11 日

傍晚，循軍峰山麓，視察飛機場，曰：「近來愛山水益甚，此豈年事已長之現象乎？」

《游記》1932 年 6 月 9 日

艦到九江，以汽車、肩輿登牯嶺，遊訪仙亭，曰：「此亭余所修築者，實一幽勝之境，未知何日得以安居度生於此耶？」又曰：「政治事業，不能脫離，而此心未嘗一日忘於林泉之間，尤以戀戀於故鄉風物，不能忘也。」

蔣宋倘佯於在山水之中，蔣寄情於山水，每每心有所感，而宋則隨著領略風物之美，婚姻之樂，二人樂此不疲，此後一生未改此樂。

1932 年 10 月 27 日

正午乘楚有艦由漢溯江上駛。休息後登艦上遠眺秋水雲天，風日清和，心曠神安。計畫武漢要塞道路圖，劃成，晚在艦中與妻談笑，聊補密月之行，一樂也。

宋美齡曾在婚後向友人抱怨沒有蜜月旅行，蔣必然也深知宋的遺憾，在 1932 年 10 月的日記中才會有此一言。這次的蜜月前後兩個多月，遍遊各處，最後回到奉化武嶺。

《游記》1932 年 12 月 30 日

野餐於妙高臺畢，登高眺望，曰：「西山夕照，光景益美，遠山峰巒，迎余欲笑，愈遠者愈秀，松風溪水，聲如管絃，妙高臺之暮景冬色，於今始領略其優美無匹也！循崖下行，道路新修，欄杆坐墩，位置適當，左瀑布，右獅山，險絕奇絕，如得天之福，能有安退林泉之一日，以此自娛晚年，於願足矣。」

可惜這一趟蜜月之旅在蔣檔中僅見下面這一張照片，但也頗有野趣。

1932 年 10 月蔣中正偕宋美齡出遊
（國史館）

1936 年 9 月〔疑為 1934 年 10 月〕蔣中正偕宋美齡等一行人遊周武王陵（國史館）

1934 年 10 月 21 日

謁文武周公之陵，而不思發揚光大其先人之基業者，非吾族類矣。

本日九時往咸陽謁茂陵與周陵，敬親追先之念油然勃興。四時回西安，餐畢即起程回洛。

1945 年抗戰結束到 1948 年 11 月宋美齡赴美爭取美援,這段時期可能是蔣、宋留下最多行跡照片的時段,可惜其中部分無法與文字記載完全符合,但穿插其間,應當可以增加更多的趣味。

1945 年 9 月 28 日

背瀘山,古木茂林,日暖氣清,離鄉八年有半,今又得遊如此勝境矣。晡與妻便衣散步於湖濱,談笑自得。

1945 年 9 月 30 日

與妻乘船游湖一時餘。晚校閱記事,批閱公文,傷風已癒矣。

1945 年 10 月 3 日蔣中正偕宋美齡搭船遊西昌名勝邛海(國史館)

1945 年 12 月 13 日

終日遊覽，未有午睡，尚不覺疲倦。十年以來遊興之濃以今日為最。如此美良之氣候，亦十年未得享受矣。

十一時半入天安門，遊覽三大殿後，再遊武英殿畢，到絳雪軒午餐。「勒看」伴遊也。下午自鍾粹、承乾二宮後，即轉坤寧宮、交泰殿、乾清宮，出隆宗門，轉養心殿經西六宮，由漱芳齋經澄瑞亭出順貞門，再轉貞順門，經珍妃井、倦勤齋、符望閣，折至景祺閣、頤和軒、樂壽堂、養性軒、寧壽宮、皇極殿，由錫慶門乘車出北上門，回寓已四時半矣。今（十三）日窮一日之力，禁城內之宮殿已識其大略。惟外西路之延春、英華等殿舊址，以及雨華閣、春禧殿等猶未涉足耳。大內以樂壽堂、養性軒為最華美，皇極殿之堂皇甚於乾清宮，此為乾隆所建築，想見其人規模之宏偉矣。

1945 年 12 月 13 日遊覽故宮（國史館）

1945 年 12 月 14 日遊西山碧雲寺並共覽地圖（國史館）

這中間還有一段非常有意思的紀錄，雖然宋美齡並未同行，但頗值得一記。

1945 年 12 月 16 日

到太和殿對北平全市中學生以上學校學生訓話，約二十分時訓畢，先往場中巡閱。先時學生尚有秩序，余其數人握手以後，其他學生皆離隊來前圍住，不能前進。余仍登壇答禮，正向西階步出時，未下階而學生擁擠上來以後，圍匝時緊，一時乃至不能吐氣。侍衛心慌，擁余向外而愈不能出，余欲立定亦不可得矣。如此擁進擁出，擁在一圈之內，足有一小時之久。此為從來所未有試嘗之滋味，青年之狂熱有如此者，能不為之感奮乎。

1945 年 12 月 16 日蔣中正在太和殿召集大中學生訓話（國史館）

1945 年 12 月 18 日蔣中正偕宋美齡巡視中山陵各處（國史館）

1945 年 12 月 18 日

四時半到南京。飛巡一匝，此心起休，萬感交集，不知云何，只有感謝天父賜我勝利光榮，平安回京，但願一切榮耀歸於上帝，不敢領為己有也。下機後，巡遊街市一匝，民眾歡迎一如北平，不能不由我熱淚盈眶矣。

下面這段紀錄深刻的描繪出蔣中正對於信仰的虔敬，照片的時間是在 1947 年小紅山基督凱歌堂揭幕，但可以看到「基督凱歌堂」匾。

1945 年 12 月 18 日

入軍校舊寓，即書「基督凱歌堂」一匾，將懸掛於小紅山大廳，以償（廿六年）離京時之誓願也。晚課後，仰見明月初昇，乃念「花未全開月未圓」句。是日為舊曆十四夕也。但有感謝上帝而已。

1948 年 8 月 1 日蔣中正為小紅山
基督凱歌堂揭幕（國史館）

1946 年 2 月 21 日

與周象賢同遊雷峰塔舊址基地，杭州與西湖山光全景皆映入眼簾無遺，……順遊玉
泉觀魚，及寺內古珍珠泉與「晴空細雨」二泉池也，遊心至此，無憂無慮矣。再遊
靈隱與青遠軍 209D 代表三百餘人在寺前攝影而回，即到樓外樓午餐。古鄉風味已
隔絕九年，今皆重領矣。飯後到寶石塔，登高遠眺，東自錢江，西至拱宸，杭州山
水與平原皆入眼簾，情景之美更勝於雷峰矣。

1946 年 2 月 21 日於錢塘江大鐵橋合影
（國史館）

1946 年 2 月 21 日於玉泉觀魚（國史館）

1946 年 2 月 21 日蔣中正偕宋美齡與青遠軍合影（國史館）

1946 年 2 月 22 日

昨午後自寶石塔回寓,妻強余休息半小時,乃即同遊錢江鐵橋,在橋上東望蕭山,
北眺六和,其雄偉莊嚴未易多見。曾憶二十歲初遊學杭州回甬時,買棹渡江之險與
西興航船之苦,而今則得在余手中建築此希有之大橋(廿六年夏建成),而且在今
日親歷其境,能不自知足乎。回程順遊虎跑泉飲茶攝影而回。其地清潔,其泉澄冽,
不勝留連之至。晡由樓外樓買棹遊湖而歸。今日所遊覽各地皆為重遊之地,然老年
遊目更能入勝,乃悟觀事察局一如遊覽景色之能深察遠懷,少不如老也。

1946 年 2 月 21 日再訪杭州岳飛墳(國史館)

1946 年 2 月 21 日虎跑泉前留影(國史館)

1946 年 7 月 15 日

馬歇爾夫人登山，余夫妻予之出外散步，送其回寓後即歸來。

1946 年 7 月 16 日

六時約馬歇爾夫人與妻同遊御碑亭與仙人洞，到訪仙亭，此乃余所建立之小亭，舊物如故，風景更覺可愛矣。遙望牧馬廠，森林蔥蘢，面積亦廣，此心為之欣慰無已。

1946 年 7 月至牯嶺舊寓時，與馬歇爾夫婦同遊牯嶺（國史館）

1946 年 7 月 22 日

昨晡約同馬之夫婦遊覽大天池，右山左江，風景更覺可愛，惟古寺殘破不堪，明祖遺像亦不復存在矣，乃經大天池、天心臺而至小塔下野餐。余坐松下自在自得，久不享此福地勝境之樂矣。餐後冒雨而回。

1946 年夏季與馬歇爾夫婦同遊含鄱口（國史館）

1947 年 4 月宋美齡陪同蔣回鄉，蔣日記中詳細記載了數日的生活。

1947 年 4 月 2 日

十一時由南京起飛，十二時後到滬，妻來迎入愛廬，幽雅美麗處處可愛，池中金魚活潑更增樂趣，只有感謝上帝，贊美耶穌不置而已。午餐後，到岳父母墓敬謁，乃往機場，三時後由龍華起飛，經寧波直由鄞江橋入四明山向陽岡，俯瞰雪寶寺千丈巖瀑布，不勝欣喜，樂焉無窮，乃望魚鱗嶴母墓，經武嶺折回櫟社機場，經兒夫婦與武孫來迎，到武嶺外下車，對來迎之父老敬禮，學生與親友沿途歡迎，悲喜交集。登慈庵已五時半，休息片刻，與妻兒省謁母墓如昔，此心為之一慰。墓前森林甚盛，惟沿途手植之柏樹蕭條，未見鬱茂，杏樹所殘無幾，殊失所望，而墓前朝山之森林已比十年前茂盛。自江口至武嶺，萬山競秀，夕陽射輝，古鄉更覺奇麗矣。

1947 年 4 月 3 日蔣中正偕宋美齡巡視豐鎬房故居（國史館）

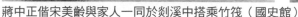

蔣中正偕宋美齡與家人一同於剡溪中搭乘竹筏（國史館）

1947 年 4 月 7 日

本日在妙高臺可說完全休息，自認十年以來並無如此之閒暇逸樂之日。精神愉悅，
身體強健，夫妻篤愛，家庭和睦，實為助成今日豫悅之基本也。

1947 年 4 月蔣中正偕宋美齡訪妙高臺時合影
（國史館）

蔣中正偕宋美齡共遊千丈巖（國史館）

1947 年 4 月 5 日

妻與兒孫等尋筍掘之，此其第二次掘筍，而眾孫輩則初見也。以此使其知竹與筍自何生長，以及掘筍之不易，如此亦一種實際教育也。

1947 年 4 月蔣中正偕宋美齡遊溪口毛竹山挖竹筍（國史館）

1947 年 4 月 12 日上星期反省錄

此次還鄉，夫人對家鄉發生興趣，時覺此乃為其古鄉，聞之殊慰。願吾夫妻將來終老於此，生則同樂死則同穴，若果國葬而不能同穴，則吾夫妻皆不願國葬，而且葬費與墓資不得超過銀數壹千兩，否則非吾所願。凡為吾後人與同志者務守此約，以成吾夫妻平生之志則幸矣。

1947 年 4 月於杭州各處走訪時留影（國史館）

1947 年蔣中正偕宋美齡共覽仙人洞（國史館）

1947 年 9 月 2 日

正午到黃龍潭野餐，瀑聲古樹仍不能滌盪我憂憤，惟妻煮菜余炒飯，甚覺難得之樂事也。

1947 年 9 月蔣中正偕宋美齡遊廬山黃龍潭（國史館）

蔣中正偕宋美齡遊黃龍潭留影（國史館）

1947 年 9 月 3 日　正午到含鄱口野餐，湖山依然如昔，而國恥新仇日增無已。

1947 年遊西湖禹陵（國史館）

1947 年 9 月 4 日

正午往遊五老峰巔，與妻及羅廳長等野餐，天朗氣清曠觀宇宙，俯察品類霍如焉，眺望觀音橋、棲賢寺、白鹿洞與海會訓練團舊址皆歷歷在目，心神為之一爽。自五老洞至五老巔一帶風景，俯瞰奇石孤松，更覺可愛慕戀不能捨也。

1947 年 9 月 4 日遊五老峰（國史館）

1947 年 10 月 31 日

與妻到大天池塔下野餐後登天心臺，眺望四顧，北帶長江，南瞻御亭，西瞰鐵船峰、石門澗，一片秋色美景，至此方知天池之勝，盧山之秋為不可及也。

1947 年 10 月 31 日蔣中正偕宋美齡登天心臺
留影（國史館）

1948 年 2 月 26 日

昨日十九時回至牯嶺，沿途風清日和，鳥語泉鳴，風光景色，怡娛自得比前更深。乃與妻曰：登盧十八日，有此半日之清閒享受，不負此行矣。妻亦樂只無窮，彼曰：只要夫能知樂，則余任何景地皆樂也。

無論是上面這段記載，還是每一張照片中的笑容，都可以看出宋美齡對於蔣樂山樂水的習性不僅知之甚深，而且充分配合。但家國的責任在身，山水的寄情只是片刻的休憩，未來還有更長的路有待他們的共同奮鬥。

2. 天地山河靜，身心日月明

Tranquility in Heaven and Earth, Radiance in Body and Soul

1949 年中華民國政府轉戰臺灣，蔣中正一身肩負反攻復國之責，宋美齡自美返臺生死與共，為中華民國開闢了一片淨土，為寶島臺灣創造了經濟奇蹟，而兩人更琴瑟和鳴，鶼鰈情深。在臺灣的歲月，少了軍馬倥傯，蔣中正在建國復國的努力之外，有更多的時間實踐與山林之盟，而宋美齡依舊不忘初衷，用信仰與熱情投入她的家與他的國。1956 年 9 月 22 日在日月潭中秋賞月，「口占一聯稱『天地山河靜，身心日月明』，聊誌余有賢母、良妻、孝子、順孫之一生幸福也。」可以為蔣宋婚姻生活中夫唱婦隨做最好的詮釋與說明。

When the Republic of China's government relocated to Taiwan in 1949, Chiang Kai-shek assumed the responsibility of reclaiming the Mainland and restoring the Nation. Soong Mayling returned to Taiwan from the United States, willing, in wartime, to live or perish with him. Together they opened up a new land for the Republic of China, created an economic miracle for Taiwan, Beautiful Island, and deepened their relationship with one another. During the years on Taiwan, Chiang Kai-shek persevered in building and restoring the Nation and devoted more time with Nature, while Soong Mayling never forgot her promise, investing heavily in "her home" and "his nation" with passion and religious fervor. On September 22nd, 1956 when the couple was at Sun Moon Lake admiring the Mid-Autumn moon, '[Chiang] recited a couplet [he] composed: "When Heaven and earth, mountains and rivers are tranquil, our hearts and minds may reflect the radiance of the moon"; more or less symbolizing that it is life's blessing to have a home with a good mother, excellent wife, filial son and obedient grandchildren.' Such a description provides the best illustration of how, in Chiang and Soong's marriage, "the husband sings and the wife follows."

這是 1946 年蔣中正與宋美齡第一次到臺灣，留下了深刻的印象，也與寶島結下了深厚的情緣。

1946 年 10 月 22 日

昨下午四時飛抵臺北松山機場，下機乘車直駛草山溫泉，沿途但覺日本風習之深，想見其經營久遠之心計，而今安在哉。……本廿二日朝課後，記事，審察時局，預定駐臺日程。下午往圓山忠烈祠致祭後，經北投至淡水港巡視舊砲臺故址，營舍猶存，榕樹未衰，見劉銘傳手書北門鎖鑰營額，不勝感慨，即在球場俱樂部左側，與夫人各手植樟樹一株而回，抵草山已七時。

1946 年 10 月 24 日

本廿四日六時後起床，體操後即出庭中遊覽朝景，空氣清新，風光美麗，尤以幽靜雅逸更為難得。俗塵煩囂之人得此，不禁歎世外桃源即在於此矣。……十時後乘車至水底坑第一發電廠，見水源與電廠模型全景，更覺工程之艱鉅與大觀矣。巡視電廠約半小時，即乘車回涵碧樓，已下午一時許，午餐後觀高山族女舞蹈。

1946 年 10 月 22 日前往圓山忠烈祠（國史館）
1946 年 10 月 24 日蔣中正偕宋美齡與臺中原住民合影（國史館）

1946 年 10 月 22 日宋美齡巡視淡水植樹紀念（國史館）
1946 年 10 月 24 日蔣中正伉儷參觀臺中香蕉園（國史館）

1946 年 10 月 25 日

九時半到臺北市，民眾與學子沿馬路兩側，自中山橋至公會堂廣場十餘里長徑接續不斷，狂呼歡躍之情緒，使此心受到無限之激蕩。四十年之革命奮鬥，八年之枉屈惡戰，至此方知上帝必不負苦心矣。在公會堂對民眾代表三千人講演後，再出廣場對十萬民眾致簡詞畢，復到臺灣大學全臺運動大會開會，閱選手二千六百人行列致詞。

1946 年 10 月 25 日蔣中正伉儷向臺灣省光復週年紀念大會中山堂前民眾揮手致意（國史館）
1946 年 10 月 25 日蔣中正伉儷主持臺灣省首屆運動大會（國史館）

1950 年 1 月 14 日

召經兒來，同遊覽石門（大溪西南約十八公里）之桃園大圳入水口工程，閱之殊為歎服日人建設與組織力之大也。夫婦父子即在石門招待室聚餐，下午回寓休息。

1950 年 1 月 24 日蔣中正偕宋美齡與蔣經國巡視石門水庫（國史館）
1950 年 1 月 24 日蔣中正偕宋美齡出遊留影（國史館）

1951 年 8 月 2 日

六時起床朝課後，整裝畢。與妻起程，經大溪別墅，略憩即登山，途中閱宋明學要摘要，……午初到角畈，心神為之一爽，午課後記事，記上月反省錄。

1951 年 8 月 2 日蔣中正偕宋美齡在角板山大和橋下岩石留影（國史館）

1951 年 8 月 2 日蔣中正偕宋美齡在角板山竹亭內留影（國史館）

1951 年 8 月 11 日

昨日午課後，重校〈美國對日和約發表後自力更生之決心〉篇講稿畢，與妻及黃君壁畫家往遊溪內，六時前起程至八時後方歸，瀑布如故，山水愈明，歸途白雲明月，悠悠自得，上山以來出遊盤桓，此為第一次也。

1951 年 8 月 10 日蔣中正偕宋美齡及黃君壁（宋美齡之國畫老師）郊遊留影（國史館）

1951 年 10 月 15 日

十時後與妻到烏來溫泉避壽遊憩，同侍從官員聚餐後午睡。臥室臨溪，水聲山光能助安眠。午課後遊覽瀑布，不失為寬大雄偉之態也。

1951 年 10 月 15 日蔣中正偕宋美齡遊烏來觀瀑布留影（國史館）

1951 年 10 月 29 日

由嘉義乘上山火車，在樟腦寮站下車遊覽，即登車午餐。十七時到二萬坪站下車，瞭望塔山風景，雄壯奇麗，與妻及黃君璧、孫文英等遊覽，依戀不忍舍也。不及半時，將到神木站，而未到之前一段約有十五分時，向西眺覽，正在夕陽返照，映於雲中，海天一色，無涯無際，而雲海、雲山與右面塔山側映，其光其色，非紫非朱亦金黃，實為景色之極緻。前年來時亦偶得此景色，但其時甚暫，不到五分時即隱沒不現，此次竟有十五分之久，誠飽我眼福，開我胸襟，認為平生最難得之幸福，感謝上帝賜我如此洪恩也。

1951 年 10 月 29 日蔣中正六十五歲華誕遊阿里山避壽留影（國史館）

1951 年 10 月訪阿里山博物館（國史館）

1953 年 10 月 31 日

本晨五時初醒，六時又睡着甚酣，八時方醒起床。朝課時，孝文與令傑乘吉普車上山甚快也。……午課後文孫先回，余與妻及偉甥遊覽溪內瀑布，詠詩一首，回時已近黃昏矣。

1953 年 10 月 31 日蔣中正偕宋美齡於溪內瀑布前留影（國史館）

1953 年 10 月 31 日蔣中正偕宋美齡於角板山
在吊橋上留影（國史館）

1953 年 12 月 7 日　晡與妻車遊環島公路，在柴山向南散步。

1953 年 12 月 8 日

近日心緒悒悶，對於革命前途忽生悲觀，而以幹部自私自利，官僚政客成性，且不改賣〔買〕辦故態，專以諂外自重為業，對民族前途幾乎絕望。但一念平生事業，凡余所希望與預想者，雖經過極大苦痛與禍患，甚至九死一生、百無一望之時，亦卒能蒙天父眷顧，轉危為安，而且未有不達成目的者。尤以賢母良妻、孝子順孫皆賜於余，天之所賜者既如此其厚，豈能不自足自慰，何得消極自棄。對於幹部與民眾之氣質與風習之改革，當盡我心力而為之，成敗一聽之於天而已。……正午與妻同遊旗山燈塔，在臺上野餐。

1953 年 12 月 8 日蔣中正偕宋美齡偕黃君璧及孫太太等人遊燈塔（國史館）

1953 年 12 月 8 日蔣中正偕宋美齡參觀高雄港（國史館）

1954 年 12 月 9 日

與妻乘車至臺中之霧峰附近故宮文物儲藏室參觀古畫，前後約三小時。午課後巡視防空洞，不甚深厚為慮。晡回涵碧樓續修講詞完，膳後獨自乘船遊湖，惜月光為雲所蔽也。晚課後，廿一時半寢。

1954 年 12 月遊覽故宮與黃君璧欣賞國畫
（國史館）

1956 年 2 月 25 日上星期反省錄

本周末夫妻遊覽關子嶺，途中談笑休憩，日間未曾看書，使我雙目得有一天休假之，最足自慰，但願今後亦能時時休假，使我目光能復元，或不致再減目力，則幸矣。

1956 年 2 月 25 日蔣中正偕宋美齡遊關子嶺
（國史館）

1956 年 7 月 28 日

十一時後與妻帶熊、虎等往溪內觀瀑布,以大雨之後,其瀑更為雄壯可觀,留戀不已,余自廿年前在南京紫霞洞野餐,手炒蛋飯後久不作此,今復重試,並未退減,其味更美,同食者讚美不絕,且全部食光也。回途大雨,過復興橋後,乘吉普車回寓。

1956 年 7 月 28 日蔣中正偕宋美齡與宋伯熊、宋仲虎同遊角板山(國史館)

1956 年 9 月 22 日

舊曆八月十六與十七二晨,實為中秋最明最圓之月景,前一日晨與經兒遊湖,後一日晨與愛妻遊湖,皆是賞月最好之時光。人知中秋之夜賞月為樂,而不知中秋翌晨之賞月為更樂更美也,此實一生難得之境遇,故時誦「此生此夜不常好,明月明年何處看」,以及「星辰冷落碧潭水」,與「數點漁燈依古峰,斷橋垂露滴梧桐」等句,不禁欣悲係之,乃口占一聯稱「天地山河靜,身心日月明」,聊誌余家有賢母、良妻、孝子、順孫之一生幸福也。

遊憩也不一定要到山水之間，宋美齡也會陪同蔣中正到臺北新公園（今二二八紀念公園）看馬戲團喔！雖然蔣在日記中說「無足駭異」，但看蔣、宋撫掌開懷，後座侍從人員目瞪口呆，想來十分精彩。

1956 年 11 月 25 日

往觀沈常福馬戲團表演十種技能，頗感奇異，其中虎豹之馴服，一如人性，使余發生教育改造性能之信心益增也。其他技術雖精，無足駭異。

1956 年 11 月 25 日蔣中正偕宋美齡於新公園欣賞沈常福馬戲團表演（國史館）

宋美齡經常陪同蔣中正巡視各處,也兼做休養之旅。每到一處都有很深入的觀察,絕非點到為止,以屏東白糖廠而言,這一次參訪之旅就待了近一個小時。

1957 年 2 月 28 日

昨午回寓後,與妻視察河西路新建旅館,在河邊日光下散步,有益傷風之醫治也。
午課後,與妻參觀屏東白糖廠之製糖手續與構造,約一小時畢。

1957 年 2 月 27 日蔣中正偕宋美齡巡視屏東糖廠(國史館)

1957 年 2 月 27 日蔣中正偕宋美齡巡視屏東糖廠(國史館)

1956 至 1957 年蔣中正忙於撰改「蘇俄在中國」一稿，此行是為了做最後定稿，特地到日月潭涵碧樓閉關，但夫妻倆每日都會步行或乘船環湖，不僅僅是為了休息養眼，也一直在關懷禾田雨水情形。

1957 年 5 月 11 日上星期反省錄

本周在日月潭校核「蘇俄在中國」中文最後稿，增補三段甚為重要，至星期六日從頭至尾校核完成，可以付印。

1957 年 5 月 12 日

與令偉往霧社水壩視察工程，今日始對水利工程進入通洞內之實際工程有一了解也。

1957 年 5 月 13 日

本晨朝課後靜默之初即發現朱紅明光，其燦爛無比，實為靜默以來生平第一次所見之現象，豈修養與信仰又一進步之功效乎，特記之。……晡往魚池附近巡視禾田雨水情形，甚覺不足為慮。

1957 年 5 月 18 日上星期反省錄

兩周來增補與修正「蘇俄在中國」之手稿與校對，至本周作最後之決定。

1957 年 5 月蔣中正偕宋美齡於日月潭涵碧樓休憩留影（國史館）

1960 年 12 月宋美齡陪同蔣中正沿橫貫公路巡視，前後三日，蔣日記中留下了極為豐富的記載，主要是出於對蔣經國經營橫貫公路的關懷，「此乃其一生事業之開始而已」，道盡為人父母的期望。

1960 年 12 月 6 日

九時與妻自日月潭出發，經水底坑道路至臺中東勢谷關公路局巡視後，繼行至谷關築埧與建廠工程，到青山招待所打尖視察。

1960 年 12 月 7 日

本晨六時起床，冷水洗面頓覺寒疼，但亦甚樂。朝課餐畢，經兒陪同父母往遊福壽山榮民農場慰問榮家。

1960 年 12 月 8 日

遊覽畢乃至花蓮機場，十六時半即上機回，夫妻、父子同機回臺北，已達成我巡遊橫貫公路一年來所想望之目的，而經兒對此艱鉅工程奉命至今，經五年長期之艱辛工作亦於完成，此乃為其一生事業之開始而已。

1960 年 12 月 6 日蔣經國陪同蔣中正偕宋美齡巡視東西橫貫公路各處合影
（國史館）

1961 年 5 月 18 日

昨（十七）日在角畈遊覽，巡視望月臺新小築後，批閱公文，指示軍事領導機構工作之重點頗詳。晡視察頭寮新築之檔案室，尚在奠基也。

1961 年 5 月 18 日蔣中正偕宋美齡遊角板山溪內瀑布合影（國史館）

1961 年 11 月 17 日蔣中正偕宋美齡參觀國立藝術館古物展覽（國史館）

1962 年 2 月 18 日

十四時與妻帶武、勇飛岡山來高雄,辭修夫妻來迎,同車到西子灣,晡往大貝湖訪,辭修病尚未痊癒,但其精神似較前為佳。

1962 年 2 月 18 日蔣中正偕宋美齡遊大貝湖時留影(國史館)

1962 年 12 月 3 日

十一時與妻等由左營直抵臺南聚餐後，與妻等參觀孔廟、赤崁樓與鄭成功廟，皆未有整肅潔靜氣象，令市長從速整頓，余因閱舊石碑故未登樓也。晡巡視砲兵學校後，回高雄。

1962 年 12 月 2 日蔣中正偕宋美齡遊延平郡王祠（國史館）

1962 年 12 月 2 日蔣中正偕宋美齡遊孔廟（國史館）

1962 年 12 月 2 日蔣中正偕宋美齡遊臺南赤崁樓
（國史館）

1965 年 3 月 22 日

十時與妻帶勇孫出發，在屏起飛，至恆春下機，乘車順遊墾丁植物公園後，即往鵝鑾鼻遊覽後，午膳畢，巡視雷達站，已較前為佳，惟道路尚未整修耳。下午仍乘原機回屏東。……晡與妻帶勇孫散步於海灘，進落潮之時，心神甚爽。來高以後，每晨默禱，心地更覺光明、中和安樂，得未曾有，存養工夫似有進步也。

1965 年 3 月 23 日

與妻帶勇孫遊覽豐源閣與曲橋釣魚，風景頗佳。

1965 年 3 月 22 日蔣中正偕宋美齡遊鵝鑾鼻（國史館）

1965 年 3 月 23 日蔣中正偕宋美齡遊大貝湖九曲橋（國史館）

1967 年 2 月 22 日

朝課之初,東方初啟,景色美麗,非言可喻,對山鐘聲之寬宏與潭光如鏡,更得養天自樂之趣也。下午與妻散步遊覽。

1967 年 2 月 23 日

昨(廿二)日晴與妻步至教館碼頭泛舟遊湖,甚感疲乏,以肚飢出汗之舊疾,乃即回寓取食,漸復元矣,入浴後靜坐月下聽鐘,湖上休息更能神怡心悅也。晚膳後登四樓陽臺觀月。……本日五時半起,欣賞湖上曉景如常,此刻此湖其清靜之趣乃為人生最樂之心情,殊非筆墨所能形容,亦非身在其境者所能想像。

1967 年 2 月 24 日

昨(廿三)日下午與妻往見晴農場視察,途經埔里農校附近,在臺灣中心點紀念碑下車考察後即向霧社前進,至介壽亭遊憩眺望武大水埧與山景,夫人引為樂觀,不一刻即到見晴與幼獅各農莊參觀牧牛與牧羊場,先與滇緬回來之難民榮民照相慰問,再至招待所後方與職員及其家屬照相聚樂,因今為舊曆元宵,更足紀念。

1967 年 2 月 23 日蔣中正偕宋美齡
巡視見晴農場
(國史館)

1967 年 7 月 13 日

與妻遊覽農場與摘桃取食為樂。

1967 年 7 月 16 日

夫人愛食本地桃子之多，為任何食物所未有，其對梨山空氣與風景之欣賞，亦從所未有也。

1967 年 7 月 13 日蔣中正偕宋美齡
於福壽山農場桃園散步留影
（國史館）

1967 年 8 月 2 日

昨（一）日下午二時後由文山出發，經蘭亭慈母橋下車，與妻遊覽片刻，即往九曲溪，下車步行遊覽，依戀不忍離去，溪傍有經兒刻「石濤」二字處，全路上下皆為大理石，紋理如濤也。又至太魯長春之彌陀岩下車遊覽甚久，與鄉人照相而別，乃到機場（花蓮）已四時餘，起飛回臺北。此次在梨山避暑幾二十日，預定工作如計完成，尤以妻認為此次旅行，始終幽閒安樂，乃其平生第一次之享福，並稱此為經兒開闢橫貫公路完成之功，由我夫妻享受其樂為慰。

1967 年 8 月 1 日蔣中正偕宋美齡經過大禹嶺、碧綠神木小憩留影（國史館）

1968 年 4 月 16 日

與妻帶仲虎乘船遊湖，以勇孫已與午膳後回校，其足疾時痛未痊為念。

1968 年 4 月 16 日蔣中正偕宋美齡遊日月潭（國史館）

1968 年 12 月 26 日

下午三時手炒蛋飯，尚有當日滋味，但手力不如從前矣。勇孫食後回軍校。

1968 年 12 月 26 日蔣中正偕宋美齡於士林野餐留影（國史館）

1969 年 7 月 29 日蔣中正偕宋美齡與周聯華牧師談話（國史館）
1969 年 7 月 29 日蔣中正偕宋美齡接見梨山山胞歌舞團（國史館）

1969 年 7 月 29 日蔣中正偕宋美齡參加梨山耶穌堂奠基典禮並聽取周聯華牧師佈道
（國史館）

1971 年 11 月 12 日 正午送孔姨起飛。

1971 年 11 月 13 日

明年大選，余以年老體衰，實難再應候選，如推薦靜波，必不能得全會與人代會同意，眾必以經兒為標準，則以子繼父，余必不同意也。

1971 年 11 月 12 日蔣中正偕宋美齡
歡送宋靄齡返回美國（國史館）

1972 年起蔣中正的身體日差，4 月 8 日自記「近日手均發抖，不易任事。」此行是蔣最後一次到日月潭，所幸無論在故國，在寶島，宋美齡與蔣經國一直陪伴在蔣身邊。

1972 年 4 月 11 日蔣中正偕宋美齡在慈恩塔前散步合影（國史館）
1974 年 6 月 24 日蔣中正偕宋美齡甲寅端節家人合影（國史館）

3. 平淡中見真情

Genuine Affection in Everyday Moments

1948 年蔣宋到盧山辭歲，「晚餐後，夫妻同在爐前閒話，余斜身假眠，妻加薪調樂，音韻幽雅，爐火熊熊，神經寬鬆，欠呵頻乘，不覺憂心全消，漸入夢鄉，此乃憂患中難得之樂境也。」在蔣的日記中，此類描述俯拾皆是，無論是「傍與妻散步後，同在新茅盧靜坐觀月。」還是「晚餐後與妻對弈，爐前閒話，其樂無比。」或是蔣中正炒飯，宋美齡做羹湯；或是宋美齡畫畫，蔣中正題字；甚至晚年病痛中的一個小動作，一兩句對話，都勾勒出夫妻之間平淡中見真情的生活意境。

Chiang and Soong were spending 1948's New Year's Eve at Lu Mountain: "Husband and wife chatted in front of the stove after dinner. I inclined to take a nap, while my wife added firewood and played music, its beautiful sounds and the warm fire relaxing my nerves. Yawning repeatedly, I felt my worries dissolve and I drifted into dreamland, a rare moment of good cheer amidst worries and hardship." Such descriptions recur in Chiang's diaries, whether it be "after my wife and I took a stroll, we sat together at the new thatched cottage to admire the moon" or "after dinner my wife and I played [Chinese] chess and chatted in front of the fire, brimming with happiness" or Chiang Kai-shek making fried rice while Soong Mayling cooked broth; Soong Mayling painting while Chiang Kai-shek inscribed calligraphy. Even the small gestures amidst a painful illness or a brief conversation in the twilight years convey the genuine affection between husband and wife in ordinary lived moments.

本節想從蔣宋兩人生活中的一些小趣味，體會屬於平淡中的深情。這兩張照片沒有標日期，看起來歲月頗早，就用來作為本節首頁。

蔣中正與宋美齡出遊合影（國史館）

蔣宋兩人都喜歡花草,在生活中經常參觀園藝、種花蒔草,增加許多生活情趣。

1947 年 2 月 18 日在南京參觀園藝展覽
(國史館)

1947 年 5 月 1 日蔣中正偕宋美齡於南京官邸採摘花草(國史館)

1969 年 7 月 14 日蔣中正偕宋美齡、宋靄齡於
福壽山農場不忘整理花木(國史館)

對弈，是蔣宋兩人生活中的小樂趣，蔣日記中有不少記錄。1946 年 9 月 29 日：「晚課後與夫人對弈二盤，一輸一贏也。」1947 年 5 月 7 日：「與妻下棋勝利，記事。」1948 年 2 月 10 日：「晚課畢，用餐，對弈，記事。本日略有雅逸之意。」2 月 23 日：「晚餐後與妻對弈，爐前閒話，其樂無比。」

1938 年蔣中正與宋美齡閒奕留影（國史館）

宋美齡也喜歡打橋牌，但是蔣中正不善此技，只能作為旁觀者。

1950 年 4 月 9 日宋美齡與陳誠、吳國楨兩家人玩牌（國史館）

蔣中正喜愛賞月，只要有愛侶相伴，出外或在家一樣可以賞月，就算無月又何妨？

1956 年 9 月 21 日中秋蔣中正與宋美齡遊覽日月潭
觀月（國史館）

1956 年 9 月 21 日

昨朝遊湖觀月後回館，朝課後膳畢，經兒辭別，余正將所餘水果紫葡萄、生白梨與熟桃各一個托其帶交孫兒等作「色花」，此為鄉間俗語也。……晡與妻遊湖約一小時餘，靜待月出，將回時月乃東昇，復命舟子回棹對月行駛，當其月光初昇，月光澄澈圓潔，其明無比，乃悟「月到中秋分外明」之句，非在此月漸在山頭東昇之初，不能得見此種真景也。回館膳後再遊湖，以靈幕隱現，嫦娥時帶羞態，乃舍舟登車，未至埔里，途中折回。晚課後，再出觀月後寢。本（廿一）日五時廿分起床，與妻遊湖觀月。

1960 年 9 月 5 日

今晨五時起床觀月，浩魄當空，大地靜寂，無異仙境，靜觀二十分時寶鏡西沉，即為觀音山巔峰所掩，天亦拂曉，余始照常朝課。今為舊曆七月十五日，如無閏六月則今即中秋矣，想念故鄉墓廬，思親不置，未知何日果得還鄉掃墓賞月矣。

1960 年 9 月 6 日

今晨仍五時起床，靜觀月明如鏡，泉聲如琴，天籟成瑟，白雲成湖，此景此情乃非此地此時不能領悟也，人心樂趣無踰於此矣。

蔣中正喜歡野餐，尤其偶而興起的炒飯是他的一絕，號稱每次都被搶食一空，其實不管是蔣、宋誰做的，真正香濃的應當是其中的真情與難得的野趣吧！

1938 年 11 月 27 日

正午在聖經學校後山眺望福嚴寺一帶風景，紅葉青松、和風白日，使人心懷豁達，如入太平仙鄉。妻為炒蛋飯餉余。

1939 年 2 月 5 日

正午與妻到黃山野餐，梅花盛放，風和日暖，似覺古鄉暮春之時矣。下午經南溫泉到白鶴嶺視察政治分校，回渝已晚矣。

1947 年 9 月蔣中正偕宋美齡遊廬山黃龍潭（國史館）
1956 年 7 月 28 日蔣中正於角板山郊遊時炒飯（國史館）

宋美齡的畫別具特色，從「觀夫人畫」，「為夫人畫題字」，到陪同參觀畫展，都可以看到宋美齡與蔣中正婦唱夫隨的生活樂趣。

1946 年 10 月 8 日蔣中正向馬歇爾夫婦展示宋美齡繪贈國畫（國史館）
1955 年 2 月 12 日蔣中正以宋美齡畫竹並題字贈與澳州內政部長康德修（國史館）

1959 年 7 月 20 日蔣中正偕宋美齡參觀國立歷史博物館畫展（國史館）

夫人作五年前曾刊墨畫第一集中外稱之
逸來筆意墨法更見精進其興未揮灑不
竭不為成法所拘而佳々其有立體透視之
妙此皆出諸自然非易事焉余雖不能深解
其藝術之造詣然亦頗喜其意趣友好皆促其
續刋二集固後選山水梅蘭菊松竹牡丹練
蕉白菜紫薇以及花卉等都三十二幀余
見近世所謂抽象等之新派藝術非獨距
六法遠甚而祚形象之觀感亦殊茫然間
其與妙所在作者亦且不知其所解惟
夫人作此道具有卓越之創意余信其他日
有貢獻於世之藝術界者必大有可觀也
中華民國五十年冬至
中正序於蔣林

1960 年宋美齡繪畫蔣中正題字（國史館）
1961 年蔣中正為宋美齡畫集撰序題字（國史館）

1959 年 1 月 14 日宋美齡照（國史館）

從蔣日記的文字中，可以看到這方面更多夫妻間的溫馨紀錄。

1950 年 12 月 7 日 晚為妻題翁叔平山水畫幀，頗覺自得也。

1950 年 12 月 8 日 晚餐後，晚課畢，在妻書房休息，談寫字用筆之法。

1951 年 8 月 8 日 晴觀黃君璧畫瀑布，為夫人題畫六張，聊以消遣也。

1951 年 8 月 18 日

日間休息時，不斷前往妻之畫室，觀其所畫雪景，形容畢肖，其字亦大有進步，其藝術天才如此，可慰。

1952 年 2 月 21 日

晚餐後為夫人題畫十張，頗費力也，近日夫人畫工進步，朝夕不息，自覺其得此藝術，為天父特賜之恩澤，故其欣幸歡樂之情緒真有手之、舞之、足之、蹈之之感，此殊為從來所未有者也，特記之。

1954 年 12 月 19 日

晚膳後為夫人題畫（春、夏、秋、冬）四幅，幸未脫誤，自覺精力勝常也。

還有一段小插曲，1952 年 3 月 9 日蔣記：「餐後與妻車遊淡水，彼以余催行甚急，故其畫搞壞，甚不樂也。」似可看到宋嘟起嘴嗔怪蔣的模樣，夫妻生活中的親密與樂趣躍然其中。

宋美齡赴美或出國,每一次蔣一定親送親迎,日記中更是無盡的思念與擔憂,這就是情之所在。

1954 年 4 月 18 日蔣中正親送宋美齡赴美就醫(國史館)
1954 年 10 月 22 日蔣中正親迎宋美齡返國(國史館)

1959 年 6 月 18 日蔣中正親迎宋美齡
由美國返國
(國史館)

不知道有沒有人注意到，蔣宋兩人的照片，無論是公務參訪，或是私人行旅，經常看到兩人手牽著手，「攜子之手，與子偕老」，正是兩人的寫照。

1954 年 12 月 11 日

與妻遊覽文武廟，茶點，自湖邊登廟，足有卅百餘階之高，夫妻相偕步登，甚感健步為喜。

1954 年 12 月 11 日攜手拾階遊日月潭文武廟
（國史館）

1957 年 11 月 12 日巡視橫貫公路
（國史館）

最後，要引用蔣日記中的片段記載和類似遺囑的交待，這些當然不會有照片，但從文字中更能看到蔣、宋對於家國的牽繫，以及兩人之間長長久久的真情。

1962 年 5 月 2 日

下午夫人約（中、西）醫生及家眷晚餐表示謝意，惟夫人自身疲乏異常，皮膚病加劇，當余入院之夜，以其心神警惶不安，乃在室中顛跂撲倒，可知其憂愁之內心如何，在余病後，彼自感其此次余病將使其壽命縮短幾年也。

1962 年 4 月 27 日

我今日就要用手術割除攝護腺，實甚危險，不知結果如何，惟望孝武、孝勇二孫，能以篤孝服事你祖母，最好孝勇能移住士林與祖母同住，以後你的教養無論在國內或出國學習，皆惟你的祖母之命是從，一切生活、行動、學業皆要如此，總使祖母無憂，能得你們孝行而喜樂，是為至要。

1962 年 7 月 6 日

昨晚餐後夫人陪同入醫院，本晨五時起床，默禱讀經如常，特記事。本日作第二次檢查，必須再用手術，此次「乃斯別鐵」專家診療，當比上次美軍醫為妥當無危險，余對家事毫無掛慮，亦無所囑，惟望經、緯二兒與諸孫皆能孝事其祖母，不使其有所憂傷。汝母對余以犧牲其一生而輔助我革命報國，以盡其畢生之志，而其精誠剛嚴，慈愛明慧，除吾母以外未有可比者，至其愛國愛家，濟世救貧，自結婚至今卅五年間，歷次冒險犯難，出生入死，衛護余身，挽救余命者，並非如眾所周知之西安一次也，余實無以為報，惟望經兒對母至孝，一以母意是從則慰矣。

1962 年 7 月 21 日

自大陸淪陷後，盧墓與地產全失，今日只有以余歷年日記交經國為遺產。

1962 年 7 月 22 日

昨發熱至卅九度，二時乃覺生死莫卜，對國、對民未盡職責最感不安外，對政府之處理甚望辭修與經國能如我之容忍，彼此互諒互助，澈底合作，亦能如我與他二人者，則余之反攻復國事業仍可繼續完成也，並無疑慮，其他除已記於日記者，亦無所掛念，惟中央銀行所存留特支費約尚有一百九十萬美金元，此款應作為黨務革命之用，可由余妻蔣夫人、陳辭修、蔣經國三人共同保管與支用，而由夫人為主席，張岳軍為監護可也。

1964 年 1 月 21 日

九時夫人入手術室開始手術，十時半完畢時，余入手術室，彼尚無知覺，全身麻醉甚濃，面色蒼灰不堪，如無生氣者，悲哀之意不禁含淚黯然，乃接其病床至病室，面色漸復，但知覺仍無，摸手親嘴亦不能使之感應，直至十五時後，方有咳嗽呼痛，從此漸有知覺矣。余乃與經兒、令偉安心午餐，午睡一小時頗佳，起床，在病人床側摸手撫慰，使之安心也。

蔣中正與宋美齡，從婚前的戀愛，到新婚時的愛戀，一直到晚年的不離不棄，相互扶持，本節最後，就用這兩張圖片，見證他倆「攜手半世紀」的真愛。

國史館典藏新聞影片
蔣中正伉儷在角板山梅園合影

捌、但願如同樑上燕
As Swallows Grace the Beam

　　「但願如同樑上燕」，語出馮延巳〈長命女〉：「春日宴，綠酒一杯歌一遍，再拜陳三願。一願郎君千歲，二願妾身長健，三願如同樑上燕，歲歲長相見。」詞中三願平凡簡單，既不求榮華富貴，也不求福壽雙全，只是單純的希望與自己的愛侶長相廝守。正因為這樣真切的心願，所以吟詠起來更能貼切內心。用這樣的標題作為本書的最後一章，一方面是感覺在蔣宋的婚姻中有過起起落落，也有過風風雨雨，但愈到晚年愈如同詞中的情境，雋永而平淡。另一方面是從蔣日記中可以看出每年有幾個日子是他們夫妻重要的團聚日，一是耶誕節，二是過年，三是兩人的生日和結婚紀念日，蔣在這些日子中總是特別的感念婚姻幸福家庭美滿的重要，如果宋不在身邊更是切切思念，豈不正契合詞中「歲歲常相見」的旖旎婉約？在這一章中放入較多的照片、函電，透過圖文讓讀者可以更清楚的看到蔣中正與宋美齡之間的婚姻之愛。

　　1975 年蔣中正逝世，一直到 2003 年宋美齡過世，她逐漸淡出政治，但婦聯會、祈禱會、華興學校、振興醫院都繼續在執行宋美齡的善心善行，終宋美齡一生，歲歲年年，她沒有忘卻對丈夫的諾言，沒有停止對家國的付出。

The phrase, "May we be as swallows gracing the beam" is a line from Feng Yansi's ballad, "Longevity Woman" (Changming nü): "A beautiful spring day for a sumptuous spring banquet, Fine wine coupled with lovely song. We bow and toast each other; I make three wishes: First: may you, my husband, live a thousand years; Second: may I, your humble beloved, enjoy good health forever; And third: may we be as swallows gracing the beam, Reuniting frequently year after year." The three ordinary, simple wishes expressed in the lyrics neither seek extravagant wealth nor longevity for both: they simply hope for long-term companionship. Such an authentic wish renders this poem close to one's heart. Employing this title for the book's final chapter illustrates, on the one hand, the turbulence felt in the Chiang-Soong marriage during the early years mellowing to a sentiment more closely resembling the peace and calm of the lyrics in the couple's twilight years. On the other hand, Chiang's diaries show that there are several important dates annually marking the couple's reunion: first, Christmas; second, the lunar New Year; third, the couple's respective birthdays and their wedding anniversary. On these dates, Chiang would feel especially grateful for a happy marriage and family life, and if Soong were not by his side, he missed her deeply. Doesn't such a sentiment correspond to the tone of the speaker's wish of "Reuniting frequently year after year"? This chapter includes more images and telegrams so that, through words and pictures, the reader might more clearly witness Chiang Kai-shek and Soong Mayling's marital love.

From Chiang Kai-shek's passing in 1975 to her own in 2003, Soong Mayling gradually withdrew from the political spotlight. But the National Women's League, the Weekly Prayer Meeting of the Chinese Christian Women's Group, the Hua Hsing School System and the Cheng Hsin Rehabilitation and Medical Center continued her good work. Year in and year out, Soong Mayling never forgot the promises she made to her husband and never ceased to give of herself to the nation till the end of life's journey.

1. 耶誕節與年節
Christmas and Lunar New Year

耶誕節對蔣中正而言，應當是在結識了宋美齡以後才有的節日，「外姑宋太夫人家宴，度耶穌聖誕節，公曰：『十年來未嘗有之歡樂，乃得之於今日！』」此後這一節日在他們的婚姻生活中一直是個備受重視的日子，從蔣日記的字裡行間很可以看出不同年歲中心境的起伏。而舊曆除夕是中國人長久以來最重要的團圓之日，對蔣、宋而言也是一樣，從新婚第一年：「與三妹第一年度歲……晚宴客，聊作度歲之樂，甚得也。」到晚年兒孫繞膝共渡佳節：「本週春節與熊、虎、武、勇各孩作桌上跑馬競賽之玩具，喜樂大笑之情景殊為從來所未有者也。」可以捕捉到蔣宋之間無數的回憶。

Chiang Kai-shek probably only started celebrating Christmas after meeting Soong Mayling. As he records, 'At Aunt Madame Soong's for a family feast to celebrate the birth of Jesus. I remarked that "I'd not experienced such joyful happiness in the past decade until today!" ' From then on, the couple always attached importance to this festival in their married life, with Chiang's diary entries revealing the ebb and flow of emotions between the lines. Traditionally, lunar New Year's Eve remains the most important occasion for Chinese family reunions and it was equally significant for Chiang and Soong. From the first year of marriage ("With Sanmei [Madame Chiang] for the first New Year's Eve... We hosted guests in the evening, enjoying spending New Year's Eve together. It was wonderful") to their celebrating the festival in later years surrounded by children and grandchildren ("This Spring Festival we played racehorse toys on the table with the children Xiong, Hu, Wu, and Yung, witnessing such joy and laughter rarely previously experienced"), the diary descriptions capture their infinite store of memories.

宋美齡出生宗教家庭，過耶誕節是必然的，但蔣中正接觸耶誕節是從婚後開始的，此後在蔣的日記中有不少的紀錄。

1927 年 12 月 24 日

晚在岳母家家宴，過耶穌聖誕。十年來未曾有之歡樂，得之於今日，然心仍不能釋然。以念政治不定。

1929 年 12 月 24 日

岳母今日來京，余出迎。……看耶穌教之人生哲學，甚以人心思亂，毫無定力為憂，惟有宗教以範圍之乎。

1929 年 12 月 25 日

到勵志社耶穌影片甚有感覺，其生死如一，始終不渝也。下午宴客後，到岳母家聽道。

1931 年 12 月 25 日

今日為耶穌聖誕，上午禱告後下山遊覽。下午約小學生來慈庵唱歌，晚約友歡聚，時念慈母並念經兒，而夫妻倆人如賓相敬，雖無子女，亦足樂也。

1933 年 12 月 25 日

今日為舊曆十一月初九日，即先妣七十誕辰，乃為耶穌聖誕，聖慈降世，適為同日，豈非天哉，信、望、愛三者為教徒之要訣，勉諸。

本辰六時起床禱告，與敬祝慈親誕辰，為子而不能盡孝於生前，又不能事祭於沒殁，惶懼無地。九時由杭州起飛，十時廿分到衢州乘車……沿途風景幽美，妻謂罕有。余謂良辰美妻，佳景勝地，殆有此乎？甚望將士英勇，不愧為余之部下，使國家早日統一，民族得能獨立，以慰慈親之靈，以報上帝與總理之德，則於心始得稍慰矣。

1934 年 12 月 24 日

本日看書批閱如在，正午在樂亭宴客，晚又與來賓在慈庵祝聖誕，玩紙牌湊興。

1935 年 12 月 26 日

妻云：古今中外所處時代與環境之困難危殆，未有如吾人今日所處之甚也。

1935 年 12 月正在風雲詭譎之時，蔣日記記：「注意：一、內容情勢；二、華北形勢；三、倭俄共桂之情勢；四、湘黔、滇之情勢；五、匪情」，忙碌中並沒有特別過節。1936 年 12 月西安事變爆發、1937 年抗戰爆發，此後八年蔣從未辦過耶誕的活動，只是會特別禱祝國運家事。

1945 年 12 月 25 日

晚九時後到林園。兩兒媳孫皆在此度聖誕佳節，此為全家團聚一堂之始也。武孫尚在襁褓之中，未到也。晚課默禱，睡時已十一時餘矣。

1946 年 12 月 25 日

今為聖誕節，四時初醒，回想十年前尚被囚西安情景。五時前起床洗盥畢，禱告讀經，查考基督降生時刻甚久，朝課如常，記事。九時到國大三讀會並通過憲法實施日期定於明年聖誕節，亦為中華民族復活節也。……下午三時半舉行國大閉幕典禮，此時正十年前余在西安脫險起飛之時，亦云巧矣，若非有上帝在冥冥之中主宰其事，盍能巧合至此。

蔣中正總統文物中第一次出現 12 月 25 日活動的照片，是在 1947 年，但細讀蔣日記，在蔣心中是為了耶誕節，民族復興節，還是憲法實施之第一日？

1947 年 12 月 25 日

本日聖誕節為我十一年前西安脫險之日，社會皆稱為民族復興節。自三時起床如常做子丑禱告之外，至十時復禱告第三次，天父許我明年聖誕節可消滅山海關以內各省之共匪，並令我不可放棄永吉與長春各要據點，可知天父之意旨皆合實際與必然之理，凡遵照天意者必皆成功也。……本日為憲法實施之第一日，全城懸旗誌慶。晚課後，宴親友廿八人畢，看電影。

1947 年 12 月 25 日蔣中正宋美齡伉儷舉辦耶誕宴會（國史館）
1947 年 12 月 25 日蔣中正宋美齡伉儷與陳誠公子下跳棋（國史館）

真正過耶誕節是在臺安定之後，1950 年起成為蔣宋家的重要活動。

1950 年 12 月 23 日

餐後晚課。夫人忙於聖誕節之布置，熱心與快樂極矣。

1950 年 12 月 25 日

昨晡看戲法與聖誕老人分贈物品，老人皆特別快樂。文孫來書房，問其學業成績，比上學期較佳矣。聚餐，與陳、吳各家孩子下棋為樂。觀影劇畢已近午夜，乃睡。

1950 年 12 月 25 日蔣中正宋美齡伉儷與家人欣賞音樂演奏歡度聖誕節（國史館）

1950 年 12 月 25 日蔣中正宋美齡伉儷互送聖誕禮物（國史館）

1953 年 12 月 25 日

入浴後，經兒全家與辭修、仁霖二家皆來家聚餐，接受聖誕老人禮物，各家小孩已漸長大識禮，不如往長之操鬧矣，孝勇尤然也。

1953 年 12 月 25 日蔣中正宋美齡伉儷與家人歡渡聖誕（國史館）

1954 年 12 月 24 日

晚經兒全家、緯兒與辭修、仁霖二家皆來團聚。膳後黃扮老公公分給聖誕禮物，今年夫人籌辦特多，且皆精品，小孩最喜愛之物，故武、勇二孫尤樂也。

1954 年 12 月 25 日

本日為耶穌聖誕，六時起床天尚未明，朝課，體操，讀經唱詩，閱荒漠甘泉，夫妻並肩默禱如常，靜坐卅分餘時畢。

佳美的腳蹤——宋美齡與她的時代

1954 年 12 月 24 日蔣中正宋美齡伉儷與家人、陳誠、黃仁霖度過聖誕節（國史館）

1951 年婦聯會與祈禱會成立，1955 年創立華興育幼院，1958 年創立華興中學，從此蔣宋的耶誕活動都包括這些團體。通常是 12 月 23 日出席活動，12 月 24 日家裡過耶誕夜，尤其是有小朋友在家的時候。

1960 年 12 月 23 日蔣中正宋美齡伉儷參加華興育幼院聖誕同樂會（國史館）

1960 年 12 月 23 日蔣中正宋美齡伉儷與華興育幼院院童共度聖誕（國史館）

1960 年 12 月 23 日蔣中正宋美齡伉儷與華興育幼院院童共度聖誕（國史館）

1960 年 12 月 24 日蔣中正宋美齡伉儷歡度耶誕節（國史館）

1963 年 12 月 19 日宋美齡偕宋子安與周聯華牧師
暨家人等提前慶祝耶誕合影（國史館）

1961 年 12 月 23 日蔣中正宋美齡伉儷與華興育幼院孤兒同渡聖誕（國史館）

1963 年 12 月 24 日蔣中正宋美齡伉儷與曾孫女蔣友梅歡渡聖誕（國史館）
1966 年 12 月 23 日宋美齡與華興育幼院師生共渡聖誕節（國史館）

1968 年 12 月 24 日

下午勇孫與熊、虎二內姪來慈湖相伴，帶其在八結碼頭登船遊覽石門水庫，在船上閱毛黨新章草案，晚在蔣林寓中與全家過聖誕聚餐後禮拜，十時就寢。

1968 年 12 月 26 日

昨（廿五日）……下午帶熊、虎二倕到新忠烈祠與博物院遊覽，使其一廣本國文化之目光也。

1968 年 12 月 25 日蔣中正帶同宋伯熊、宋仲虎兩甥巡視大直忠烈祠擴建工程（國史館）

對蔣中正而言，農曆除夕與新春最重要的對自己的反省和檢討，其次則是對家人參與的期盼，而宋美齡似乎更多是看蔣的喜好，以及孩子們的情況，就像每一個家庭主婦一樣。

1928 年 1 月 22 日（丁卯十二月三十日辛酉）

提要：三妹第一年度歲。

三妹勸余不患明日之事，甚有理也。古人謂做一日，算一日，又云今日不知明日之事，此先母嘗教余者也。余惟盡其心力，至明日之禍福成敗，只有聽之而已。昨宴客，聊作度歲之樂甚得也。

1943 年 2 月 4 日

今日為舊曆除夕，孤身獨影，蕭條寂寞極矣，擬臨時約子文、辭修來會，皆有事外出，惟約蔚文來共餐，解寂也。

1945 年 2 月 6 日舊曆新年蔣中正電
宋美齡盼其早日痊癒歸國（國史館）

1946 年 2 月 2 日

本日為舊曆元旦，八時起床，朝課後巡視林園一匝，在林泉池上獨坐自遣。……
十一時半經國全家來拜年，武孫活潑異常，已出牙三枚。午餐後，闔家上下共攝二
影後辭去。

1946 年 2 月 2 日蔣中正宋美齡伉儷與長子經國全家新年合影（國史館）
1946 年 2 月 2 日蔣中正宋美齡伉儷與家人新年合影（國史館）

1948 年 2 月 9 日

除補記昨事外，皆在寓漫游自得，妻則整頓房舍，布置鋪陳甚忙耳。晚課畢，與妻
對奕後入浴，廿二時後就寢。

1948 年 2 月 12 日蔣中正宋美齡伉儷於廬山宅邸歡度春節下棋（國史館）
1951 年 2 月 5 日春節合影（國史館）

1951 年 2 月 5 日春節合影（國史館）
1952 年 1 月 26 日蔣中正宋美齡伉儷除夕與家人團聚（國史館）

1956 年 2 月 11 日

晚子安全家與經國全家以及緯國、華秀夫婦團圓聚餐，與武、勇、熊、虎玩耍，放
爆竹流星為樂。

1956 年 2 月 12 日

本日為舊曆元旦，……武、勇二孫與熊、虎二內姪，及子安夫婦在家聚餐。勇孫以
女友所贈戒指出視，取笑助樂。

1956 年 2 月 11 日蔣中正宋美齡伉儷與宋子安
全家共渡春節（國史館）

1962 年 2 月 5 日宋美齡與家人（蔣方良、蔣友梅）歡渡春節（國史館）
1967 年 2 月 15 日蔣中正宋美齡伉儷與家人春節留影（國史館）

1967 年 2 月 24 日

昨（廿三）日下午與妻往見晴農場視察，途經埔里農校附近，在臺灣中心點紀念碑
下車考察後即向霧社前進，至介壽亭遊憩眺望武大水埧與山景，夫人引為樂觀，不
一刻即到見晴與幼獅各農莊參觀牧牛與牧羊場，先與滇緬回來之難民榮民照相慰
問，再至招待所後方與職員及其家屬照相聚樂。因今為舊曆元宵更足紀念，回涵碧
樓時已將七時黃昏矣。

1967 年 2 月 23 日元宵節與見晴農場員眷合影
（國史館）

1970 年 2 月 20 日

雪恥：昨晡妻特來潭甚感，共同欣過元宵節之年無多乎，余以為凡事聽之於天。近
來處境雖感憂患悲傷孤獨寂寞，乃為平生最黑暗恥辱之際遇，但自信上帝必有其美
意，致此使我晚年經過此緞鍊，而後重賜予光明燦爛之晚景。不然何為必欲留我在
世如此長壽乎。

1971 年 1 月 26 日

今為舊歷大除夕,思鄉報國與懷親之念益切,甚望到了明日元旦的辛亥年,信能在此一年中反攻復國事業開始實現也。

1971 年 2 月 10 日

本日為辛亥元宵節,時時想念先慈對其不孝之子之痛愛與恩德,只有後悔莫及而已。余以為世界之愛我者未有如如先慈者,其恩情之高深,乃非任何文字所能形容者。今惟有母恩之心以愛子,與光復大陸以愛民,以報母恩於萬一而已。

1972 年 2 月 13 日

經國去年日記,今日全部閱畢,悲喜交集。悲者悲其多憂多愁,有損其身體。喜者喜其智能充裕,志氣堅強,足以繼承我事業也。

1972 年 2 月 14 日

上午重審經兒日記,加以批示,彼「成敗之分在於絲毫之間」,此言與我平時經驗實獲我心也。我又為「存亡之分乃由於一念之間也」。

晚,家庭團聚吃年夜飯,以今日為陰歷除夕也。

1973 年 11 月 22 日蔣中正宋美齡伉儷癸丑除夕與家人合影(國史館)

2. 生日與結婚紀念日
Birthdays and Wedding Anniversaries

和許多中國人一樣，蔣中正與宋美齡真正屬於家庭的生日聚會多半是在農曆生日，蔣中正生日多由宋美齡為之操持，而蔣對宋美齡生日的重視更是一生如一，不管宋在不在身邊，蔣都會在其生日前後安排家宴及宴客，有時也由蔣經國等兒孫出面為宋暖壽。除了蔣病重的最後幾年，他為宋作了五十五年的壽誕（1928-1972），歲歲年年，深情不移。當然最能彰顯蔣宋兩人「如同樑上燕」的還有結婚紀念日。雖然結婚紀念較少對外彰顯，但從 1928 年 12 月 1 日蔣在日記中記下：「今日為吾與夫人結婚周年紀念，於此一年之中，任事不少，頗足自慰，亦夫人之有以助我也。」幾乎每一年蔣都會在日記中盛讚宋美齡對他的內助之力，強調夫妻間的琴瑟和鳴。

Like many Chinese, Chiang Kai-shek and Soong Mayling generally based their family birthday celebrations on the lunar calendar. Chiang's birthdays were mostly organized by Soong, but the importance he attached to her birthdays remained consistent: regardless of whether Soong was by his side, he would arrange family dinners and banquets around her birthday, with Chiang Ching-kuo and other family members occasionally organizing "birthday eve" celebrations. Except during illness prior to his passing, Chiang celebrated Soong's birthday year after year for fifty-five years (1928-1972) with unwavering devotion. Wedding anniversaries of course demonstrated their being "two swallows on a beam." Though celebrated more quietly, their wedding anniversary appears in Chiang's diaries beginning December 1st, 1928: "Today is our wedding anniversary. I'm pleased with how much I've accomplished in the past year, and Madame has also assisted me." Lavishly praising Soong Mayling's support and emphasizing marital harmony are recurring themes in Chiang Kai-shek's diary entries.

宋美齡的生日多半是過農曆，從陽曆上看每年的時間不同。早年宋生日不是由蔣伴遊，就是回宋家歡宴，一般都未見照片。到臺灣後蔣特意要求蔣經國負責操辦，家人團聚為母祝壽。

1928 年 3 月 3 日（二月初十二）

今日為三妹誕辰，起床會客寫字。陪三妹同游三潭映月，往訪陳孔如，遊孤山岳墓，回寓為三妹祝壽詞，後往玉泉觀魚，魚躍於淵，其樂無窮，見之心怡。到靈隱午餐，與太虛談話畢，即遊龍井，過翁家山，經煙霞洞，遊虎跑，特參禱濟公塔。

1928 年 3 月 4 日

三妹愛余之切，無微不至，彼之為余犧牲幸福，亦誠不少，而余不能以智慧德業自勉，是誠愧為丈夫矣。

蔣中正的生日農曆 9 月 15 日，陽曆 10 月 31 日，多半是在農曆與家人親友渡歲，陽曆生日則是到臺灣以後才逐漸出現祝壽的活動或是避壽的字眼。在生日時蔣記述最多的是對母親的思念，和期望宋的相伴。

1928 年 10 月 27 日（戊辰九月十五日庚子）

與三妹至廣長溪、石塘、橫山，登蔣子閣，相傳為宋蔣一梅讀書處也。天晚即回船，月白風清，湖水如鏡，樂也。本日為余誕日，時切先母不在之悲，嗚呼，人而無母，不如不生也。

1929 年 10 月 17 日

天地容我，父母生我，已四十三年。馬齒日長，悔累益深，回顧前途，不知所至，吾惟盡我心力，為國效忠，為黨效死，為民請命，以報答父母與妻子而已。……與孔甥、愛妻游湯山。正午大姊在家為余誕辰設宴。下午參觀遺族學校，宴客。晚宴大姊。

1930 年 3 月 12 日（二月十三）

今日愛妻誕辰，晚在宋寓家宴。

下面兩段蔣日記的記載非常有意思，時間在 1930 年蔣陽曆生日，這段時間宋陪同蔣回鄉祭祖，當日大姊宋靄齡攜子女同至蔣家，拜謁蔣母墓，同時多次提到營救蔣經國之事，此時蔣宋結婚三年，可以看到宋家親人已完全接納了蔣。

1930 年 11 月 5 日

本日為舊曆九月十五日誕辰，上午拜祖墳，下午拜掃慈墓，後回武嶺學校，集合全校員生開同樂會，初度今年四十四歲生日……晚間鄉人開提燈會遊行，全村古鄉風味與鄉人同樂之狀，見鄉人歡樂出於至誠，更為可樂。大姐、諸甥與子良皆甚歡樂，為自生以來所未有。余夫婦當亦甚樂。

1931 年 10 月 26 日

今日為余四十五歲之生日，默禱父母與岳父母之恩惠，勿使有忝所生也。上午紀念周，後十一時由紫霞洞登紫金山頂，行時約一點十五分，即在山上午膳。僅夫妻二人，雖無子女，亦甚樂也。

蔣母王采玉的生日在蔣日記中常被提及，尤其因為農曆十一月七日有時接近耶誕節，也會被蔣特別提出。下面兩段記載可以看到蔣對親恩與黨國的自反，頗值得深思，尤其談到宋慶齡與蔣經國，更可以看到蔣對家國感情的分際，一併記錄於此。

1931 年 12 月 14 日

明日為陰曆十一月七日，慈母誕辰，夜夢昏沉，對母痛哭二次，醒後更悲悔，不孝罪大，國亂人孤，但有痛楚而已。

1931 年 12 月 15 日

經國赴俄不歸，民國扶持未長，皆欲使我一旦棄去，而今日又為慈母六十八歲誕辰，嗚呼，於國為不義，於黨為不忠，於母為不孝，於子為不慈，能不愧怍？未知以後如何自反，報答親恩與黨國也。

1931 年 12 月 16 日

孫夫人欲釋放蘇俄共黨東方部長，其罪狀已甚彰明，而強余釋放，又以經國交還相誘，余寧使經國不還，或任蘇俄殘殺，而決不願以害國之罪犯以換親子也。絕種亡國，乃數也，余何能希冀幸免，但求法不由我而犯，國不由我而賣，以保全我父母之令名，使無忝所生，則幾矣。區區後嗣，豈余所懷耶。

1932 年 10 月 14 日

今日為我四十六初度之日，父母生我、望我者，我所為所成者幾何。⋯⋯正午愛妻為我祝壽，下午與妻車行萬國體育場，即回。晚與妻甥食於意大利餐館，後乘船游江，月明風清，妻甥唱和，聊以自解也。

1933 年 11 月 2 日

今日為舊曆九月十五日，即為余四十七歲之誕辰，劬勞先慈，養我教我，而我之事業日趨於敗亡，將何以慰慈靈？經兒留俄，回家無日，不孝之罪，其何以堪，小子勉之。幸賢妻篤愛日臻，稍得自慰而已。上午禱告上帝，追念先妣，終日不已，而於三餐，尤為心切，母子之情，至久而益切，有父母在生之時，為子者可不孝乎？如中正者則悔之晚矣。

1934 年 10 月 22 日

本日到洛陽，……黃昏由分校與妻散步回車記事，乃知今日為舊曆九月望日，是吾四十八歲初度矣。父母生我何為耶，既不能齊家教子，又不能立身行道，潦倒一生，可不懼乎。

1936 年 10 月 31 日

上午百川、漢卿、宜生等到洛祝壽，心實慚惶。九時到軍民慶祝大會，全國民眾如此熱烈盛情，不知將何以圖報，惟期不負今日同胞之熱望而已。……正午與晚間歡宴，悚慄不置。

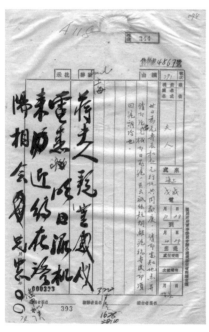

1936 年 10 月 28 日宋美齡電蔣中正請即電知地點並派機來滬同慶壽辰，蔣中正覆電 29 日派機近約在洛陽相會（國史館）
1936 年 10 月 31 日蔣中正生日，宋美齡與眾人為其慶祝（國史館）

1939 年 10 月 27 日

本日為舊曆九月十五日,是余生辰,時念父母生育之艱難,不能盡孝於生前,悔莫及矣。⋯⋯晚以五十三歲誕辰,宴親友八人歡敍。

1939 年 10 月 30 日蔣中正五十三歲生日時與宋美齡合影(國史館)

1945 年 10 月 31 日

昨夜三時醒後,默禱與深思,至五時後方再熟睡。始夢余妻失墜於河泥之中,余乃跳入河中挽援,扶其起立乃醒。而復夢忽見一輪明月皎潔,清澈無比。此與去年生日之前夢見圓月相同,預示上帝賜我光明之前途也必矣。今晨八時半始醒,實為最晏起之一日乎。起床與妻同向十字架禱告,為余誕辰(陽曆)祝禱也。⋯⋯正午夫妻二人聚餐,比任何宴會為歡樂也,其味津津無窮。

1945 年 10 月蔣中正五十九歲生日由宋美齡切蛋糕(國史館)

1946 年 10 月 9 日

本日為舊曆九月十五,即余虛度五十九歲,慣例為六十歲。兩兒為我設小禮堂祝壽,
國亂民病至此,猶有何壽可祝也。朝課後,紀念母親鞠育之勞,仍照往例不敢朝餐。
九時到國防委會,至正午方完,回寓。兒、媳、孫女五人、培甥、華秀與大嫂皆來
祝壽,憂多樂少也。正午在新堂為家人聚餐,團圓一堂,聊以自娛。惟武孫活潑可
愛耳。

1946 年 10 月 9 日慶祝蔣中正六十歲生日,於壽堂三代同堂合影(國史館)
1946 年 10 月 9 日蔣中正六十歲生日,蔣中正宋美齡伉儷與蔣嫂、孫子合影(國史館)

1947 年 4 月 3 日

雪恥：本日為舊歷閏二月十二日，為妻在家補祝其四十八歲誕辰。十一時同到報本堂訪謁老宅，胞姊〔蔣瑞春〕與葛竹四、五二母舅〔王賢力、王賢裕〕與孫氏舅母〔蔣妙緣〕均在家相聚。惟胞姊體力衰弱，更不如前矣，其他老人皆康健如常，私心甚慰。兒孫輩在堂同祝妻壽後，乃到武嶺學校視察，學生千餘人飲食皆佳，校內整潔，巡至武嶺幽勝處更覺可愛矣。

1947 年 4 月 2 日蔣中正宋美齡伉儷與家人在溪口老家一同欣賞彩燈會（國史館）

1947 年 4 月 11 日慶祝宋美齡四十九歲生日於武嶺學校欣賞祝壽演劇（國史館）

1947 年 5 月 8 日

正午經兒夫妻來寓聚餐，……晚課後，為經兒卅八歲祝其誕辰設筵、攝影，憂中一樂也。觀影片至廿二時一刻，忽悟一切憂患完全托付天父處置，故反轉憂為樂也。

1947 年 5 月 8 日蔣中正宋美齡伉儷為蔣經國慶祝三十八歲生日（國史館）

1947 年 10 月 28 日

晡與妻遊覽圖書館，途中談笑自若為快，晚課時妻自整室鋪陳至夜深未息，忙碌異甚，準備為余祝壽也。十一時後就寢。……今晚夫人為余六十歲正辰宴客十八位祝壽也。

1947 年 10 月 28 日宋美齡為蔣中正慶祝六十歲生日（國史館）

1947 年 10 月 31 日宋美齡夫婦至牯嶺避壽,遊覽大天池
(國史館)

1950 年 3 月 29 日

昨晚課後,經兒為其母祝壽家宴,武、勇二孫以幼稚未能參加,其餘家人皆團聚一
室歡宴。流亡臺灣,尚能團敘天倫,上天賜我亦云厚矣,能不感謝。餐後與妻下棋,
一敗二勝。十一時寢。

在臺灣,宋美齡每年的生日,蔣都會親自安排,或由蔣經國操辦,雖然由於多屬家宴,
照片不多,但蔣日記中的記載卻十分豐富。

1950 年 3 月 29 日宋美齡生日家宴後眾人圍觀二人對奕跳棋(國史館)
1950 年 3 月 29 日宋美齡生日家宴後蔣經國陪侍對奕跳棋(國史館)

1950 年 10 月 25 日

本日為舊曆九月十五日，為余六十四歲之初度。今晨六時半方起床，意態寬舒，山上別有風味也。夫妻共同解經，默禱如常。朝課畢，補記前、昨兩日事。出外遊覽風光，晴午帶雨，未能遠行。巳刻當地小學生與民眾代表來祝壽，植榕紀念，夫妻各植一株於庭前畢。手書事天自足箴，並將從前所製法天自強、養天自樂亦有修改，惟畏天自修箴無動也。正午，約劉牧羣、俞濟時等侍從人員八人聚餐食麵畢。

1950 年 10 月 25 日蔣中正宋美齡伉儷與近侍人員吃壽麵慶祝蔣中正六十四歲生日（國史館）

1950 年 10 月 31 日宋美齡為蔣中正慶祝生日（國史館）

1951 年 3 月 19 日婦聯會為宋美齡慶生觀看宋繪製鳥圖（國史館）

1951 年 10 月 15 日宋美齡為蔣中正六十五歲舊曆生日祝壽（國史館）

1951 年 10 月 31 日祈禱會為蔣中正宋美齡伉儷祝壽（國史館）

佳
美
的
腳
蹤
──
宋
美
齡
與
她
的
時
代

1953 年 3 月 26 日宋美齡生日與家人合影（國史館）
1953 年 3 月 26 日宋美齡生日切用壽糕（國史館）

1953 年 10 月 31 日

十時接受角畈鄉老幼民眾祝壽，跳舞、歌唱為樂也。七十以上老者十餘人，贈以袍料、禮品。

1953 年 10 月 31 日陪同蔣中正至角板山避壽時留影
（國史館）

1954 年 10 月 31 日

本日為陽曆六十七歲生日，家庭和睦，生活安樂，環境秀美，夫妻康健，兒孫孝孫，
是天之所以賜我者，如此恩澤不知何以當之？

1954 年 10 月 31 日蔣中正壽宴接受兒孫拜壽並合影
（國史館）

1955 年 3 月 4 日

半月餘來，傷風咳嗽不已，牙床亦破，食物惟艱，惟事情繁重無法休假，強勉支撐，甚覺疲勞，實為近年來所稀有者，今後當可稍憩乎。

1955 年 3 月 5 日

本晚約辭修夫婦與史登浦等二十友人，在寓祝妻誕辰。宴後，觀一鳴驚人影劇。……正午全家兒孫與至親在寓宴會，祝妻五十六歲誕辰也。

很有意思的一張照片，是蔣中正為宋美齡五十六歲生日題字的獨照。看照片中蔣中正開懷的笑容，回頭看日記中的記載，為了美國國務卿杜勒斯訪華夫妻倆整整忙了半個月，蔣還傷風咳嗽，該是特別為了夫人露出的笑容吧！

1955 年 3 月 5 日蔣中正為宋美齡生日題字照片
（國史館）

1956 年 10 月 17 日

晚經兒為余作暖壽，經、緯全家與薇美、華秀各家，與任、宋外孫，阿土及孔姨、令儀聚餐後，觀影劇，由妻主禱，備極家庭團圓，融融之樂也，感謝上帝不置。

1956 年 10 月 18 日

今晨六時一刻初醒，默禱，起床，夫妻互道祝賀，並肩禱告，妻且獨自跪拜，先余禱祝一次矣。朝課後，八時與妻乘車往瑞芳「金瓜石」礦廠巡視，以避來賓祝壽也。金瓜石風景秀美浩蕩，背山面海，留戀至十時三刻回程。十二時到蔣林，午膳素食。今晨禁食早餐，以紀念先慈生育之苦，一如往年也。

1956 年 10 月 17 日蔣中正七十歲農曆生日（國史館）
1956 年 10 月 17 日蔣中正七十歲農曆生日家宴（國史館）

1956 年 10 月 31 日

本日為余陽曆七十初度，乃為三十歲祝壽，總理親到我上海法界新民里十三號聚餐以來，其後四十、五十、六十皆非在北伐，即在剿匪，戎馬倥傯之中，未有如今日之安樂圓滿與盛大之環境。惟今日卻局處臺灣，又在大陸淪陷，人民憔悴痛苦無告之中，而余之生活、聲望反比治理大陸任何時期為超越，豈非上帝有意造就其子民之洪恩所預定之程序乎。今日惟念故鄉廬墓，同胞苦難，家庭更加親愛，以外別無他事矣。感謝上帝，但願八十歲在北平祝壽，一切榮耀皆得歸於上帝則幸矣。

朝課夫妻並對基督與天父跪禱後，續核和平共存第四次完，記事，批示。九時與妻往大溪避壽，經兒全家來拜壽，勇孫不甚快樂，減少熱鬧興趣。正午宴客四桌，後聽杜月笙夫人清唱，甚佳。晡參加婦女祈禱會茶會，晚餐後仍回蔣林，晚課，入浴，廿二時後寢。

1956 年 10 月 31 日蔣中正七十整壽祝壽（國史館）

1956 年 11 月 13 日蔣中正欣賞宋美齡所繪祝壽畫屏
（國史館）

1957 年 3 月 12 日蔣中正宋美齡伉儷於中華婦女反共聯合會歡渡宋美齡五十八歲生日（國史館）
1957 年 3 月 12 日蔣中正宋美齡伉儷切用蛋糕慶祝宋美齡五十八歲生日（國史館）

1957 年 3 月 12 日宋美齡拆閱友人禮品（國史館）
1957 年 10 月 31 日蔣中正與孫子蔣孝武歡渡七十一歲生日（國史館）

1958 年 3 月 26 日蔣中正與祈禱會同仁為宋美齡祝壽（國史館）

1958 年 3 月 30 日蔣中正為宋美齡暖壽家人親友
合影（國史館）

1958 年 3 月 31 日慶祝宋美齡生日壽宴留影（國史館）

1958 年 3 月 31 日蔣中正慶祝宋美齡生日玩八仙過海遊戲（國史館）

1958 年 3 月 31 日蔣中正慶祝宋美齡生日玩八仙過海遊戲留影（國史館）

1960 年 3 月 26 日蔣中正宋美齡伉儷歡渡生日留影（國史館）

佳
美
的
腳
蹤
——
宋
美
齡
與
她
的
時
代

1960 年 10 月 30 日蔣中正宋美齡伉儷巡視金門在
擎天峰暖壽（國史館）

1960 年 10 月 31 日蔣中正在金門戰地歡渡七十四歲生日（國史館）
1961 年 4 月 29 日蔣孝武於官邸過十七歲生日（國史館）

1961 年 6 月 30 日蔣中正宋美齡伉儷於蔣孝文長女蔣友梅週歲慶生（國史館）

1962 年 3 月 17 日宋美齡生日與家人合影（國史館）

1963 年 3 月 6 日

本晚經兒約在臺全家與至親為夫人設宴祝暖壽，並觀影劇，今年已是愛妻六十五歲矣。

宋美齡與蔣中正可能都不知道，每十九年就會有一次陰陽合曆同日的生日，不過也正好可以證明蔣中正生辰是正確無誤的。

1963 年 10 月 31 日

本日為余七十晉七生日，正為陰陽合曆同日，殊不易多得之時節，五時後即起床燃燭，在耶穌與先慈遺像前默念跪禱，求恕忏念不孝之罪，但願早日完成上帝賦予我使命，以慰我父母親在天之靈。……正午全家兒、孫、曾孫女、外曾孫團聚，在院中遊樂後，午餐，照相。

1963 年 10 月 31 日蔣中正歡渡七十七歲生日宋美齡及家人在士林官邸陪伴（國史館）

1964 年 3 月 25 日

晚為夫人生日設宴，約其女友娛樂，但其體力尚未康復也。

1964 年 10 月 20 日

本日為舊歷九月十五日，為余七十七足歲生日。五時後與妻共同研讀聖經後，向耶穌默禱父母親在天之靈安慰後，朝課如常，經兒來拜壽，……余以生日未進朝餐如往年，以念先妣生育之苦也。聽報後，召見于豪章、張國英與張錦錕各將領後，遊覽庭院，訪鳥喂魚與撫狗為樂。……正午在臺親戚聚餐祝壽也，下午四時與妻由士林來慈湖休息，經、緯全家與薇美全家聚餐後，同遊新築陽臺上觀月，與妻帶令偉泛舟遊湖回，禱告畢，十時後寢。勇孫在陸軍官校來電話祝壽並來稟安。

1964 年 10 月 20 日蔣中正農曆七十八歲生日接受將人拜壽（國史館）

1965 年 3 月 14 日

本日為妻之生日（即舊曆二月十二日）。朝課前寫信給勇孫，派武孫攜去以慰勇孫之病，及武孫回，稱勇孫熱度已退至七十二度為慰。……與妻禮拜。……晚宴為妻祝壽也。

1966 年 3 月 3 日

本日舊歷二月十二為夫人生日，朝課為其默禱。

1966 年 10 月 28 日

今為余舊曆九月十五日八十初度,此心所自感安樂者數事:甲、家庭團圓和愛一樂也。

1966 年 10 月反省錄

今為余八十初度之日,對世事與人情乃始如大夢之初醒,此乃於我最有益之所為。上帝生我在世,且賜我年老至今,而未自覺其衰老且不能不使我益加奮鬥自強、動心忍性,曾益其所不能之為乎。從前種種譬如昨日死,而後種種譬如今日生,此為我八十初慶之日所自矢也。

1966 年 10 月 28 日宋美齡為蔣中正慶祝八十歲生日(國史館)

1966 年 10 月 28 日蔣中正宋美齡伉儷與全家合影(國史館)

1967 年 3 月 22 日

本日為夫人六十八歲生日。

1967 年 3 月 23 日

昨晨六時前起床,為夫人生日,夫妻共同禱祝福壽康強,完成復國使用。上午主持中常會通過下年度國家總預算案,下午批閱公文後,與妻閒談家務與友冰等事,妻以家中子孫與孫與等親愛精誠,為其一生樂事。晚宴女賓為夫人祝壽也。

1967 年 10 月 18 日

本日為農曆九月十五日,正為余滿八十歲之生日,自晨四時後起床燃燭以敬拜耶穌與先慈遺像,仍禁食朝餐,以紀念母親養育之苦痛與本身不孝之罪也。上午經兒帶文、勇二孫來拜壽後視察禮堂,作宴客之準備,假眠,正午宴客十桌。

1967 年 10 月 18 日蔣中正八十一歲生日家人拜壽吹蠟燭(國史館)

1968 年 3 月 10 日

本日為夫人生日，以其牙病未瘥故未設壽宴，僅經、緯二家家中人中午在家吃壽麵而已。上午剪報，與經兒談時局與金門飛機地下庫建設計畫，下午獨自車視淡水。

1969 年 3 月反省錄

本〔29〕日亦為夫人七十一歲誕辰。廿八日由舊金山吊子安喪畢，與孔姨一同回國。

1969 年 10 月 31 日

昨（卅）日子夜夢見一老者，身體瘦弱，彼有二子（青年）約我在其寓中與其父相見時，彼老者對我說：「你三年之內必定成功。」一面述說一面走出其門而去。此夢醒後，仍甚清晰也。……本日為余的國歷生日，以昨夜失眠精神不振，上、下午除批閱公文外，皆各睡一小時餘，仍未能成眠，晚家宴後，觀影劇（岳母訓子）。

1969 年 10 月 31 日蔣中正生日與宋美齡、宋靄齡等合影（國史館）

1970 年 3 月 19 日

晚為夫人生日，約請其女客畢，散步後就寢，尚能熟睡也。

1970 年 10 月 14 日

昨為農曆八十四歲初度之前夕，而為加拿大與匪共建交、與我絕交之宣佈的一個國恥紀念日，此一恥辱絕念永世，亦不能忘也。……正午與親戚廿餘人聚餐，正為余產生之時，常念先慈生育之恩不已。

1970 年 10 月 14 日蔣中正八十四歲生日在陽明山中興賓館與家人親友合影（國史館）

1970 年 10 月 31 日

本日為余陽曆生辰，三時廿分初醒，四時半起床。朝課如常，追念先慈生育之苦不已，未敢朝餐也，經兒帶武孫來祝壽。

1971 年 3 月 7 日　晚為夫人祝暖壽。

1971 年 3 月 8 日　晚為夫人生日約宴後即早睡。

1963 年 3 月 8 日

全家兒孫、至親來寓拜妻壽,正午同吃壽麵,下午假眠一小時半,甚熟為慰。批閱公文後散步。晚親友為妻設宴祝壽,頗形欣喜歡樂,以杜太太唱平劇與嚴太太唱蘇州小調為最難得可喜也。與庸之同車,送其回博愛賓館即回。晚課,夫妻並肩禱祝,感謝上帝後,十時半就寢。

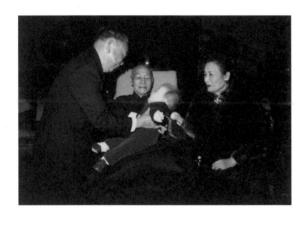

1974 年 3 月 4 日蔣中正為宋美齡生日
暖壽後與蔣經國及曾孫合影(國史館)

每年 12 月 1 日結婚紀念日，是蔣宋兩人都非常重視的日子，這樣一個私密的日子，是真正屬於兩人的世界，透過蔣的紀錄和少量照片，可以看到兩人年復一年的恩愛與成長，也可以看到蔣經常在這個日子提醒自己勿忘初衷。

1928 年 12 月 1 日

今日為吾結婚周年紀念。於此一年中，任事不少，頗足自慰也。

1929 年 12 月 1 日

今日為我倆二周結婚紀念日也。軍人只知勝字，而敗字非革命軍人所應識也。……結婚二年，北伐完成，西北叛將潰退潼關，吾妻內助之力，實居其半也。

1931 年 12 月 1 日

今日為我倆結婚四周年紀念日。九時由湯山出發，十二時半到宜興縣城之南，湖色無邊，帆旗星羅，湖邊有一丘阜，建一小亭，余夫婦休息午餐於其間，頗為自得也。遊岳堤，相傳為岳飛追金兵時所建，遊任氏溪隱園，入城，妻以路汙作嘔，由孔廟經民眾圖書館稍憩，出城午餐後即回。

1933 年 12 月 1 日

本日為余倆結婚六年紀念日，於此六年間艱難辛苦，險阻困頓，得力於內助者實非淺鮮，撫今思昔，德學不進，事業日退，惟有慚惶而已。

1937 年 12 月 1 日

結婚已十足年，黨國前途艱難，重生以後第二之十年究不知如何變化，惟竭盡吾倆之心力，所謂鞠躬盡瘁，死而後已，期達吾人結婚之目的而已。

1939 年 12 月 1 日

今日為我夫妻結婚第十二週年紀念日，反省吾倆當日結婚之初願與共同革命建國貢獻於民族與主義之目的，皆能履行不渝，而夫妻之情感與精神亦日日增進，久而彌篤，此乃上帝之所賜，實非人力之所為，自余信奉基督以來十年間通信愈堅，知心益切，無論任何艱險，皆由吾倆共同祈禱與努力以達成目的也，可以對總理可以對倆母而無愧於心乎。

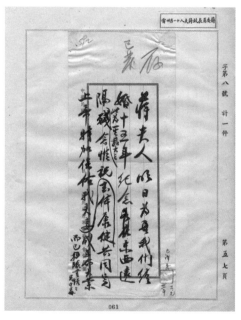
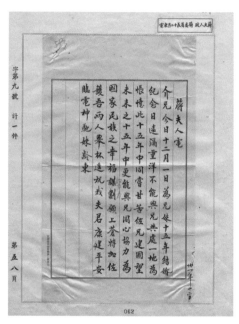

1942 年 12 月 1 日蔣中正電宋美齡結婚十五年紀念日，祝宋美齡身體健康（國史館）
1942 年 12 月 1 日宋美齡電蔣中正今日為結婚十五週年紀念日，望未來更能同心協力（國史館）

1947 年 12 月 1 日

本日為余夫妻結婚二十周年紀念日，初醒時夫妻即互相道賀，常以愛情密篤與年俱進，若以結婚初時相比，敬愛親睦之精神，則今日不啻增加十倍也。夫妻在一生艱鉅困窮之中，惟有引此自慰而已，感謝天父之恩賜不置。

1947 年 12 月 2 日

〔昨〕晚課畢，夫妻照相以誌紀念，晚宴四十餘客，胞嫂與經兒皆歡敘一堂為樂。客散後觀回鄉電影甚樂也，十時三刻就寢。

1947 年 12 月 1 日慶祝結婚二十週年（國史館）

1949 年 12 月 1 日

本一日為余結婚第廿三年紀年日，夫妻未能相聚一堂為憾也。

蔣中正電宋美齡憾無法同慶結婚二十三年紀念日惟祝身體康健（國史館）

1950 年 12 月 1 日

本日為我結婚第廿三年紀念日。朝課，夫妻並肩跪禱，讀經如常。……下午午課，宴起，修正對校閱訓詞畢，與妻到前草廬入浴回。晚課畢，宴親友十人，兩媳與薇美均參加也，觀電影。

1951 年 12 月 1 日

午課後以天雨未能往烏來度廿五年結婚紀念。……晡與妻車遊烏來，至第一水壩折回。入浴，晚課，妻約林、沈二夫人晚餐，觀影劇。

此段日記中點出了宋赴美未歸，蔣獨守家宅的寂寞，以及兩人越洋電話中竟有近鄉情怯的意味，讀來夫妻之情躍然紙上。

1952 年 12 月 1 日

昨晡以獨在，心緒煩悶，乃召文、武二孫同車遊行一小時回。晚課，入浴，餐後在廊上月下讀唐詩，按摩後未用電療即寢。昨夜睡眠甚佳，足睡八小時之久，中藥頗有效也。……以余結婚廿五年紀念，因妻在美故未宴客，惟令經、緯二家來聚餐。勇孫嗜酒，活潑可愛。今晨妻由美來電話，相談之初，似覺有話難說不知從何談起之情也。

1953 年 12 月 1 日

本日為我夫妻結婚第二十六周年紀念日，撫今思昔，自覺夫妻恩愛年增一年，其間經過辛苦與危險困阨之革命事業雖亦日漸增多，但回想夫妻共患難同生死，與家中子孝孫順，和睦一堂之人生，雖苦亦樂，履險如易，總覺前途光明，深信革命事業自由天父洪恩賜我必成。若至卅六周年之結婚紀念，革命事業當可由我倆親手完成乎。

1954 年 12 月 1 日

今日為余夫妻結婚廿七周年紀念，以妻患傷風，故未宴客。

1955 年 12 月 1 日

昨午在府處理要公後，回寓整書。膳後與妻起飛至臺中轉日月潭，沿途風景實以土城、雙冬一帶為最足欣賞也。……本日為我夫妻結婚二十八年紀念日，特來日月潭遊憩，默禱上帝護佑使我倆能久而彌篤，完成上帝所賦予之使命也。

1955 年 12 月 31 日總統蔣中正伉儷巡視日月潭
垂詢當地居民生活（國史館）

1957 年 12 月 1 日

午課後，與妻往大溪別墅作結婚紀念，以陳辭修夫人〔譚祥〕等十四人為我倆祝賀，在一年前有約也，餘興中有杜太太〔杜姚谷香〕與關太太〔林盛關頤〕合唱四郎探母最佳，晚宴時亦有抽籤等有趣娛樂。

1957 年 12 月 1 日結婚紀念日親友同慶留影（國史館）

1959 年 12 月 1 日

本日為我夫妻卅二年結婚紀念。……晚膳後，與妻同其女友散步、聽鐘，在街上購些拐杖贈友而回，晚課。今晨妻默禱、翻經，上帝指示其撒母爾下十九章十四節，預示吾人以全國同心得回大陸之兆，中心感謝無已。

1961 年 12 月 1 日

本（一）日為我夫婦結婚三十四周年紀念日，共同感謝上帝恩德，使我家庭康樂，夫妻愛情彌篤也。正午宴妻之女友十人，在大貝湖澂清樓。

1961 年 12 月 1 日蔣中正宋美齡伉儷結婚三十四週年紀念（國史館）

1962 年 12 月 1 日

本日為我夫妻結婚卅五年紀念日。今晨六時起床，夫妻並肩默告，感謝上帝賞賜我家如此安樂和睦與幸福，又使我如此重病災難竟能消除康復，以慰我們父母在天之靈，此為本年最大之感謝帝恩也。上午巡視西子灣新碼頭與環境後，休息。……晚陳夫人、杜太太等十二人為我夫妻祝賀宴會為樂。

1962 年 12 月 1 日蔣中正宋美齡伉儷於西子灣慶祝結婚三十五週年（國史館）

1963 年 12 月 1 日

本日為我夫妻卅六年結婚紀念日。五時後起床朝課，默禱，……夫妻帶武、勇二孫
禮拜。……晚辭修亦來參加我結婚宴會，當其臨別時即告其余已令嚴繼任其行政院
長之職，屬其輔助之。

蔣日記中沒有提到的是，這一段時間長孫女蔣孝章（適俞揚和）帶著兒子返國，12 月 7
日來官邸辭行時，長孫蔣孝文的妻（徐乃錦）女也都一起參加，照片中的孩子與狗帶給
蔣宋無限的歡樂。

1963 年 12 月 7 日蔣中正宋美齡伉儷與蔣孝章母子、徐乃錦母女合影（國史館）

1964 年 12 月 1 日

本日為我夫妻結婚第卅七年之紀念日，朝起共同對上帝默禱感謝與讀講聖經及荒漠
甘泉如常。上午與令侃商討對美外交問題後，記事。午睡熟眠一小時半為最難得者
也。下午視察後慈湖工程與批閱，晚約女客聚餐以誌結婚紀念，令侃、令偉皆參加。

1966 年 12 月 1 日

昨（卅）日在陸軍官校舉行本年度陸海空三軍官校聯合畢業典禮並聚餐後，與妻在屏東機場起飛，勇孫送上飛機後回校，晡到日月潭駐也。以明（一）日為我卅九年結婚記念也。

本日為我夫妻結婚卅九年紀念，當結婚時正我下野，革命遭受危機最大之難關，今日與前比較雖未下野，而遭卻退守臺灣，其反攻待時之心緒，則正當時在滬相同也。

1966 年 12 月 1 日蔣中正宋美齡伉儷乘船遊日月潭（國史館）

1967 年 12 月 1 日

正午以今為我夫妻四十周年結婚紀念日，乃召在臺北家眷聚餐後，散步回休息。⋯⋯晚夫人約女友聚餐，子安與令偉參加紀念也。

1967 年 12 月 1 日蔣中正宋美齡伉儷慶祝結婚四十週年（國史館）

1970 年 12 月 1 日

十時半與妻飛恆春至墾丁公園，先在新建賓館休息，其設計不佳。下午先到望海樓，再與令偉到猿棲崖、雙峰峽、一線天與原始林。其林木與地形皆為原始天然之勝景境，誠值參觀，五時半回湖。

這可以算是蔣中正為宋美齡最後一次安排結婚紀念日的活動，到 1971 年就只有「本日為我夫妻四十五周年結婚紀念，經兒與武、勇二孫來作賀」，1972 年時蔣已經發病無能為力了。回首四十五年的結婚紀念，蔣真是把宋放在心中，捧在手中，確確實實是「如同樑上燕，歲歲常相見」。

3. 永遠不變的愛
A Steadfast Love Forever

1975 年蔣中正逝世，宋美齡逐漸淡出政治，但她對蔣的承諾與愛情終身未變。對「他的國」她持續關心，偶作建言，而婦聯會、祈禱會、華興學校、振興醫院這些組織依舊在宋的領導下為國家社會服務。對「她的家」她始終維持著蔣仍舊在世的溫馨，客廳掛著兩人的合照，在宋晚年陪伴她的護士說：「每天早上夫人都跟照片說：『達，早安！』」令人不禁想到蔣日記中形容 1931 年宋美齡居滬養病他前往探視時；「妻盛裝整室相候，敬禮如賓，欣慰快樂。」宋美齡與蔣中正，永遠活在彼此的心中，也永遠活在世人的心中。

Soong Mayling gradually withdrew from politics after Chiang Kai-shek's passing in 1975, but she remained committed to her promises and her love for him for the rest of her life. She cared for "his country" by offering the occasional counsel, and under her leadership organizations such as the National Women's League, the Weekly Prayer Meeting of the Chinese Christian Women's Group, the Hua Hsing School System [currently the Taipei Huaxing School System] and the Cheng Hsin Rehabilitation and Medical Center [currently Cheng Hsin General Hospital] continued serving the nation and society. As for "her home," Soong preserved the warmth of Chiang's presence, keeping a portrait of them two in the living room. During her twilight years, her nurse observed that every morning she would bid her husband in the photo a "Da, good morning!" One cannot help but recall a description from Chiang's diary about a visit to Shanghai in 1931 during Soong's illness: "Having dressed to perfection and straightened up the room, my wife was waiting and treated me as an honored guest, giving me much pleasure and happiness." Soong Mayling and Chiang Kai-shek dwell forever in each other's hearts, and also live on in the heart of humanity.

1975 年 4 月 6 日刊載蔣中正逝世消息及遺囑（中央日報：1975 年 4 月 6 日第 1 版）

總統蔣中正逝世宋美齡等於榮民總醫院舉行家祭
行禮（國史館）

總統蔣中正逝世侍衛人員舁櫬移靈（國史館）
總統蔣中正逝世宋美齡等人於榮民總醫院靈堂外恭送靈櫬上車（國史館）

1975 年 7 月 17 日宋美齡接待林語堂夫婦及其女林太乙談話留影（國史館）
1975 年 7 月 24 日宋美齡接見于斌樞機主教（國史館）

1975 年 7 月 28 日宋美齡接受羅安琪
長老教會牧師宋緯蘭呈獻畫像
（國史館）

1975 年 8 月 15 日宋美齡接待美國葛理
翰佈道團副會長史密斯夫婦及佈道團
駐華主任賀理談話留影（國史館）

1975 年9 月3 日宋美齡偕全國體育協
進會理事長黎玉璽與參加亞洲運動會
獲得優勝代表合影（國史館）

1975 年 9 月 3 日宋美齡頒獎給參加亞洲運動會獲
得優勝代表（國史館）

宋美齡的山水畫郵票於蔣中正逝世兩週年發行（中央日報：1977 年 3 月 30 日第 3 版）

1975 年 9 月 17 日　蔣經國送宋美齡赴美國就醫（婦聯會提供）

1976 年 4 月 2 日蔣經國迎接宋美齡由美返國
（國史館）

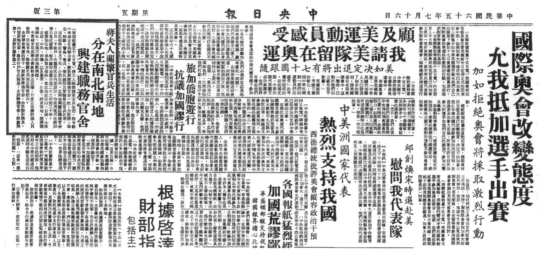

宋美齡關心軍眷，指示婦聯會為官兵建造眷村（中央日報：1976 年 7 月 16 日第 3 版）

自 1956 年至 1995 年，在宋美齡與婦聯會的努力下，共推動了 18 期國軍官兵眷職人員宿舍的興建工作，共計成立 282 個眷村，53,026 戶，後因政府政策而未續建已開始籌建的第 19 期國軍職務官舍。

宋美齡擔任防癆協會理事長將自己的繪畫作為慈善紀念票（中央日報：1978 年 9 月 16 日第 1 版）

1986 年 5 月探訪惠幼托兒所（婦聯會提供）
在祈禱會贈聖經給原住民部落（婦聯會提供）

1989 年國慶前夕出席婦聯會國慶慰問軍榮醫院傷患官兵慰問行前活動（婦聯會提供）
1989 年國慶日宋美齡在振興醫院慰問院童（婦聯會提供）

1989 年波士頓大學校長 John Silber 於婦聯會頒授宋美齡榮譽博士學位（婦聯會提供）
1990 年主持婦聯會常務委員會議（婦聯會提供）

1990 年歡迎婦聯會新聘常務委員茶會
（婦聯會提供）

1991 年婦聯會四十一周年慶大會後與常務委員
合影（婦聯會提供）

1990 年於婦聯會茶會與全體同仁合影
（婦聯會提供）

1995 年第二次世界大戰勝利 50 週年，7 月 26 日，29 位參眾議員聯合共同邀請蔣夫人宋美齡再度蒞臨美國國會發表演說和接受致敬，這是美國有史以來第二位兩次被邀請到國會演講的國際偉人。

1995 年 7 月 26 日宋美齡重返美國國會山莊發表簡短談話（翻攝自 Youtube 看歷史；攝影者向厚祿提供）

1995 年 7 月 26 日抵達雙橡園舊使館（婦聯會提供）
1995 年美國參眾兩院議員於國會山莊舉行向二戰後僅存英雄致敬茶會後往雙橡園，華僑蜂擁而至向蔣夫人致敬（婦聯會提供）

蔣宋美齡領銜與參加雙橡園聚會人員簽名扇及背後秦孝儀題字（陳秦舜英提供）

佳美的腳蹤——宋美齡與她的時代

1997 年遺族學校校友為蔣媽媽百歲壽辰至紐約寓所拜壽（婦聯會提供）

1997 年蔣夫人一百歲壽辰中華民國代表至紐約祝賀期頤嵩壽（婦聯會提供）

1997 年蔣夫人一百歲壽辰與祈禱會姊妹歡聚（婦聯會提供）

編後語

　　宋美齡的一生橫跨三個世紀（1899-2003），《佳美的腳蹤——宋美齡與她的時代》選用了上千張照片和檔案，引用了大量蔣中正日記中的文字，目的在真實的呈現宋美齡的一生與她的時代。世人有太多的形容加諸於宋美齡，無論是光環還是陰影，都不應該遮蔽真實，本書只想用一句話來形容，「宋美齡的一生就是為了她的家與他的國」，盼望讀者用心去尋覓，用愛去體會，隨著佳美腳蹤，探討大時代中的宋美齡。

　　從 2023 年 7 月婦聯會決定要編輯一本宋美齡的照片集，到 10 月出版這本《佳美的腳蹤——宋美齡與她的時代》，短短不到四個月的時間，能夠完成這個不可能的任務，要感謝上海復旦大學近代中國人物和檔案文獻研究中心吳景平主任、上海市孫中山宋慶齡文物管理委員會宋時娟女士、喆閎人文工作室創辦人暨執行長楊善堯先生，義無反顧的主動提供手邊的資料，如果沒有他們的支持，這本書可能在一開始就胎死腹中。要感謝中國文化大學史學系研究所陳威廷、莊明庭、盤惠秦三位研究生從 7 月到 9 月焚膏繼晷的工作，沒有他們的陪伴與投入，我可能早就疲憊於這段沒日沒夜的工作，當然就不會有今天的成果。要感謝波士頓大學教授胡斯慧女士協助翻譯英文，她的用心與專業增添了文字的美麗與力量。要感謝民國歷史文化學社林弘毅、李佳若、溫心忻諸位的全力配合，在最短的時間內達到完美的編輯效果。婦聯會的朋友說這一切都要感恩主的賜福，做為主編的我卻更感謝這群默默工作的夥伴。

陳立文

2023 年 9 月 29 日

說史敘事 07

佳美的腳蹤──宋美齡與她的時代
A Legacy of Grace and Resilience: Soong Mayling and Her Era

主　　編　陳立文
總 編 輯　陳新林、呂芳上
英文編譯　胡斯慧（Esther HU）
執行編輯　林弘毅
排　　版　溫心忻

出　　版　**中華民國婦女聯合會**
　　　　　臺北市中正區林森南路 19 號
　　　　　TEL：+886-2-2341-0800

　　　　　民國歷史文化學社 有限公司
　　　　　臺北市大安區羅斯福路三段 37 號 7 樓之 1
　　　　　TEL：+886-2-2369-6912
　　　　　FAX：+886-2-2369-6990

　　　　　開源書局出版有限公司
　　　　　香港金鐘夏愨道 18 號海富中心 1 座 26 樓 06 室
　　　　　TEL：+852-35860995

　　　　　喆閎人文 工作室
　　　　　新北市新莊區中華路 1 段 100 號 10 樓
　　　　　TEL：+886-2-2277-0675
　　　　　Email：zhehong100101@gmail.com

初版二刷　2023 年 10 月 31 日
定　　價　新臺幣 1,000 元
　　　　　港　幣　250 元
　　　　　美　元　35 元
I S B N　978-626-7370-17-9（精裝）
印　　刷　長達印刷有限公司

http://www.rchcs.com.tw

國家圖書館出版品預行編目 (CIP) 資料
佳美的腳蹤：宋美齡與她的時代 / 陳立文主編.
-- 初版 . -- 臺北市 : 民國歷史文化學社有限公司 :
中華民國婦女聯合會 ; 新北市 : 喆閎人文工作室,
2023.10

　　面；　公分 . -- (說史敘事 ; 7)

ISBN 978-626-7370-17-9 (精裝)

1.CST: 宋美齡　2.CST: 言論集　3.CST: 傳記

005.79　　　　　　　　　　　112015500